Frank Lorenz Müller

Die Revolution von 1848/49

Geschichte kompakt

Herausgegeben von
Kai Brodersen, Martin Kintzinger, Uwe Puschner, Volker Reinhardt

Herausgeber für den Bereich *19./20. Jahrhundert*:
Uwe Puschner
Beratung für den Bereich *19./20. Jahrhundert*:
Walter Demel, Merith Niehuss, Hagen Schulze

Frank Lorenz Müller

Die Revolution von 1848/49

4. Auflage

This book is for Ceel

Die Deutsche Nationalbibliothek verzeichnet diese Publikation
in der Deutschen Nationalbibliografie;
detaillierte bibliografische Daten sind im Internet über
http://dnb.d-nb.de abrufbar.

4., bibliographische aktualisierte Auflage 2012

1. Auflage 2002
Die Herausgabe des Werkes wurde durch die Vereinsmitglieder
der WBG ermöglicht.
Satz: Setzerei Gutowski/schreiberVIS, Bickenbach
Einbandgestaltung: schreiberVIS, Bickenbach
Gedruckt auf säurefreiem und alterungsbeständigem Papier
Printed in Germany

Besuchen Sie uns im Internet: www.wbg-wissenverbindet.de

ISBN 978-3-534-24584-0

Elektronisch sind folgende Ausgaben erhältlich:
eBook (PDF): 978-3-534-72316-4
eBook (epub): 978-3-534-72317-1

Inhaltsverzeichnis

Geschichte kompakt

In der Geschichte, wie auch sonst,
dürfen Ursachen nicht postuliert werden,
man muss sie suchen. (M. Bloch)

Das Interesse an Geschichte wächst in der Gesellschaft unserer Zeit. Historische Themen in Literatur, Ausstellungen und Filmen finden breiten Zuspruch. Immer mehr junge Menschen entschließen sich zu einem Studium der Geschichte, und auch für Erfahrene bietet die Begegnung mit der Geschichte stets vielfältige, neue Anreize. Die Fülle dessen, was wir über die Vergangenheit wissen, wächst allerdings ebenfalls: Neue Entdeckungen kommen hinzu, veränderte Fragestellungen führen zu neuen Interpretationen bereits bekannter Sachverhalte. Geschichte wird heute nicht mehr nur als Ereignisfolge verstanden, Herrschaft und Politik stehen nicht mehr allein im Mittelpunkt, und die Konzentration auf eine Nationalgeschichte ist zugunsten offenerer, vergleichender Perspektiven überwunden.

Interessierte, Lehrende und Lernende fragen deshalb nach verlässlicher Information, die komplexe und komplizierte Inhalte konzentriert, übersichtlich konzipiert und gut lesbar darstellt. Die Bände der Reihe „Geschichte kompakt" bieten solche Information. Sie stellen Ereignisse und Zusammenhänge der historischen Epochen der Antike, des Mittelalters, der Neuzeit und der Globalgeschichte verständlich und auf dem Kenntnisstand der heutigen Forschung vor. Hauptthemen des universitären Studiums wie der schulischen Oberstufen und zentrale Themenfelder der Wissenschaft zur deutschen und europäischen Geschichte werden in Einzelbänden erschlossen. Beigefügte Erläuterungen, Register sowie Literatur- und Quellenangaben zum Weiterlesen ergänzen den Text. Die Lektüre eines Bandes erlaubt, sich mit dem behandelten Gegenstand umfassend vertraut zu machen. „Geschichte kompakt" ist daher ebenso für eine erste Begegnung mit dem Thema wie für eine Prüfungsvorbereitung geeignet, als Arbeitsgrundlage für Lehrende und Studierende ebenso wie als anregende Lektüre für historisch Interessierte.

Die Autorinnen und Autoren sind in Forschung und Lehre erfahrene Wissenschaftler und Wissenschaftlerinnen. Jeder Band ist, trotz der allen gemeinsamen Absicht, ein abgeschlossenes, eigenständiges Werk. Die Reihe „Geschichte kompakt" soll durch ihre Einzelbände insgesamt den heutigen Wissensstand zur deutschen und europäischen Geschichte repräsentieren. Sie ist in der thematischen Akzentuierung wie in der Anzahl der Bände nicht festgelegt und wird künftig um weitere Themen der aktuellen historischen Arbeit erweitert werden.

Kai Brodersen
Martin Kintzinger
Uwe Puschner
Volker Reinhardt

I. Die Wurzeln der Revolution

9. 2. 1801	Frieden von Lunéville/Napoleons Vorherrschaft in Deutschland
25. 2. 1803	Reichsdeputationshauptschluss (Abschaffung zahlreicher Reichsstände)
10. 7. 1807	Beginn der preußischen Reformen (Ernennung Steins)
8. 6. 1815	Deutsche Bundesakte begründet den Deutschen Bund
18. 10. 1817	Wartburgfest
23. 3. 1819	Ermordung August v. Kotzebues durch Karl Sand
20. 9. 1819	Karlsbader Beschlüsse verabschiedet
5. 6. 1823	Provinzialständische Verfassung in Preußen
27.–29. 7. 1830	Julirevolution in Frankreich
28. 5. 1832	Hambacher Fest
5. 7. u. 28. 7. 1832	Restriktive Maßnahmen des Deutschen Bundes gegen liberale Opposition
1. 1. 1834	Deutscher Zollverein tritt in Kraft
1. 11. 1837	Aufhebung der hannoverschen Verfassung/„Göttinger Sieben“
7. 6. 1840	Regierungsantritt Friedrich Wilhelms IV. von Preußen
Okt. 1840	Beginn der Rheinkrise
4.–6. 6. 1844	Weberaufstand in Schlesien
Aug. 1845	Beginn der Agrar- u. Gewerbekrise (1845–47)
11. 4.–26. 6. 1847	Sitzung des Vereinigten Preußischen Landtags
12. 9. 1847	Offenburger Treffen süddeutscher Demokraten
10. 10. 1847	Heppenheimer Treffen süddeutscher Liberaler
4. 11. 1847	Beginn des Schweizer Sonderbundkriegs
22.–24. 2. 1848	Revolution in Paris

Selten, bemerkte der Historiker Eric Hobsbawm, wurde eine Revolution so allgemein vorhergesagt wie die von 1848. Der französische Romancier Victor Hugo (1802–85) wollte den „dumpfen Klang der Revolution“, die ganz Europa erfassen würde, schon 1831 vernommen haben. Im Rückblick erscheinen solche Vorahnungen besonders scharfsinnig. Es ist dennoch problematisch, geschichtliche Prozesse auf ihre Rollen als Vorgeschichten zu reduzieren. In der rückwärts gewandten Beleuchtung historischer Betrachtung werfen Ereignisse Schatten in ihre Vergangenheiten. Es ist wichtig, nicht zu vergessen, dass dies ein künstlicher Vorgang ist. Vor Beginn der Märzrevolution wusste niemand, dass er im „Vormärz“ lebte. Die folgende Skizze ist daher kein Versuch, ein abgewogenes Kurzportrait Deutschlands in den Jahrzehnten vor 1848 zu entwerfen. Die Revolution war nicht der unvermeidliche Fluchtpunkt aller politischen, sozialen und kulturellen Entwicklungen im Deutschen Bund. Thomas Nipperdeys Mahnung gilt auch für 1847: die Zukunft war offen. Was folgt, ist lediglich ein selektiver Blick auf diejenigen Aspekte, die in der Rückschau als mit der Revolution verknüpft erscheinen. Dabei werden drei Felder angesprochen: 1. die politische Krise, 2. die soziale Frage und 3. die Kumulation sozialer und politischer Krisenelemente am Vorabend der Revolution.

1. Der lange Schatten der Französischen Revolution: Nationalismus, Liberalismus und der monarchische Staat

Das nahtlose Gewebe aus Kontinuitäten und Kausalitäten, das historische Vorgänge mit ihren Konsequenzen verknüpft, sperrt sich gegen willkürliche Periodisierung und kalendarische Konventionen. Manche Ereignisse haben dennoch einen so intensiven Einfluss auf spätere Entwicklungen, dass sie berechtigterweise als Zäsuren betrachtet werden können. Obwohl die sich verschärfende politische Krise im Deutschen Bund vor 1848 Wurzeln in früheren Entwicklungen hatte, kommt den Auswirkungen der Französischen Revolution und der napoleonischen Kriege besondere Bedeutung zu. Ohne sie sind die Spannungen zwischen früher Nationalbewegung, Liberalismus und monarchischem Staat nicht zu begreifen.

a) Die deutsche National- und Einheitsbewegung bis 1848

Die Französische Revolution konfrontierte die Deutschen mit einer Form des Nationalismus, die damals östlich des Rheins keine Entsprechung fand. Die Ideen und Soldaten, die nach 1789 von Frankreich kommend in Deutschland eindrangen, waren von einem Nationsbegriff erfüllt, dessen Intensität, Ausschließlichkeitsanspruch und Grad der Politisierung anzeigten, dass hier ein Nationalismus moderner Qualität entstanden war. Der einigenden und motivierenden Kraft eines solchen Verständnisses der eigenen Nation hatten die Bewohner des Heiligen Römischen Reiches zunächst nichts entgegenzusetzen. Zwar gab es wohl seit dem Spätmittelalter unter Klerikern und Adligen Frühformen eines deutschen National- und Reichsbewusstseins, das während der Türkenkriege auch weitere Bevölkerungsgruppen erfasste. Diese Ansätze zielten jedoch noch nicht auf die Bildung eines Nationalstaats. Auch die Entwicklung des nationalen Denkens im 18. Jahrhundert verwies keineswegs geradlinig auf die Entstehung einer modernen deutschen Volksnation. In der anwachsende Elite der akademisch Gebildeten – bei Beamten, Lehrern, Professoren, Ärzten, Juristen, Geistlichen und Schriftstellern – erwachte ein starkes Interesse an einer eigentümlich deutschen Nationalkultur. Von der Zentralität der Sprache ausgehend und in emphatischer Abgrenzung zur französisch beeinflussten Hof- und Adelskultur trugen Männer wie der Philosoph Johann Gottfried Herder (1744–1803), der Dichter Friedrich Gottlieb Klopstock (1724–1803) oder der Historiker Justus Möser (1720–94) zur Konstruktion einer deutschen Kulturnation bei.

Freilich darf dieses intellektuelle Konstrukt einer literarisch-philosophischen Elite nicht mit einer Massenbewegung oder einem Programm zur nationalstaatlichen Einigung verwechselt werden. Der Berliner Buchhändler Friedrich Nicolai (1733–1811) schätzte, dass 1770 nur 20000 Menschen aktiv an dieser nationalen Diskussion teilnahmen. Zudem blieb unklar, ob und wie die kulturelle Dimension mit *politischen* Zielen verknüpft war. Für den Philosophen Friedrich Schlegel (1772–1829) blieb die Mission der Deutschen streng kulturell: „Was Hellas schlau ersann, was Indien blühte, / German'scher Männer Lied wird's neu entfalten", schrieb er im Jahr 1800. Vier Jahre später sah Friedrich Schiller (1759–1805) die deutsche Nation außerhalb der Sphäre des Politischen. Für ihn war deutsche Größe eine moralisch-kulturelle Kategorie, die vom politischen Schicksal der deutschen Nation unabhängig war. Bei allem theoretischen Eifer, befand die Schriftstellerin Germaine de Staël (1766–1817), hatten die deutschen Gebildeten nur wenig Interesse an der „ganzen Wirklichkeit des Lebens". Der unpolitische oder zumindest nichtoppositionelle Charakter dieser frühen deutschen Nationalbewegung erklärt sich aus der Verwurzelung seiner Trägerschicht in den Regierungs- und Verwaltungsapparaten der deutschen Einzelstaaten. „Teutsch" zu fühlen und gleichzeitig ein patriotischer Württemberger zu sein, wurde nicht als Widerspruch empfunden. Die Forderung nach einer deutschen Literatur oder einem deutschen Theater ermöglichte somit, einem nationalen Bedürfnis zu entsprechen, ohne durch das Drängen auf eine nationalpolitische Vereinigung an dem partikularstaatlichen Ast zu sägen, auf dem viele Mitglieder des Bildungsbürgertums saßen. Außerdem geboten zahlreiche deutsche Einzelstaaten ihrerseits über ein beträchtliches Maß patriotischer Loyalität. Thomas Abbts (1738–66) Werk „Vom Sterben für das Vaterland" aus dem Jahr 1761, beispielsweise, handelt vom Tod für Preußen. 1793, selbst nach der Invasion französischer Truppen, beklagte der Dichter Christoph Wieland (1733–1813), dass es sächsische, bayerische, württembergische und hamburgische Patrioten gebe, nicht aber deutsche Patrioten, die das ganze Reich als ihr Vaterland liebten.

Die Erfahrungen und Ereignisse der Jahre zwischen dem Frieden von Lunéville (1801) und der Niederwerfung Napoleons (1813/15) bewirkten hier einen tief greifenden Wandel. Während dieser Periode prasselte eine Reihe dramatischer politischer Erfahrungen und Veränderungen auf Deutschland nieder: Krieg und Niederlage, Besatzung durch französische Truppen, das Ende des Heiligen Römischen Reiches, die völlige Umgestaltung der deutschen Staatenlandschaft und politische Reformen in Preußen wie in den Rheinbundstaaten. All dies bildete den Rahmen, innerhalb dessen sich eine nationale Diskussion neuer Qualität entwickelte. Der vorherrschende Diskurs legte ein gutes Stück der geistigen Wegstrecke zurück, die laut dem Historiker Friedrich Meinecke (1862–1954) vom Weltbürgertum zum Nationalstaat führen sollte. Auffälligstes Merkmal dieser Veränderung war der schrille Franzosenhass, der jetzt vielen aus der Feder floss. Zudem waren die mitunter abstoßend gewaltberauschten Gedichte **Ernst Moritz Arndts**, Heinrich von Kleists (1777–1811) und Clemens Brentanos (1778–1842) gegen einen *politischen* Feind gerichtet. Kleists entsetzlicher Schlachtruf „Dämmt den Rhein mit ihren Leichen" forderte nicht mehr eine kulturelle Abgrenzung, sondern ist nur im Kontext eines Todeskampfes zweier machtpolitisch agierender Nationen zu begreifen. Auf Herders Hochschätzung spezifischer Volksmerkmale aufbauend und – bei aller hasserfüllten Ablehnung – Impulse des französischen Nationalismus verarbeitend, schufen Männer wie der Publizist Joseph Görres (1776–1848), der Philosoph Johann Gottlieb Fichte (1762–1814), der Theologe Friedrich Schleiermacher (1768–1834), der Publizist Ernst Moritz Arndt und der Pädagoge Friedrich Ludwig Jahn (1778–1852) zwischen 1806 und 1813 das Programm eines politisierten romantischen deutschen Nationalismus.

Während der Rheinländer Görres eine Jahrhunderte überdauernde deutsche Volksidentität aus einem romantisierten Bild des Mittelalters herzuleiten suchte, knüpfte Fichte in seinen Berliner „Reden an die deutsche Nation" (1807/08) an den herderschen Primat des Linguistischen an. Durch den Heldenmut der alten Germanen vor lateinischen Deformierungen bewahrt, war das deutsche „Urvolk" mit einer kulturellen Weltmission betraut, zu deren Verwirklichung alle physischen und geistigen Kräfte der Nation aufzubieten waren. Für Schleiermacher war die Unterjochung der deutschen Nation ein Verstoß gegen eine gottgegebene Ordnung. Auch bei Arndt und Jahn spielten Gedanken wie die Unverfälschtheit und Überlegenheit der deutschen Nation und ihre quasireligiöse Weihe eine wichtige Rolle. Bei ihnen tritt außerdem die politische Brisanz des neuen deutschen Nationalismus deutlich in den Vordergrund. Schon Fichte und Schleiermacher hatten sich auf dieses Terrain vorgewagt. Fichte bezog den Staat direkt in seine Überlegungen ein, indem er ihm nationale Erziehungsaufgaben zuwies; in seiner „Staatslehre" (1813) nannte er die deutsche Einheit ein allgemeines Konzept für die Zukunft. Im selben Jahr sehnte sich auch Schleiermacher nach einem deutschen Reich, um das gesamte deutsche Volk nach außen hin machtvoll zu vertreten. Arndt stellte hierzu detaillierte Überlegungen an. In seinem Werk „Über die künftigen ständischen Verfassungen in Teutschland" (1814) forderte er eine von Preußen geführte deutsche Monarchie, in der Obrigkeit und Demokratie durch die gemeinsame Hingabe an das Volk miteinander versöhnt würden. Jahn betrachtete den Staat als die dauerhafte äußere Bestätigung des Volkstums.

Ernst Moritz Arndt (1769–1860) lehrte ab 1800 Geschichte an der Universität Greifswald. Zwischen 1812 und 1816 arbeitete er als Privatsekretär und Autor für den Freiherrn vom Stein. 1818 erhielt er einen Lehrstuhl in Bonn. Als ein prominentes Opfer der Demagogenverfolgung wurde Arndt 1820 entlassen und erst 20 Jahre später wiedereingestellt. 1848 gewann er ein Mandat für die Frankfurter Nationalversammlung, wo er dem rechten Zentrum angehörte. Auf seine Bonner Professur zurückgekehrt trat er 1854 in den Ruhestand. Nach anfänglicher Begeisterung für die Ideale der Französischen Revolution wandelte sich Arndt unter dem Einfluss der Ideen Herders zu ihrem unversöhnlichen Gegner. Gegen Napoleons Universalismus, den er als Vergewaltigung des Volksgeistes verstand, propagierte er die germanische „Uridee" der Volksfreiheit. Der nimmermüde Agitator verfasste viele der aufpeitschendsten Kampfschriften und -lieder des frühen deutschen Nationalismus („Was ist des Deutschen Vaterland?"). Nach 1815 geriet Arndt zunehmend in Konflikt mit dem Restaurationssystem und wurde erst nach dem Regierungsantritt Friedrich Wilhelms IV. 1840 rehabilitiert.

Der nationale Diskurs veränderte sich nicht nur inhaltlich: Er fand auch neue Wege der Verbreitung und erreichte neue Bevölkerungsgruppen. 1810 gründete Jahn in Berlin den „Deutschen Bund", der auf die „Einheit unseres zersplitterten, geteilten und getrennten Volkes" zielte und 1812 bereits über wenigstens elf Zweigvereine verfügte. Ähnliche Absichten verfolgten der ostpreußische „Tugendbund" (1808), Jahns sportlich-militärische „Turngesellschaft" (1811) und die studentische „Deutsche Burschenschaft" (1811/15). Für all diese Individuen und Gruppen galt der Krieg gegen den besiegt aus Russland zurückgekehrten Napoleon als Fanal. Der Aufruf „An mein Volk" (17. 3. 1813), in dem König Friedrich Wilhelm III. der französischen Besatzungsmacht den Kampf ansagte, traf auf einen Taumel vaterländischer Begeisterung. So echt dieser nationale Enthusiasmus vielfach war, blieb er doch ein begrenztes Phänomen, das zwar weitere Bevölkerungskreise erfasste als je zuvor, sich aber zu keinem Zeitpunkt zu einer wirklichen Volkserhebung ausweitete. Eine statistische Untersuchung der Zusammensetzung der Freiwilligen-Einheiten, die sich neben den regulären Truppen formierten, ergibt ein widersprüchliches Bild: Nur 12% der Kämpfer gehörten zum Bildungsbürgertum, das gemessen an seinem Anteil an der Gesamtbevölkerung damit jedoch sechsfach überrepräsentiert war; ähnlich disproportional stark vertreten waren die Handwerker, die 41% der Freiwilligen stellten; Bauern und Landarbeiter hingegen, ca. 75% der Bevölkerung, machten nur 18% der Kämpfer aus. Die Nationalbewegung war aus dem engen Kreis des Elitären ausgebrochen, aber vorwiegend eine städtische Erscheinung geblieben. Nichtsdestoweniger rankten sich bald wirkungsmächtige und weithin rezipierte Legenden um die Helden des Befreiungskrieges, um die „wilde, verwegene

Jagd" des Freikorpsoffiziers Ludwig Adolf von Lützow (1782–1834) und den dichtenden Märtyrer Theodor Körner (1791–1813). Eine Konkretisierung der politischen Forderungen des deutschen Nationalismus fand im Rausch des Sieges über Napoleon allerdings nicht statt. Das Deutschland-Konzept blieb vage, weiterhin sprachlich-kulturell definiert und mit einem konfusen Freiheitsbegriff verbunden.

In den Jahrzehnten nach 1815 beflügelte das gewaltige Anwachsen der interessierten und zur Teilnahme befähigten Öffentlichkeit den kulturellen Nationsbildungsprozess: mehr und mehr Menschen konnten lesen (1830: ca. 40%), die Buch- und Zeitschriftenproduktion schnellte nach oben, und die Zahl der Studenten in Deutschland stieg von 5500 im Jahr 1800 auf 15.836 dreißig Jahre später. Ein kulturell-historisches Nationalbewusstsein blühte auf: Historiker wie Heinrich Luden (1780–1847), und Friedrich von Raumer (1781–1873) warteten mit vielbändigen Darstellungen zur Geschichte Deutschlands auf. Das Interesse am deutschen Mittelalter spiegelte sich auch in der Edition mittelalterlicher Quellen („Monumenta Germaniae Historica") und im Siegeszug des Nibelungenliedes wider. Landauf, landab wurden unter großer öffentlicher Anteilnahme Denkmäler zu Ehren der Helden deutscher Kultur errichtet: Dürer, Gutenberg, Beethoven, Luther, selbst Hermann, Sieger über die frech gewordenen Römer. 1842 vollendete König Ludwig I. von Bayern (1825–48, geb. 1786, gest. 1868), sein Pantheon deutscher Genies, die Walhalla bei Regensburg. Unter der Führung Jacob und Wilhelm Grimms (1785–1863, 1786–1859), und Karl Lachmanns (1793–1851) profilierten sich die Erforscher der deutschen Sprach-, Literatur- und Rechtsgeschichte als Germanisten und begannen, nationale Kongresse abzuhalten. Die alljährlichen Treffen des „Vereins deutscher Naturforscher und Ärzte", Carl Maria von Webers (1786–1826) als „Nationaloper" gepriesener „Freischütz" (1821), die Hochkonjunktur der Historienmalerei und das neogotische Projekt der Vollendung des Kölner Doms (1842) zeigen, wie auch Naturwissenschaften, Musik, bildende Künste und Architektur in diesen kulturellen Nationsbildungsprozess einbezogen waren.

Auf der politischen Ebene war die Entwicklung des deutschen Nationalismus konfliktträchtiger. Die Realitäten in Deutschland nach dem Wiener Kongress enttäuschten die Hoffnungen der Freikorpskämpfer. Die lockere Föderation 39 souveräner Staaten, die 1815 die Rechtsnachfolge des Alten Reichs antrat, verwarfen sie als unzeitgemäßes Repressionsinstrument, als Grab der freien und geeinten deutschen Nation. Viele glühende Patrioten der Jahre 1813/14 fühlten sich von den Fürsten verraten und richteten ihren nationalen Eifer nun gegen den partikularstaatlichen Status quo. Die Nationalbewegung ging in die Opposition. Auf dem Wartburgfest, das 1817 zu Ehren des dreihundertsten Jahrestags des lutherschen Thesenanschlags begangen wurde, mischte sich viel Fürstenschelte in die religiös-radikal-nationale Rhetorik der anwesenden Burschenschafter. Die Regierungen nahmen die Ermordung des konservativen Schriftstellers August von Kotzebue (1761–1819) durch einen Studenten daher nur allzu gern zum Anlass, um scharf gegen die nationale Opposition vorzugehen. Der staatlichen „Demagogenverfolgung", die 1819 mit den **Karlsbader Beschlüssen** begann, gelang es, die Nationalbewegung zu unterdrücken, bis das europäische Revolutionsjahr 1830 auch im Deutschen Bund zu einer erneuten Aufwallung der Opposition führte. Im Umfeld des Hambacher Festes (27. 5. 1832), zu dem sich mehr als 20000 Anhänger nationalen, liberalen und demokratischen Gedankenguts in Neustadt an der Weinstraße versammelten, wurde die partikularstaatliche Obrigkeit einmal mehr mit dem Verlangen nach Deutschlands nationaler Einheit konfrontiert. Der Journalist Johann Georg Wirth

(1798–1848), einer der Organisatoren des Hambacher Festes, erklärte 1832, dass „die entschiedenen Patrioten Deutschlands nach der politischen Einheit ihres Vaterlandes" verlangten. Auch der badische Kammerabgeordnete Paul Pfizer (1801–67) und der Darmstädter Journalist Wilhelm Schulz (1797–1860) erhoben in diesen Jahren die Forderung nach einem gesamtdeutschen Nationalparlament in schriftlicher Form. Wie schon 1819 reagierte der Bundestag auch 1832 mit scharfer Repression und bestätigte einmal mehr den oppositionellen Charakter der nationalen Idee.

Die Karlsbader Beschlüsse

Die so genannten Karlsbader Beschlüsse gaben dem politischen System der Vorrevolutionszeit sein reaktionäres Gepräge. Nachdem Metternich die Burschenschaften schon seit längerer Zeit misstrauisch beobachtet hatte, nutzte er die Gelegenheit, die ihm die Ermordung August von Koetzebues bot und lud Vertreter acht deutscher Staaten zu einer Konferenz ins böhmische Karlsbad ein (6.–31. 8. 1819). Die dort gefassten Beschlüsse wurden bereits am 20. 9. 1819 zu Bundesgesetzen erhoben. Ein Universitätsgesetz sah eine Überwachung der Hochschulen, die Entlassung ideologisch verdächtiger Professoren und das Verbot der Burschenschaft vor. Das Pressegesetz führte die Vorzensur für Druckerzeugnisse unter 320 Seiten ein. Zudem wurde mit der Zentraluntersuchungskommission ein politisches „Bundeskriminalamt" eingerichtet. Die Eingriffskompetenz des Bundes in einzelstaatliche Angelegenheiten wurde generell gestärkt. Die Karlsbader Beschlüsse lieferten die gesetzliche Grundlage für die danach einsetzende so genannte Demagogenverfolgung und galten – mehrfach erneuert und modifiziert – bis 1848.

In der Entwicklung der deutschen Nationalbewegung markierte die Rheinkrise der Jahre 1840–41 eine entscheidende Etappe: Die leidenschaftliche Reaktion auf angebliche französische Expansionsgelüste mobilisierte zum ersten Mal ein deutsches Massenpublikum für die nationale Sache. Nachdem Frankreich einen diplomatischen Rückschlag im Orient erlitten hatte, versuchten Regierung und Presse in Paris die Kränkung dadurch wettzumachen, dass laut über eine Wiedereroberung des Rheinlandes nachgedacht wurde. In der deutschen Öffentlichkeit provozierte dieses bedrohliche Säbelrasseln helle Empörung, trotzigen Franzosenhass und ein allgemeines Gefühl nationaler Solidarität. Seinen bekanntesten und unüberhörbaren Ausdruck fand dieser „Durchbruch des modernen Nationalismus" (R. Buchner) in der überaus populären Rheinliedbewegung, der wir u. a. Nikolaus Beckers (1809–45) „Sie sollen ihn nicht haben / den freien, deutschen Rhein", Max Schneckenburgers (1819–49) „Wacht am Rhein" und Arndts grammatisch wie inhaltlich bedenkliches „Zum Rhein! Übern Rhein! All-Deutschland in Frankreich hinein!" verdanken. Außenpolitisch blieb die Rheinkrise ereignislos, da Frankreich seinen Worten keine Taten folgen ließ. Für die deutsche Nationalbewegung jedoch bedeutete sie einen Quantensprung. Von den Fürsten kurzfristig unterstützt (wie zuvor schon 1813), aggressiver gegen auswärtige Feindbilder gerichtet und weite Bevölkerungsschichten elektrisierend verwandelte sich der Nationalismus durch die kollektive Erfahrung der Rheinkrise in eine „selbständige politische Kraft, gegen die auf die Dauer alle anderen Legitimationsangebote chancenlos blieben" (H. Schulze).

Die Stimmung, die bereits durch ein so explosives Gemisch von Emotionen wie dem bangen Gefühl nationaler Verletzbarkeit und dem Verlangen nach geeinter Machtstaatlichkeit geprägt war, verschärfte sich im Verlauf der 1840er-Jahre. Hierfür war vor allem der Schleswig-Holstein-Konflikt verantwortlich. In einem „Offenen Brief" hatte der dänische König Christian VIII. im Juli 1846 seine Absicht angekündigt, das bisher nur in Personalunion mit Dänemark verbundene Herzogtum Schleswig ganz in den dänischen Staatsverband einzugliedern. Dieses Vorhaben, das die nationalen Leidenschaften in Deutschland hochkochen ließ, widersprach nicht nur den Wünschen der deutschen Bevölkerungsmehrheit in Schleswig, sondern verletzte auch die 1460 garantierte Unteilbarkeit der Herzogtümer Schleswig und Holstein, von denen letzteres Mitglied des Deutschen Bundes war. Die komplizierten erb- und lehensrechtlichen Probleme dieser Angelegenheit wurden jedoch in den jeweiligen nationalen Öffentlichkeiten darauf reduziert, ob Schleswig deutsch oder dänisch sein sollte. Dass selbst das kleine Dänemark es wagen konnte, die machtlose, zersplitterte deutsche Nation herauszufordern, machte dieses Thema besonders schmerzhaft für die deutsche Nationalbewegung. Man fühlte sich einer Geringschätzung ausgesetzt, die keine andere große Nation je erleiden müsste. „Denken sie sich", forderte Friedrich Daniel Bassermann (1811–55) seine Kollegen in der badischen Kammer im Februar 1845 auf, „es berathschlage eine fremde Macht ... darüber, ob sie nicht eine Provinz von Frankreich und England incorporieren könne. ... Ja ich sage, man kann es sich gar nicht denken. ... aber eine deutsche Provinz sich zu incorporieren, darüber kann ... eine dänische Versammlung schon seit Monaten berathschlagen."

Dass der Schleswig-Holstein-Konflikt wie schon die Rheinkrise teilweise mittels Männergesang ausgefochten wurde – das zuerst 1844 angestimmte „Schleswig-Holstein meerumschlungen" wurde schnell zum Kampflied – war kein Zufall und verweist auf einen wichtigen Entwicklungsprozess. Im Laufe des Vormärz verfestigte sich die deutsche Nationalbewegung zu einem „organisierten gesellschaftlichen Nationalismus" (D. Düding). Zentral für diese Veränderung war das wichtigste Vehikel der wachsenden Politisierung der Gesellschaft: der Verein. Bis zu ihrem Verbot im Jahr 1819/20 hatten die Burschenschaften und Jahns Turnbewegung als institutionelles Rückgrat der Nationalbewegung fungiert. Danach füllten die Gesangsvereine das Vakuum, das durch das Verbot der Turner und Burschenschaften entstanden war. Von den Bundesmaßnahmen der Jahre 1819/20 und 1832 verschont und von Dichtern wie Arndt, Becker, Körner, August Hoffman von Fallersleben (1798–1874) und Max von Schenkendorf (1783–1817) reichlich mit kernig-nationalem Liedgut versorgt, wurden die Sänger zur mitgliedstärksten und am weitesten verbreiteten Organisation innerhalb der Nationalbewegung. 1845, 1846 und 1847 nahmen Tausende an „Deutschen Sängerfesten" in Würzburg, Köln und Lübeck teil. Im Revolutionsjahr sangen über 100000 deutsche Männer in mehr als 1 100 Gesangsvereinen. Nachdem die Turnverbote in Preußen, Sachsen und den südwestdeutschen Staaten Anfang der 1840er-Jahre aufgehoben worden waren, blühte auch diese nur scheinbar unpolitische Freizeitbeschäftigung wieder auf. Wie die Sänger agierten auch die Turner auf der Bühne der nationalen Öffentlichkeit, indem sie „Turnfeste" in Mainz (1842), Reutlingen (1845), Heilbronn (1846), Frankfurt (1847) und Heidelberg (1847) organisierten. 1848 ertüchtigten 90000 Deutsche Leib und Seele in 250 Turnvereinen.

Diese beeindruckenden Zahlen sollten die Grenzen der Nationalisierung nicht verdecken. Trotz Tausenden von Sängern, Turnern und national Gesinnten blieb die deutsche Nation „ein städtisches Geschöpf, sie war ein Werk von Protestanten, und sie war eine Männergeburt" (D. Langewiesche). Auch 1847 war deutscher Nationalismus noch kein Anliegen, das Millionen bewegte; aber er war längst kein politisch irrelevantes Elitenphänomen mehr. Als Resultat eines jahrzehntelangen Prozesses zahlenmäßiger Expansion und institutioneller Konsolidierung stellte die deutsche National- und Einigungsbewegung am Vorabend des Revolutionsjahres eine effektive politische Kraft dar.

Ihre Kernforderung, den Deutschen Bund einer radikalen politischen Reform im nationalen Sinne zu unterziehen, war ein Stachel im Fleisch des monarchischen Staates. Ihre Existenz war eine „Voraussetzung für den Ausbruch der Revolution in Deutschland" (D. Düding).

b) Liberalismus und Radikalismus im deutschen Vormärz

Die Gedankenwelt des Nationalismus war nicht das einzige intellektuelle Arsenal, das Kritikern der politischen Verhältnisse im Deutschen Bund zur Verfügung stand. Die obrigkeitsstaatlichen Realitäten, die in Deutschland nach 1815 und besonders nach 1819 geschaffen wurden, standen im Gegensatz zu einer „der stärksten gemeineuropäischen Bewegungsmächte" (H.-U. Wehler), nämlich dem Liberalismus und umso mehr zu seinem linken Flügel, dem Radikalismus. Eine scharfe Trennung zwischen dem nationalen und liberalen Ideologem ist in diesem Zusammenhang einigermaßen künstlich. Im Deutschland des späten 18. und frühen 19. Jahrhunderts waren Liberalismus und Nationalismus vielfach miteinander verknüpft: von denselben Erfahrungen motiviert, mit gemeinsamen Gegnern und Trägergruppen. Zwar stellte sich bald heraus, dass ein gleichzeitiges Streben nach nationaler Einheit und politischer Freiheit keineswegs so unproblematisch war, wie es Hoffmann von Fallerslebens „Deutschlandlied" (1841) suggerierte, aber es ist dennoch keine Verzerrung, von einer „liberal-nationalen" Bewegung zu sprechen. Die gesonderte Behandlung der liberalen Dimension soll lediglich aufzeigen, auf wie vielen Ebenen sich im Vorfeld der Revolution von 1848 Opposition zum Status quo formierte.

Eine so vielschichtige und facettenreiche, von westeuropäischen wie deutschen Einflüssen geformte Bewegung wie der Liberalismus lässt sich schwerlich auf ein einziges Interessensfeld reduzieren. Aber obwohl sich Liberale auch zu Fragen des Handels, der Bildung und der Religion äußerten, erwies sich ein Thema bald als zentral: Der Liberalismus war vor allem eine politische Verfassungsbewegung. Als solche zielte er auf eine Umgestaltung des Staats in ein schriftlich fixiertes System von Rechtsnormen, das zwischen Monarchen und Volksvertretern zu vereinbaren war. Die Verfassung sollte Grundrechte garantieren – vor allem Meinungs- und Pressefreiheit, Vereinigungsfreiheit, das Recht auf privates Eigentum und Gleichheit vor dem Gesetz – und das Prinzip der Gewaltenteilung festschreiben. Als Anwalt der Nation und Hüter der Verfassung oblag dem Parlament die zentrale Aufgabe, die fürstliche Exekutive misstrauisch zu kontrollieren. Zudem eröffnete das Parlament dem Volk die Möglichkeit, durch gewählte Repräsentanten gesetzgebend am staatlichen Handeln teilzunehmen, wobei eine Einschränkung des Wahlrechts dafür sorgen sollte, dass nur befähigte Volksvertreter gewählt würden. Konstitutionelle Liberale waren keine Demokraten.

Die Wurzeln des deutschen Frühliberalismus liegen in der Aufklärung des späten 18. Jahrhunderts und in den intellektuellen wie politischen Erschütterungen, die von der Französischen Revolution ausgingen. Von der zentralen Forderung nach Gewährung von Freiheitsrechten für das Individuum ausgehend politisierte sich der Liberalismus in den 1790er-Jahren, indem er die staatliche Gewalt mit dem Recht des Einzelnen auf weitestgehende Selbstbestimmung konfrontierte. Der Historiker August Ludwig Schlözer (1735–1809) forderte rechtsstaatliche Prinzipien, um die „ursprünglichen Menschen- und Gemeinde-Rechte" der Untertanen zu sichern. Wilhelm von Humboldts (1767–1835) „Ideen zu einem Versuch, die Grenzen der Wirksamkeit des Staates zu bestimmen" (1793) entsprangen ebenfalls der liberalen Kernforderung nach einer Beschränkung der Staatsmacht. Dabei war das Verhältnis der frühen deutschen Liberalen zum Staat durchaus ambivalent. Der Liberalismus rekrutierte sich nämlich ganz überwiegend aus derselben bildungsbürgerlichen Gruppierung, die auch die frühe Nationalbewegung trug, und war als „Beamtenliberalismus" ähnlich eng mit den Verwaltungs- und Bildungsapparaten der deutschen Staaten verwachsen. Zudem war der Staat selbst ein Instrument der Liberalisierung: der aufgeklärte Absolutismus zeigte Ansätze zur Reform des feudalen Systems und zur Etablierung von Rechtsstaatlichkeit. Die unter französischem Druck vorgenommenen preußischen und rheinbündischen Reformen führten diesen Prozess der Modernisierung fort. Von einer aufgeklärten Reformbürokratie getragen war der Staat des späten 18. und frühen 19. Jahrhunderts den Wünschen des liberalen Bürgertums entgegengekommen. Begünstigt durch das Fehlen eines revolutionären Umschwungs und die relative Schwäche der deutschen Bourgeoisie entwickelte sich so ein reformorientierter, staatsloyaler bürokratischer Liberalismus, dessen große Zeit zwischen 1800 und 1820 fiel. Weit davon entfernt, ein bloßes Übergangsphänomen zwischen aufgeklärtem Absolutismus und dem konstitutionellen Liberalismus des Vormärz zu sein, zielte er auf die „Herbeiführung einer modernen Staatsbürgergesellschaft ... im weitläufigen Gehäuse eines sorgfältig ausgebauten Rechtsstaats", der „Sicherheit, Vorausberechenbarkeit, Freiheit von persönlicher Willkür und Schutz durch allgemeine Gesetznormen" garantieren sollte (H.-U. Wehler). Seine Führungsrolle im breiten Spektrum des bürgerlichen Liberalismus verlor der bürokratische Liberalismus erst, als die deutschen Regierungen, durch den Radikalismus aufgeschreckt, nach 1819 auf einen autoritär-obrigkeitsstaatlichen Kurs einschwenkten und damit den Liberalismus auf die Oppositionsbänke verbannten.

Der Sieg über Napoleon hatte kein abruptes Ende für die Reformära bedeutet, die seit 1806 in Preußen und im Rheinbund so wichtige liberale Neuerungen wie die Bauernbefreiung, städtische Selbstverwaltung, Bildungsreform, Gewerbefreiheit, Judenemanzipation und die Abschaffung ständischer Privilegien gebracht hatte. Der Geist der Reformzeit wirkte auch nach dem Wiener Kongress 1814/15 noch weiter. Sein berühmtestes Echo fand er in Artikel 13 der Bundesakte (1815), der lakonisch festlegte: „In allen Bundesstaaten wird eine landständische Verfassung stattfinden." Innerhalb eines Jahrzehnts hatten 29 deutsche Staaten dieser Auflage entsprochen. Allerdings verwiesen Preußens und Österreichs Verweigerung der Verfassungsgebung sowie die Bandbreite der verabschiedeten Staatsgrundgesetze – sie reichten von Badens konstitutioneller Monarchie bis zum ständischen „Landesgrundsätzlichen Erbvergleich" in Mecklenburg – auf die Grenzen des Konstitutionalisierungsprozesses. So wurden die süddeutschen Verfassungsstaaten Bayern (1818), Baden (1818), Württemberg (1819) und Hessen-Darmstadt (1820) zum Kerngebiet des deutschen Liberalismus. Bereits vor der politischen Wende von 1819/20 kam es hier über Fragen wie Schwurgerichtsbarkeit, Pressefreiheit, Militärverfassung und Vorrechte der adligen Standesherren zu Konflikten zwischen Regierungen und liberalen Kammerabgeordneten.

Zur gleichen Zeit formierte sich außerhalb des süddeutschen „Kammerliberalismus" eine radikale Oppositionsbewegung. Unter der Führung national gesinnter Professoren wie Heinrich Luden und Lorenz Oken (1779–1851) in Jena, Karl Theodor Welcker (1790–1869) in Gießen und Friedrich Schleiermacher in Berlin hatte sich die deutsche Burschenschaft seit ihrer Planung durch Friedrich Ludwig Jahn (1811) zu einer Organisation von landesweit 1000–2000 Studenten entwickelt. Mit dem von 500 Teilnehmern besuchten Wartburgfest (18. 10. 1817) trat die Burschenschaft zum ersten Mal an die politische Öffentlichkeit. Festredner attackierten die Fürsten wegen der verschleppten Verfassungsgebung: „undeutsche" Schriften konservativer Autoren und Symbole der partikularstaatlichen Obrigkeit (Korporalstock, Zopf) wurden öffentlich verbrannt. Unter dem unmittelbar darauf einsetzenden Druck regierungsamtlicher Sanktionen radikalisierte sich die Burschenschaft weiter. Studentische Geheimbünde wie die Jenaer „Altdeutschen" oder die Gießener „Unbedingten" entstanden, die einem unitarisch-demokratischen Nationalismus verpflichtet waren. Am 23. 3. 1819 ermordete der in der deutschtümelnd-quasireligiösen Ideenwelt dieser Kreise dunkel vor sich hingrübelnde Student Karl Sand (1795–1819) den als reaktionär geltenden Schriftsteller August von Kotzebue. Der österreichische Staatskanzler **Metternich** reagierte blitzschnell, und schon am 20. 9. 1819 traten die auf einer Konferenz in Karlsbad vereinbarten Beschlüsse in Kraft. Die damit eingeleitete „Demagogenverfolgung" wurde in den einzelnen Staaten unterschiedlich scharf durchgeführt. Preußen, Österreich, Baden und Nassau zensierten, entließen, inhaftierten und gesinnungsschnüffelten mit besonderem Eifer. Zwar gelang es den Regierungen nicht, alle radikalen Regungen und „subversiven" Publikationen zu unterdrücken, aber die Opposition wurde aus der legalen Öffentlichkeit verdrängt. Das politische System der so genannten Restauration wurde zu einem intoleranten, bevormundenden Überwachungsregime.

Klemens Fürst von Metternich-Winneburg (1773–1859), aus einem reichsunmittelbaren rheinischen Adelsgeschlecht, folgte seinem Vater in österreichische Dienste. Nach einer Erfolg versprechenden Einheirat in die mächtige Kaunitz-Familie begann er 1801 seine diplomatische Karriere als Gesandter in Dresden (1803: Berlin; 1806: Paris). Als Außenminister (seit 1809) dominierte der geschmeidige und taktisch hoch begabte Metternich den Wiener Kongress und wurde danach zur Zentralfigur der österreichischen Politik (seit 1821 als Staatskanzler) und im Deutschen Bund. Metternichs im aufgeklärten Absolutismus verwurzelte Prinzipienpolitik zielte auf die kompromisslose Verteidigung des außen- und innenpolitischen Status quo. In Bewegungskräften konnte er ausschließlich eine Bedrohung aller Ordnung sehen. Nach 23 Kriegsjahren hatte dieser Konservatismus durchaus einem allgemeinen Bedürfnis nach Ruhe und Stabilität entsprochen, aber im Laufe des Vormärz erwies sich Metternichs doktrinäre Beharrungspolitik als zunehmend kontraproduktiv. Als Hassfigur der liberalen Opposition floh er während der Märzrevolution ins englische Exil und spielte danach keine offizielle Rolle mehr.

Neben dem Kampf gegen den burschenschaftlichen Radikalismus bemühten sich Metternich und sein Berater Friedrich von Gentz (1764–1832), der liberalen Überzeugung entgegenzuarbeiten, dass unter den in Art. 13 der Bundesakte erwähnten „Landständen" moderne Volksvertretungen zu verstehen waren. In dieser Frage wurde auf den Wiener Konferenzen (November 1819–Mai 1820) eine Kompromissformel gefunden, die zwischen der verfassungstreuen Position Bayerns und Württembergs und den anti-konstitutionellen Staatsstreichplänen einiger nassauischer und badischer Minister vermittelte. Art. 57 der Wiener Schlussakte (15. 5. 1820), des zweiten Bundesgrundgesetzes, schrieb das „monarchische Prinzip" fest, das eine weite Auslegung der einzelstaatlichen Verfassungen verhinderte. Preußen und Österreich entschlossen sich, das Verfassungsgebot auch weiterhin schlichtweg zu ignorieren. Liberale Hoffnungen auf eine Fortentwicklung der Bundesverfassung zerschlugen sich. So blieben als einzige Plattform für liberale Politik die süddeutschen Kammern. In Baden traten der Staatsrechtler Karl Rotteck (1775–1840) und der Jurist Johann Adam von Itzstein (1775–1855) couragiert für radikal-liberale Positionen ein; in **Heinrich von Gagern**, Ludwig Uhland

(1787–1862) und Ignaz Rudhart (1790–1838) hatten auch Hessen-Darmstadt, Württemberg und Bayern eindrucksvolle liberale Parlamentarier, aber im Ganzen waren die 1820er-Jahre eine Periode einer Stagnation liberaler Politik. Auf dem deutschen Verfassungsleben lag der Mehltau der Perspektivlosigkeit.

Heinrich von Gagern (1799–1880) war unter den Liberalen, die 1848/9 für ein parlamentarisch-konstitutionelles Deutschland kämpften, die herausragende Persönlichkeit. Nachdem er in Waterloo gekämpft und als Burschenschafter in Heidelberg und Göttingen studiert hatte, trat Gagern in den darmstädtischen Staatsdienst ein. 1832 wurde der liberale junge Regierungsrat Mitglied der 2. Kammer und avancierte zum Wortführer der Opposition. Obwohl er sich nach 1836 aus Protest ins Privatleben zurückgezogen hatte, blieb er politisch aktiv. 1847 kehrte er in die Kammer zurück, war an der Gründung der liberalen „Deutschen Zeitung" beteiligt und nahm am Heppenheimer Treffen teil. Im Frühjahr 1848 war er Mitglied der Heidelberger Versammlung und des Vorparlaments und wurde darmstädtischer Ministerpräsident. Am 19. 5. 1848 wählte die deutsche Nationalversammlung Gagern zu ihrem Präsidenten. In diesem Amt erreichte er den Höhepunkt seines Einflusses. Im Juni begründete die Versammlung auf seinen Antrag eine Exekutive, an deren Spitze der österreichische Erzherzog Johann gewählt wurde. Im Dezember übernahm Gagern die Leitung des Reichsministeriums. Nach langen, fruchtlosen Streitereien um die deutsche Verfassung und die Frage des Verhältnisses zu Österreich wurde das Ministerium Gagern am 10. 5. 1849 entlassen (s. Kap. IV, 2, b u. 3, a). Am 20. 5. 1849 verließ er die Paulskirche. Nachdem er in Gotha und im Erfurter Unionsparlament Preußen unterstützt hatte, zog sich Gagern schließlich ins Privatleben zurück.

In die angestrengte Stille der Restaurationsära platzte im Sommer 1830 die französische Julirevolution. Im Deutschen Bund traten die Nachrichten zuerst aus Paris, später aus Brüssel und Warschau, eine Lawine politischer Konflikte los. Moderate und radikale Oppositionskräfte erneuerten ihre Attacken gegen das Restaurationsregime. Die vorkonstitutionellen Staaten Norddeutschlands erlebten gewaltsame Ausbrüche: In Braunschweig, Hannover, Hessen-Kassel und Sachsen sahen sich die Monarchen durch offene Rebellion gezwungen, schleunigst Verfassungen zu gewähren. In den süddeutschen Verfassungsstaaten fand die Auseinandersetzung mit der fürstlichen Autorität nicht auf den Straßen, sondern in den Parlamenten statt. Im Rahmen der so genannten Kammerkämpfe nutzten liberale Oppositionsgruppen in Bayern, Württemberg und Baden das parlamentarische Budgetrecht geschickt aus, um ihre Position gegenüber den Regierungen zu verbessern und für eine Stärkung der Bürgerrechte einzutreten. Durch Wahlsiege beflügelt gelang es den Liberalen, einige ihrer politischen Ziele zu verwirklichen. Gleichzeitig kam es vor allem in der bayerischen Pfalz – aber auch in Teilen Badens und Hessens – zu einer Wiederbelebung des Radikalismus, der nunmehr neben dem studentischen Milieu auch kleinbürgerliche und bäuerliche Kreise erfasste. Seine Anhänger konnten auf eine weitgefächerte Publizistik zurückgreifen, um ihr zunehmend demokratisches, die Volkssouveränität betonendes Programm zu verbreiten. In der Pfalz formierte sich am 29. 1. 1832 der radikale „Preß- und Vaterlandsverein", der bald über mehr als 5000 Mitglieder in mehreren Staaten verfügte. Höhepunkt der Tätigkeit des Vereins war das Hambacher Fest (27. 5. 1832), auf dem vor mehr als 20 000 Teilnehmern offen für Volkssouveränität und Demokratie agitiert wurde. Ähnliche Veranstaltungen im kleineren Maßstab wurden in Baden, Hessen und Franken abgehalten. Im April 1833 versuchten einige radikale Desperados sich im „Frankfurter Wachensturm" per Handstreich der Stadt und des Bundestages zu bemächtigen, um dadurch ein Signal zur allgemeinen Volkserhebung zu geben. Früh verraten, stümperhaft vorbereitet und vom Volk ignoriert scheiterte das Vorhaben.

Wie schon 1819/20 ließ auch diesmal die Reaktion des Obrigkeitsstaates nicht lange auf sich warten. Zwischen Juni 1832 und Juni 1833 verabschiedete der Bundestag unter der Führung Metternichs eine Reihe von „Maßregeln zur Aufrechterhaltung der gesetzlichen Ruhe und Ordnung": das Petitions- und Budgetrecht der süddeutschen Parlamente sowie ihre Rede- und Berichtsfreiheit wurden beschränkt, Zensur, Versammlungs- und Vereinsverbot wurden verschärft und eine Zentralbehörde für politische Untersuchungen eingerichtet. Die Köpfe des pfälzischen Radikalismus sahen sich einer Verfolgungswelle ausgesetzt: Der Journalist Philipp Siebenpfeiffer (1798–1845) entkam in die Schweiz; sein Kollege Johann Georg Wirth saß zwei Jahre in Haft und floh später nach Frankreich. Bundesweit begann eine erneute Periode scharfer Repressionspolitik. Im August 1836 ergingen in Preußen gegen 204 Burschenschafter wegen Hochverrats 39 Todesurteile (die vom König in Festungshaft umgewandelt wurden) und 165 langjährige Freiheitsstrafen. Unter den Eingekerkerten befand sich auch der mecklenburgische Dichter Fritz Reuter (1810–74), dessen Werk „Ut mine Festungstid" eindringlich über diese Erfahrung berichtet. In Bayern saß der liberale Würzburger Staatsrechtler Wilhelm Behr (1775–1851) mehrere Jahre in Festungshaft und wurde bis 1848 in seiner Freizügigkeit behindert. Sylvester Jordan (1792–1861), einem führenden Liberalen, der sich gegen den reaktionären Kurs in Hessen-Kassel eingesetzt hatte, widerfuhr ein ähnliches Schicksal. In Württemberg verhärteten sich die Fronten zwischen Regierung und liberaler Kammermehrheit, ohne dass Letztere nennenswerte Erfolge verbuchen konnte. Vom reaktionären Kurs des Ministers Karl du Thil (1777–1859) frustriert schied Heinrich von Gagern 1836 aus dem darmstädtischen Landtag aus und zog sich auf sein Familiengut zurück. Im Jahr darauf wurden sieben liberale Göttinger Professoren ihres Amts enthoben, weil sie gegen den Verfassungsbruch des neuen hannoverschen Königs protestiert hatten. Jacob Grimm, Friedrich Christoph Dahlmann (1785–1860) und Georg Gottfried Gervinus (1805–71) wurden sogar des Landes verwiesen. Von einigen hannoverschen Städten angerufen prüfte der Bundestag die Aufhebung der Verfassung von 1833 und stimmte 1839 gegen eine Bundesintervention, womit der königliche Willkürakt indirekt bestätigt wurde.

Trotz all dieser reaktionären Bemühungen gelang es dem obrigkeitsstaatlichen System nach 1833 nicht mehr, den liberal-radikalen Diskurs zu unterdrücken. So konnte die (in den verschiedenen Staaten unterschiedlich scharf gehandhabte) Zensur die Entstehung einer politischen Publizistik nicht verhindern. Als zentrale Publikation des vormärzlichen Liberalismus kann das seit 1834 erscheinende Rotteck-Welckersche Staatslexikon gelten, dessen Artikel die damalige liberale Ideenwelt definierten. Seine Autorenliste versammelte die herausragenden Vertreter des südwestdeutschen Liberalismus: Sylvester Jordan, Friedrich List (1789–1846), Karl Mathy (1806–68), Karl Rotteck, Robert Mohl (1799–1875), Karl Welcker. Auch die schöngeistige Literatur politisierte sich. Den Schriftstellern Heinrich Heine (1797–1856), Ludwig Börne (1786–1837) und Karl Gutzkow (1811–78), die als „Junges Deutschland" die Verhältnisse im Deutschen Bund kritisierten, wurde 1835 die Ehre eines Bundesverbots zuteil. In ihrer klaren Hinwendung zur nationalen Demokratie war die politische Lyrik der 1840er-Jahre deutlich radikaler als das „Junge Deutschland". Die „Tendenzpoeten" Georg Herwegh (1817–75), Ferdinand Freiligrath (1810–76) und August Hoffmann von Fallersleben erzielten zudem eine weit größere Breitenwirkung. Wie erfolgreich diese öffentliche Vernetzung der liberalen Gruppierungen war, illustrierte nichts deutlicher als die empörte Reaktion auf die Entlassung der „Göttinger Sieben". Loyalitätsbekundungen, solidarische Sammlungen, Vereinsgründungen, Schiffstaufen auf den Namen „Dahlmann" und die Herstellung von „Göttinger-Sieben"-Bleifiguren: all das zeugte von der Geschlossenheit und vom Einfallsreichtum der liberal gesinnten Öffentlichkeit.

Die Auseinandersetzung zwischen staatlicher Obrigkeit und der anwachsenden bürgerlich-liberalen Verfassungsbewegung wurde so zum dominanten Thema der deutschen Politik im Vormärz. Die Streitschriften „Vier Fragen, beantwortet von einem Ostpreußen" (1841) des radikalen Königsberger Arztes Johann Jacoby (1805–77) und „Woher und Wohin" (1842) des liberalen Oberpräsidenten Theodor von Schön (1773–1856) zeigten, dass auch Preußen die Verfassungsfrage nicht länger ignorieren konnte. Ähnlich kritische Töne schlugen in diesen Jahren auch die Königsberger „Hartungsche Zeitung" sowie die von **Karl Marx** herausgegebene „Rheinische Zeitung" in Köln an. Letztere wurde nach nur einem Jahr wegen der „Böswilligkeit der Tendenz" verboten.

Karl Marx (1818–83), der einer konvertierten jüdischen Familie aus Trier entstammte, begann nach Beendigung seines Philosophiestudiums seine politische Karriere 1842 als radikaler Chefredakteur der oppositionellen „Rheinischen Zeitung" in Köln. Nach deren Verbot im darauf folgenden Jahr ging Marx nach Frankreich, wo er eine prominente Rolle in den frühsozialistischen Exilantenkreisen spielte. Nach der Veröffentlichung des „Kommunistischen Manifests" (1848) begab er sich von Brüssel über Paris nach Köln, wo die „Neue Rheinische Zeitung" unter seiner Leitung zu einer Plattform für sozialistisches Gedankengut wurde. Gleichzeitig bemühte er sich um die politische Mobilisierung der Arbeiterbewegung, fand jedoch nur wenig Widerhall. 1849 musste Marx über Frankreich ins englische Exil fliehen, wo er sich noch jahrzehntelang in tiefem Elend und unversöhnlicher Opposition rastlos schreibend der Begründung des modernen Kommunismus widmen sollte.

In Bayern steuerte die Regierung unter Karl von Abel (1788–1859) mit Rückendeckung des Königs einen konsequent katholisch-antiliberalen Kurs gegen den Landtag und liberale Kreise in der Bürokratie. Zwischen 1835 und 1843 lieferte sich der badische Minister Friedrich von Blittersdorf (1792–1861) ein Duell mit der Zweiten Kammer über Fragen der Wahlbeeinflussung und Urlaubsverweigerung für beamtete Abgeordnete. Der langwierige Konflikt konnte erst nach Blittersdorfs Ablösung im November 1843 beendet werden. Ähnliche Spannungen gab es ab 1844 in Württemberg, wo der Landtag nach einer Schwächeperiode wieder selbstbewusster agierte. In Hessen-Darmstadt läutete Heinrich von Gagerns Rückkehr ins Parlament (1847) eine Politik der Konfrontation mit dem „System" des Ministers du Thil ein. Selbst im absolutistischen Habsburgerreich gärte es. In Ungarn hatte es schon seit den 1830er-Jahren eine liberale Opposition gegeben. In den 1840ern verstärkte sie sich und fand Widerhall in Niederösterreich und Böhmen. In seiner Schrift „Österreich und dessen Zukunft" (1841) forderte Viktor von Andrian-Werburg (1813–58) eine Reform der politischen Verhältnisse. Seine Argumente und die anderer Publizisten (Graf Auersperg, Franz Schuselka) wurden von den Ständeversammlungen der österreichischen Erblande aufgegriffen, die Forderungen des Verfassungsliberalismus mit dem Pochen auf alte ständische Rechte verknüpften. Auch das liberale Wiener Bürgertum – seit 1842 im „Juridisch-Politischen Leseverein" organisiert – mahnte Reformen des Bildungswesens und der Zensur sowie die Öffentlichkeit der Ständeversammlungen an. Unter Wiens Studenten und Handwerkern gewann radikales Gedankengut zunehmend Anhänger.

Das Spannungsfeld zwischen liberalen Forderungen und konservativer Beharrung, das sich im Deutschen Bund zwischen 1815 und 1848 entwickelt hatte, führte zu einer „Polarisierung von monarchischem Staat und bürgerlicher Gesellschaft" (W. Hardtwig).

Damit ist nicht gesagt, dass der Ausbruch der Revolution und ihre Anfangserfolge vorprogrammiert waren. Die Tiefe der Kluft, die Staat und Gesellschaft trennte, sollte nicht überschätzt werden, und die schwächende Spaltung der „liberal-nationalen" Bewegung in einen konstitutionell-liberalen und einen demokratisch-radikalen Flügel war bereits angelegt. Nichtsdestoweniger sahen sich die deutschen Regierungen gegen Ende des Vormärz von einer liberalen Oppositionsbewegung, die politisch erfahren, eloquent, zehntausendfach in Vereinen organisiert und in einem selbstbewussten Bürgertum verwurzelt war, in eine zunehmend prekäre Defensive gedrängt.

c) Der monarchische Staat

In den Jahren von 1815 bis 1848 hatten die deutschen Regierungen und ihr Bund keine gute Presse. Als rachsüchtiger Gegner der „Bewegungspartei" schien der monarchische Staat lediglich negative „Beharrung" anbieten zu können. Von einer wortgewandten Opposition ätzend kritisiert, immer wieder auf eine kleingeistig-grobe Repressionspolitik zurückgreifend und unwillig, angemessen auf neue Realitäten zu reagieren, bot die vormärzliche Regierungspartei Zeitgenossen wie Nachgeborenen ein wenig attraktives Bild. Metternichs zynische Reaktion auf die politisch nützliche Mordtat des „vortrefflichen Sand"; die Arroganz des preußischen Innenministers Gustav von Rochow (1792–1847), der sich das Urteil des „beschränkten Untertanenverstands" verbat; die Justizschikane, die den radikalen Pfarrer Ludwig Weidig (1791–1837) in den Suizid trieb; die Realitätsverweigerung, mit der Friedrich Wilhelm IV. von Preußen (1840–61, geb. 1795) eine Verfassung noch im April 1847 als „beschriebenes Blatt" abtat: all das steht emblematisch für die Mängel eines Herrschaftssystems, das scheinbar nur eine rückwärts gewandte Restaurationsära und einen den Zusammenbruch vorausahnenden Vormärz kannte. Eine so schwarze Sicht des monarchischen Staates vor 1848 ist nicht unzutreffend, aber doch unvollständig und in ihrer Einseitigkeit irreführend. Um ein besseres Verständnis der politischen Spannungen im vorrevolutionären Deutschland zu gewinnen, müssen auch die Antriebskräfte und Stärken der obrigkeitsstaatlichen Partei berücksichtigt werden. 1848/9 sollten sich die Staaten und ihre konservativen militärisch-bürokratische Führungsgruppen als formidable Gegner der Revolution erweisen. Davon ist weniger überrascht, wer das politische System im Vormärz nicht auf Kleinstaaterei, geistlose Beharrung und die „Dummköpfe" unter den deutschen „Censoren" reduziert. Im Folgenden soll die Regierungsperspektive für zwei wichtige Politikfelder skizziert werden: die einzelstaatliche Verfassungsentwicklung und die Politik im gesamtdeutschen Rahmen.

Wie für den deutschen Nationalismus und Liberalismus war der Einfluss des revolutionären Frankreichs auch für die bürokratisch-konstitutionellen Reformen in den deutschen Staaten von entscheidender Bedeutung. Unter französischem Druck fand zwischen dem Kongress von Rastatt (1797–9) und dem Ende des Heiligen Römischen Reiches deutscher Nation (1806) die im Reichsdeputationshauptschluss festgelegte komplette Flurbereinigung der deutschen Staatenwelt statt. Überall waren die auf Kosten der aufgelösten kleinen deutschen Reichsstände mächtig gewachsenen Mittelstaaten mit der Aufgabe konfrontiert, neue Untertanen zu regieren. Auf dem Wiener Kongress wurde diese von Napoleon erzwungene Situation mutatis mutandis beibehalten. Die Verlierer des Reichsdeputationshauptschlusses, die auf eine wirkliche Restauration gehofft hatten, wurden enttäuscht. Diese Veränderungen katapultierten die betroffenen

Staaten in einen beschleunigten Modernisierungsprozess. Napoleons deutsche Satelliten im Rheinbund sahen sich vor gewaltigen Herausforderungen: Neue, oft widerstrebende Bevölkerungsgruppen mussten integriert, staatliche Machtansprüche gegen alte Privilegien durchgesetzt werden. Hierfür, für die Bedienung der gewaltigen Staatsschulden und für die von Napoleon eingeforderten Leistungen waren Finanzmittel notwendig, die nur eine effiziente Bürokratie eintreiben konnte. Im Zuge dieser „administrativen Integration" (E. R. Huber) entstanden bis 1820 moderne, rational verwaltete Staaten. Auch die in Süddeutschland schrittweise (1818–20) durchgesetzte Konstitutionalisierung ist vor dem Hintergrund der Integrationsaufgabe zu begreifen. „Erst mit dieser Verfassung", schrieb 1818 der bayerische Jurist Anselm von Feuerbach (1775–1833), „hat sich unser König Ansbach, Bayreuth, Würzburg, Bamberg usw. erobert." So erklärt sich auch der bayerische und württembergische Widerstand gegen die Versuche Metternichs, sich 1819/20 durch eine reaktionäre Auslegung des Art. 13 der Bundesakte ein Mittel zur Widerrufung der süddeutschen Verfassungen zu schaffen. Indem sie ihre Verfassungen schützten, verteidigten Württemberg und Bayern zugleich den inneren Zusammenhalt ihrer noch integrationsbedürftigen Staatsgebiete.

Die weiterreichenden liberalen Forderungen, die sich aus dieser „parlamentarisch-repräsentativen Integration" (E. R. Huber) ergaben, waren aus Regierungssicht bedauerliche Nebenwirkungen eines Projekts, das primär der Herrschaftskonsolidierung diente. Die Obrigkeiten reagierten daher scharf auf die Konflikte, die sogleich von den liberalen Abgeordneten provoziert wurden. In Baden und Bayern wurde 1819/20 sogar erwogen, dem Kammerliberalismus durch staatsstreichartige Verfassungsrevisionen die Flügel zu stutzen. In Baden gelang 1825 eine legale Verfassungsänderung, die die Regierung gegenüber der Kammer stärkte. Diese Spannungen verweisen auf den Kompromisscharakter der süddeutschen Verfassungen, in denen die Gewichte zwischen Monarch, Exekutive, Kammer, altständischen Privilegien und bürgerlichen Ansprüchen sorgfältig austariert waren. Der deutsche Frühkonstitutionalismus konnte nur funktionieren, solange die Akteure bereit waren, sich an diesen Kompromiss zu halten, und solange eine relative politische und gesellschaftliche Stabilität herrschte. „Je mehr beides im Vormärz in Frage gestellt wurde, um so weniger konnte er die ihm zugedachte Aufgabe der politischen Stabilisierung erfüllen" (K.-G. Faber). Die Konfrontationen, die sich in den süddeutschen Verfassungsstaaten zwischen Regierungen und liberalen Kammermehrheiten im Laufe der 1840er-Jahre entwickelten, sind in diesem Zusammenhang zu sehen. Dass es nichtsdestoweniger der monarchische Staat war, der durch das Instrument einer liberalisierenden Bürokratie erfolgreich einen Prozess administrativer und konstitutioneller Modernisierung durchgesetzt hatte, konsolidierte die Monarchie. Über die Zäsur von 1819/20 hinweg bis in die Revolution von 1848 hinein galt daher die staatliche Obrigkeit dem liberalen Bürgertum als potentieller Partner bei der Fortführung des Reformprogramms.

Den süddeutschen Verfassungsstaaten entgegengesetzt war die Entwicklung in Österreich. Das Reformprogramm Kaiser Josephs II. (1780–90, geb. 1741) war das ehrgeizigste des aufgeklärten Absolutismus gewesen, aber seine Bemühungen blieben vielfach in Ansätzen stecken. Auch während der Zeit der napoleonischen Vorherrschaft kam es im Habsburgerreich zu keiner durchgreifenden Modernisierung. Zum einen fehlte der zwingende Antrieb, den im süddeutschen Fall die Integrationsaufgabe, in Preußen die vernichtende Niederlage geboten hatte. Andererseits mangelte es an einer Reformbürokratie, die ein solches Projekt gegen die Opposition der Stände hätte durchsetzen können. Bis auf einige Neuerungen auf den Gebieten des Rechts, der städtischen Verwaltung und der Militärorganisation ging der österreichische Kaiserstaat strukturell unverändert aus den napoleonischen Kriegen hervor. Das Finanzproblem des chronisch verschuldeten Staatswesens blieb ungelöst; eine Verfassung wurde nicht gewährt. Die Konstitutionalisierung wurde entscheidend durch das Gegeneinander von Gesamtstaat und Nationalitäten behindert. Da der Josephinische Zentralismus gescheitert war, drohte ein parlamentarisch-konstitutionelles System im Vielvölkerreich der Donaumonarchie desintegrierend zu wirken. Für den zutiefst konservativen Metternich war der Kampf gegen Nationalismus und Liberalismus daher nicht nur eine Prinzipien-, sondern auch eine Existenzfrage. Es galt, politische Bewegungen jedweder Art zu verhindern. Dafür wurde auf höchstem Niveau zensiert, bespitzelt und denunziert. Wenn so auch nicht alle Kritik erstickt werden konnte, gelang es doch weitgehend, politische Themen aus dem öffentlichen Leben zu entfernen. Was öffentlich war, war biedermeierlich-gemütlich. Um das Dogma der Legitimität nicht anzutasten, ließ man sogar zu, dass an der Spitze der absoluten Monarchie mit Ferdinand I. (1793–1875) seit 1835 ein geistesschwacher Monarch stand, dessen gnädigen Ehrentitel „Ferdinand der Gütige" ein bissiger Volksmund bald in „Gütinand der Fertige" umwandelte. Unter dem fahlen Leitstern der unbedingten Bewahrung des Bestehenden wurde Österreich weniger regiert als verwaltet – emsig, aber ineffektiv. Allmählich jedoch wuchs im Bürgertum und in Teilen des Adels die Unzufriedenheit gegenüber dieser Politik wehrhafter Fossilisierung. Seit Beginn der 1840er-Jahre begannen sich deutliche Risse in Metternichs Damm gegen oppositionelles Gedankengut zu zeigen.

Verfassungsrechtlich nahm Preußen eine Mittelposition zwischen dem Habsburgerreich und den süddeutschen Staaten ein. Das amputierte und finanziell ausgeblutete Land befand sich nach 1806 unter besonderem Druck, Staat und Gesellschaft zu modernisieren. Auf einer spätabsolutistischen Reformtradition aufbauend, aber vor allem als Reaktion auf den militärischen Zusammenbruch unterzog eine bürokratisch-militärische Elite unter der politischen Führung des Freiherrn Karl vom und zum Stein (1757–1831) und Karl von Hardenbergs (1750–1822) den preußischen Staat einer tief greifenden Reform. Bauernbefreiung (1807), städtische Selbstverwaltung (1808), Gründung der („Humboldt'schen") Berliner Universität (1810), Gewerbefreiheit (1810), allgemeine Wehrpflicht (1814) und Einrichtung des Staatsrats (1817) markierten die Etappen einer Entwicklung, die aus Preußen einen modernen Verwaltungsstaat machte. Als krönenden Abschluss ihrer Bemühungen zielten die Reformer auf eine „zweckmäßig eingerichtete Repräsentation sowohl in den Provinzen als für das Ganze", wie sie der König 1810 versprach. Obwohl Friedrich Wilhelm III. (1797–1840, geb. 1770) seine Zusage 1815 und 1820 wiederholte und Preußen vor der Aufgabe stand, die Rheinprovinz und Westfalen zu integrieren, wurde keine Konstitution gewährt. Das Scheitern der Hardenberg'schen Verfassungspläne erklärt sich vor allem aus dem Wiedererstarken des preußischen Adels, der auf seine altständischen Privilegien pochte, und aus dem Einfluss konservativer Berater auf den König, dessen Unterstützung für das Verfassungsprojekt ohnehin nur lau war. Außerdem waren die Reformer Opfer ihres eigenen Erfolgs: Der modernisierte Staat erwies sich als so effizient, dass sich der Druck der bürgerlichen Reformforderungen merklich abschwächte. Folglich erhielt Preußen 1823 keine Gesamtverfassung, sondern acht getrennte Provinziallandtage, in denen Adel, Stadtbürger und bäuerliche Grundbesitzer vertreten waren. Obwohl diese Landtage einige moderne Züge aufwiesen (Debatte im Plenum, freies Votum), hatten sie nur eine beratende Funktion. „Damit war die Verfassungsfrage auf lange Zeit abgetan; die altständisch-feudale Reaktion hatte die Oberhand behalten" (O. Hintze). Das blieb auch in den verbleibenden 17 Jahren der langen Herrschaft Friedrich Wilhelms III. so. Während der so genannten Demagogenverfolgungen der 1820er-Jahre und im Laufe der erneuten Repression nach 1832 tat sich Preußen als treuer Erfüllungsgehilfe Metternichs hervor.

Das Jahr 1840 jedoch brachte die Rheinkrise und einen neuen König und dadurch Bewegung in die innerpreußische Politik. Indem er seine Herrschaft mit einigen versöhnlichen Gesten begann, verstärkte **Friedrich Wilhelm IV**. diese Tendenz noch. Sogleich wurde die Frage einer gesamtpreußischen Verfassung aufgeworfen. Der ostpreußische Huldigungslandtag erinnerte den König im September 1840 an das Verfassungsversprechen seines Vaters, und die Streitschriften Theodor von Schöns und Johann Jacobys schlugen in dieselbe Kerbe. Jacoby wurde daraufhin von der preußischen Regierung wegen Hochverrats verklagt, aber von einer unabhängigen Justiz in zweiter Instanz freigesprochen.

Friedrich Wilhelm IV. (1840–1861, geb. 1795), der religiöse, eloquente und künstlerisch begabte Hohenzoller, dessen romantische Neigungen und deutscher Nationalstolz weithin bekannt waren, war als Kronprinz der Hoffnungsträger der liberalen Öffentlichkeit gewesen. Seine Thronbesteigung versprach einen politischen Aufbruch in Preußen. Irrtümlicherweise wurden seine liberalen (Lockerung der Zensur) und nationalen (Kölner Dombaufest, 1842) Gesten sowie seine Reformvorhaben (Vereinigter Landtag) als Ausdruck konstitutioneller Grundüberzeugungen gewertet. Die Politik des Königs gründete sich vielmehr auf ein mittelalterlich-romantisches Gedankengebäude, dessen Kern der Glaube an ein königliches Gottesgnadentum war. Seine Vision von einem christlichen, organischen Ständestaat sollte sowohl den Absolutismus wie auch „die Revolution" überwinden. Von der Märzerfahrung traumatisiert umgab sich der sensible und emotionale König nach seiner Kapitulation mit einer ultrakonservativen „Camarilla", dem Gegengewicht zum preußischen Märzministerium. Unter dem Einfluss reaktionärer Ratgeber verfolgte Friedrich Wilhelm eine zielbewusste konterrevolutionäre Politik, die im Staatsstreich vom Herbst 1848 und der Ablehnung der deutschen Kaiserkrone im April 1849 gipfelte. Nachdem sein anschließender Versuch der Gründung eines preußisch-geführten kleindeutschen Staatenbundes („Unionsplan") im Herbst 1850 am Widerstand Österreichs gescheitert war, schwenkte der König auf einen Reaktionskurs ein, den er bis 1858 durchhielt. In diesem Jahr musste der durch eine sklerotische Erkrankung gezeichnete Monarch die Regierungsgeschäfte in die Hände seines Bruders Wilhelm (1797–1888) legen, der ihm nach seinem Tode (1861) als König nachfolgte.

In seinem Kampf gegen die preußische Verfassungsbewegung bemühte Friedrich Wilhelm IV. neben der Peitsche der Strafverfolgung und Zensur auch das Zuckerbrot der kleinen Zugeständnisse. Um die Verfassungsfrage zu entschärfen, lud er 96 Deputierte aus den acht Provinziallandtagen nach Berlin ein, wo sie 1842 als „Vereinigte Ausschüsse" beraten sollten. Konkret ging es um die Bewilligung von Mitteln für den Eisenbahnbau. Prinzipienfest lehnten es die Deputierten ab, sich Kompetenzen anzumaßen, die gemäß dem Staatsschuldengesetz von 1820 – Hardenbergs letztem großen Erfolg – nur einer gesamtpreußischen Repräsentation zustanden. Nach 1842 nahmen sich die Provinziallandtage liberaler Anliegen an: der Pressefreiheit, Reformen des Wahl- und Strafrechts und der Verfassungsfrage. Dem König war all das zuwider. „Ich will die Brücke zum Liberalismus für mich und meine Nachfolger abwerfen", schrieb er 1845. Aber der gesetzliche Nexus zwischen Kreditbewilligung und „Reichsständen" sollte ihn gegen alle Absicht zum Brückenbau zwingen.

Wie leistungsfähig die preußische Politik auch nach der Reformzeit war, zeigt die deutsche Zolleinigung. Auf dem preußischen Zollgesetz von 1818 aufbauend, strebte die Berliner Regierung unter der Führung von Albrecht Eichhorn (1779–1856) und Friedrich von Motz (1775–1830) beharrlich eine innerdeutsche Zollunion an. 1828 wurde ein Zollbündnis mit Hessen-Darmstadt geschlossen, dem Hessen-Kassel 1831 beitrat. Nach Verträgen mit Bayern, Württemberg, Sachsen und den thüringischen Staaten trat am 1. 1. 1834 der „Deutsche Zollverein" in Kraft, dem sich bis 1841 auch Baden, Hessen-Nassau, Frankfurt und Braunschweig anschlossen. Indem er Binnenzollgrenzen abbaute und den innerdeutschen Handel erleichterte, schuf der Zollverein einen nationalen Markt und gab der wirtschaftlichen und infrastrukturellen Entwicklung wichtige Impulse. Obwohl die Beitritte vor allem finanzielle Partikularinteressen der Mitgliedsstaaten widerspiegelten, hatte der Zollverein auch national-politische Auswirkungen, derer sich Preußen durchaus bewusst war. Im Laufe der 1840er-Jahre gingen Teile des liberalen Bürgertums angesichts der Stagnation in anderen Politikfeldern dazu über, vom Zollverein ein nationales Reformprogramm zu erhoffen. Zudem gab er Preußens Deutschlandpolitik eine Basis, die ihm Österreich nicht streitig machen konnte, weil seine wirtschaftliche Situation einen Beitritt zur deutschen Freihandelszone ausschloss. In seiner wirtschafts- und nationalpolitischen Dynamik stand der Zollverein in auffälligem Kontrast zum eigentlichen institutionellen Rahmen gesamtdeutscher Politik nach 1815, dem Deutschen Bund.

Die föderale Ordnung, die der Wiener Kongress den deutschen Staaten gab, ist vielfach kritisiert worden. Für Arndt war der **Deutsche Bund** „ein bleicher und schwächlicher Kümmerling und Kränkling und Krüppel", der Nationalökonom Michael Lips (1779–1838) sah in ihm „etwas Monströses und Karikaturartiges". In der Bewertung des Bundes zieht sich eine kritische Tradition von den liberal-nationalen Zeitgenossen über die borussisch-kleindeutschen Historiker bis zu Veit Valentin (1885–1947) und in die Gegenwart. In der Hauptsache wird kritisiert, dass der Bund beinahe ausschließlich der Durchsetzung einer rückwärts gewandten Beharrungs- und Unterdrückungspolitik diente und keine zeitgemäße Weiterentwicklung erfuhr. Für Golo Mann (1909–94) agierte der Bund „als Verhinderer, nicht als Beweger" und erwies sich daher „als geschichtlich ungeeignet". Tatsächlich blieb der Deutsche Bund entgegen den Erwartungen einer zunehmend in nationalen Kategorien denkenden Öffentlichkeit in vielen Bereichen untätig. Weder in Fragen der Wirtschaft, des Geldwesens, der Auswanderung, des Rechts noch in der Kirchenpolitik konnte der Frankfurter Bundestag irgendwelche konkreten Ergebnisse erzielen. Wenn er überhaupt tätig wurde, verlor er sich in Protokollangelegenheiten oder endlosen Banalitäten. „In solch armem Quarke war der Deutsche Bundestag groß", bemerkte Veit Valentin: „Je bedeutender aber eine Frage war, desto kleiner wurde er dabei."

In einer Frage jedoch, die beileibe nicht klein war, entwickelte der Bund beachtliche Qualitäten. Obwohl allgemein zugegeben wird, dass der Deutsche Bund völlig daran gescheitert ist, Deutschlands nationales Wohl zu mehren, kommentierte der progressive Londoner *„Westminster Review"* 1835, „ist seine Nützlichkeit als Werkzeug des Despotismus sehr beachtlich." So erschien er auch vor allem der Oppositionsbewegung. Im September 1819 wurden die nur kurz zuvor in Karlsbad beschlossenen Maßnahmen eiligst zum Bundesrecht erhoben. Im folgenden Jahr nutzte Metternich die Ausarbeitung der Wiener Schlussakte, um durch die Festschreibung des „Monarchischen Prinzips" einer weiteren Verfassungsentwicklung Einhalt zu gebieten. Die reaktionären Bundesmaßnahmen der Jahre 1832/3 läuteten nicht nur eine Phase der Unterdrückung oppositioneller Liberaler ein, sondern beschnitten auch die Souveränität der konstitutionellen Einzelstaaten. Bundesrecht brach Landesrecht. Aus Sicht der Nationalbewegung musste dieser Prozess ironisch erscheinen: „der Staatenbund verteidigte sich gegenüber der nationalstaatlichen Bewegung mit unitarisierenden Mitteln" (E. R. Huber).

Der Deutsche Bund

Der Deutsche Bund füllte das Vakuum, das 1806 durch das Ende des Heiligen Römischen Reiches entstanden war. Der international anerkannte, unauflösliche Staatenbund, der durch die Bundesakte (8. 6. 1815) begründet wurde, beruhte auf den Grenzen des Alten Reichs (ohne das spätere Belgien und die italienischen Territorien) und den im Reichsdeputationshauptschluss (1803) festgelegten territorialen Veränderungen. Von den ehemals Hunderten reichsunmittelbarer Stände blieben 39 Mitgliedsstaaten des Deutschen Bundes (35 Fürstenstaaten und vier freie Städte). Art. 2 der Bundesakte definierte den Daseinsgrund des Bundes als „die Erhaltung der äußeren und inneren Sicherheit Deutschlands und der Unabhängigkeit und Unverletzlichkeit der einzelnen deutschen Staaten". Darüber hinaus wurde seine Zuständigkeit auf wenige Zwecke begrenzt. Die Institutionen des Bundes waren schwach; die Kompetenzverteilung zwischen Bund und Einzelstaaten blieb unklar. Es gab weder eine Exekutive noch ein Bundesgericht. Das einzige Zentralorgan war die (gemeinhin „Bundestag" genannte) Bundesversammlung in Frankfurt, eine ständige Konferenz weisungsgebundener Regierungsgesandter unter österreichischem Vorsitz. Die Bundesversammlung tagte je nach Beratungsgegenstand entweder als „Engerer Rat" (17 Stimmen) oder „Plenum" (69 Stimmen). Dass in beiden Gremien Österreich, Preußen, Bayern, Sachsen, Hannover und Württemberg selbst zusammen (d. h. rund 83% der deutschen Bevölkerung) noch immer über keine einfache Abstimmungsmehrheit verfügten, zeigt wie groß die Rücksichtnahme auf die Unabhängigkeit der Einzelstaaten war. Besonders wichtige Fragen konnten nur einstimmig entschieden werden. All dies bewirkte, dass es entgegen den Andeutungen in der Bundesakte zu keiner Weiterentwicklung der Bundesverfassung kam. Ungeachtet dieser Rechtslage war es machtpolitische Realität, dass Österreich und Preußen (solange sie gemeinsam handelten) eine faktische Vormachtstellung in Deutschland innehatten, die sie vor 1848 vor allem zur Unterdrückung der liberal-nationalen Opposition nutzten.

Ein Großteil der Kritik am Deutschen Bund war und bleibt berechtigt. Dennoch sollte berücksichtigt werden, dass sich kaum Alternativen zu dem losen Staatenbund ohne starke Zentrale denken lassen, der 1815 aus der Taufe gehoben wurde. Die anderen theoretisch denkbaren Modelle – die Wiederherstellung des Alten Reichs, ein unitarischer Nationalstaat, ein unverbundenes Fortbestehen der Einzelstaaten oder ein Bundesstaat – kamen aus verschiedenen Überlegungen, die zumeist auf den Sicherheitsinteressen der europäischen Großmächte oder den Eigeninteressen der deutschen Einzelstaaten beruhten, nicht in Frage. Aller Wahrscheinlichkeit nach hing selbst innerhalb der Nationalbewegung 1815 die Mehrheit dem Gedanken eines föderativen Nationalismus an und wollte keinen deutschen Einheitsstaat. Zudem muss bei der Bewertung des Deutschen Bundes mitbedacht werden, dass er durch seine machtpolitische „Neutralisierung Mitteleuropas zugunsten der west- und osteuropäischen Flügelmächte ... als zentraler Baustein des europäischen Sicherheitssystems" (W. D. Gruner) fungierte. Damit der Deutsche Bund seinen innen- und außenpolitischen Kompromisscharakter beibehalten und somit seine europäische Stabilisierungsrolle wahrnehmen konnte, mussten Forderungen nach nationaler Größe und gesamtdeutscher Parlamentarisierung abgeblockt werden. Darin lag die Crux der politischen Krise, in die Deutschland gegen Ende der 1840er-Jahre geriet. Angesichts einer wachsenden Opposition gefährdete eben dieses Abblocken die Stabilität des politischen Systems. Zur Überwindung dieser Krise bedurfte es mehr intellektueller Flexibilität, Augenmaß und Courage als die Regierenden in Wien und Berlin besaßen. Die lähmende Revolutionsfurcht des Metternich-Systems wurde so zur *self-fulfilling prophecy*.

2. Die soziale Frage: Bevölkerungswachstum, Gewerbe und Pauperismus

Die Autorität des monarchischen Obrigkeitsstaats wurde in den Jahrzehnten vor 1848 nicht allein in der Arena des im engen Sinne Politischen herausgefordert. Die politische Krise des Deutschen Bundes im Vormärz entwickelte sich vor dem Hintergrund einer beständigen Verschlechterung der Lebensverhältnisse für große Teile der Bevölkerung. Ein unglückliches Zusammenwirken von Bevölkerungswachstum und Wirtschaftsentwicklung führte zur Entstehung einer schweren sozialen Notlage, die Zeitgenossen mit dem neuen Begriff „Pauperismus" bezeichneten. Selbst Bevölkerungsschichten, die von den Anliegen des vormärzlichen Liberalismus und Nationalismus weitgehend unberührt geblieben waren, wurden von diesem physischen Elend politisiert und mobilisiert.

a) Die Bevölkerungsentwicklung

Die Hauptursache für die soziale Notlage des Pauperismus war die Unfähigkeit der deutschen Wirtschaft, den wachsenden Bedarf nach Erwerbstellen zu befriedigen. Die Grundtatsache, die dieses Missverhältnis bedingte, war ein steiles Anwachsen der Bevölkerung. Dieses gesamteuropäische Phänomen, von dem auch Deutschland erfasst wurde, begann um die Mitte des 18. Jahrhunderts. Damals lebten in Europa rund 130 Mio. Menschen, um 1800 waren es bereits 185 Mio., fünfzig Jahre darauf war die Zahl um weitere 80 Mo. gestiegen. In Deutschland erhöhte sich die Einwohnerzahl zwischen 1750 und 1800 von 17 auf 24,5 Mio. Fünfzig Jahre später war sie um weitere 40% auf 34,4 Mio. gestiegen. Hinter dem groben Zahlenmaterial dieses Gesamttrends verbergen sich vielfach verschiedene Ursachen und Erscheinungsformen.

Vor Beginn der „Bevölkerungsexplosion" hatte ein komplexes Netz aus obrigkeitlicher Regulierung, sozialen Konventionen und harten biologischen Realitäten die Balance zwischen Bevölkerungszahl und Nahrungsangebot gehalten. Sexualität und Schwangerschaft außerhalb der Ehe waren sozial scharf sanktioniert. Die Zahl der Ehen jedoch wurde begrenzt. Heiraten durfte nur, wer nachweislich eine Familie ernähren konnte, und Ehen wurden spät geschlossen. In der Ehe waren Geburtenziffer und Kindersterblichkeit hoch. Der leichte Geburtenüberschuss, zu dem es dennoch kam, wurde durch Seuchen, Hungersnöte und Kriege ausgeglichen. Diese Gleichgewichtssituation veränderte sich um die Mitte des 18. Jahrhunderts zugunsten eines beständigen Geburtenüberschusses. Hierfür war vorrangig die größere Anzahl von Erwerbstellen verantwortlich, die nach 1750 aufgrund der Kommerzialisierung der Landwirtschaft, der Entwicklung des protoindustriellen Heimgewerbes und der langfristig günstigen Gesamtkonjunktur entstanden. Dies führte zu Trends, die das Bevölkerungswachstum wiederum verstärkten. Die Sterblichkeit sank leicht ab, weil es weniger Seuchen gab und die besser ernährte Bevölkerung eine erhöhte Widerstandskraft gegen Krankheiten entwickelte. Mit der Zahl der Erwerbstellen stieg auch die Zahl der Ehen und somit die Geburtenziffer. Die während der Reformära getroffenen Maßnahmen (Bauernbefreiung, Freizügigkeit) und die weitere Vermehrung der „Stellen" (Landesausbau in Ostelbien, Protoindustrialisierung in Schlesien) hielten den Wachstumsprozess auch im 19. Jahrhundert in Schwung.

Der Überbegriff „Bevölkerungsexplosion" bedarf regionaler wie schichtenspezifischer Differenzierung. In Preußen und Sachsen war das Bevölkerungswachstum am rapidesten: 1816 hatte Preußen circa 10,35 Mio. Einwohner, 1848 war diese Zahl auf 16,16 Mio. (d.h. um rund 56%) gestiegen. In der Provinz Ostpreußen belief sich der Zuwachs im selben Zeitraum sogar auf 63,6%. Das gewerbestarke Sachsen wuchs zwischen 1815 (1,179 Mio. Einwohner) und 1848 (1,87 Mio.) um 58,6%. In Bayern und Württemberg hingegen, wo Heiratsbeschränkungen in Kraft blieben und das ökonomische Klima weniger günstig war, stiegen die Zahlen deutlich langsamer. Zwischen 1816 und 1848 erhöhte sich die bayerische Bevölkerung um 26,4% auf 4,5 Mio., die württembergische um 24,1% auf 1,7 Mio. Ähnliche Unterschiede gab es zwischen den Schichten. Deutschlands Bevölkerungswachstum war vorrangig eine Expansion der ländlichen Unterschichten, dann erst städtischer Unterschichten und anderer Gruppen. Zwischen 1816 und 1848 stieg die Bevölkerung in der überwiegend ländlichen preußischen Provinz Westpreußen um 78,6%, im relativ stärker urbanisierten Rheinland „nur" um 49,7%. Selbst das rasante Wachstum der Städte, das sich in diesen Jahren beobachten lässt, hing wegen der unhygienischen Verhältnisse in den Ballungsräumen stark von der Zuwanderung aus der ländlichen Umgebung ab. Zwischen 1815 und 1837 erhöhte sich die Berliner Bevölkerung um 93000 Einwohner, von denen nur 25000 auch dort geboren waren. Von 26000 neuen Kölnern zwischen 1835 und 1849 kamen 14000 von außerhalb. Die relative Verstädterung der vormärzlichen Gesellschaft ging nur langsam vor sich. 1816 lebten 27% der Preußen in Städten mit mehr als 2000 Einwohnern. 1848 war diese Zahl lediglich auf 28% gestiegen. Das Anwachsen der Städte war dennoch ein bedeutendes Phänomen: Zwischen 1800 und 1850/1 stieg die Bevölkerung in München von 40000 auf 107000, in Wien von 247000 auf 444000, in Hamburg von 130000 auf 175000 und in Breslau von 60000 auf 114000. Die Regierungen reagierten nur selten adäquat auf diese neuen sozialen Realitäten. Zwischen 1814 und 1848 wuchs Berlin von 150000 auf 400000 Einwohner; im gleichen Zeitraum erhöhte sich die Zahl der Polizisten in der Hauptstadt lediglich um 77 auf 204. Im Revolutionsjahr zeigte sich, dass solche Versäumnisse vor dem Hintergrund des wachsenden sozialen Drucks, den die Bevölkerungsvermehrung erzeugte, nicht ohne Folgen bleiben konnten.

b) Landwirtschaft, Handwerk und Industrialisierung

Der zweite entscheidende Faktor bei der Zuspitzung der sozialen Frage im Vormärz war die Entwicklung der deutschen Gewerbe. Landwirtschaft, Handwerk und die noch junge Industrie sahen sich mit der Aufgabe konfrontiert, den Bedarf einer größer werdenden Bevölkerung nach Nahrung, Gebrauchsgegenständen und Erwerbstellen zu befriedigen. Die Gewerbe waren direkt vom Bevölkerungswachstum beeinflusst und wirkten unmittelbar wieder auf dieses zurück. Angesichts sich wandelnder politischer, konjunktureller, technologischer und demographischer Bedingungen mussten die Gewerbe vor 1848 beträchtliche Veränderungsprozesse durchlaufen. Dies führte unweigerlich zu Spannungen und schuf Bevölkerungsgruppen, die sich als Verlierer fühlten oder glaubten, um ihr gutes Recht betrogen worden zu sein. Im Revolutionsjahr entwickelten diese Gruppen ein hohes Maß politischer Aktivität.

Die Landwirtschaft, die im Jahr 1800 rund 62% der Arbeitskräfte beschäftigte und auch im Hinblick auf Produktionsvolumen und Produktionswert dominierte, blieb mit großem Abstand der wichtigste deutsche Wirtschaftssektor während der ersten Hälfte des 19.Jahrhunderts. Im Verlauf der Jahrzehnte vor 1848 wurde die deutsche Landwirtschaft vor allem durch zwei eng miteinander verknüpfte Prozesse verändert: durch die politisch-rechtliche Bauernbefreiung und durch den wirtschaftlich-technologischen Agrarkapitalismus. Bei allen sozialen Notlagen, die diese Veränderungsprozesse mit sich brachten, gilt es zunächst festzuhalten, dass es der deutschen Landwirtschaft vor 1848 weitgehend gelungen war, einige wichtige Minimalziele zu erfüllen. Von vier schweren Krisenjahren (1816–7, 1845–7) abgesehen, war die Versorgung der rapide wachsenden Bevölkerung mit Grundnahrungsmitteln gesichert. Trotz vielfachen Elends kam es zu keinem massenhaften Verhungern wie in Irland. Produktivität und Gesamtproduktion stiegen beachtlich. In Preußen wurde der für die Ernährung der breiten Bevölkerung entscheidend wichtige Kartoffelanbau von 300000 auf 1,4 Mio. Hektar erweitert. Zwischen 1800 und 1852 erhöhten sich die durchschnittlichen Hektarerträge für Weizen und Roggen um 19%, für Gerste um 38%. Im gleichen Zeitraum vergrößerte sich die genutzte Ackerfläche von knapp 14 auf 25 Mio. Hektar. Die Fleischproduktion, die 1810 240000 Tonnen betragen hatte, erreichte 1847 892000 Tonnen. Insgesamt kann man für die erste Hälfte des 19. Jahrhunderts eine Verdopplung der gesamten Agrarproduktion annehmen. Diese Produktionszuwächse waren nur möglich, weil die Landwirtschaft auch einem zweiten Grundbedürfnis der ansteigenden Bevölkerung entgegenkam: dem nach Erwerbstellen. 1849 fanden circa zwei Millionen mehr Menschen Arbeit in der Landwirtschaft als fünfzig Jahre zuvor.

Diese Erfolge waren zum Großteil das Ergebnis der Bauernbefreiung und des Agrarkapitalismus. Der Überbegriff „Bauernbefreiung" umfasst alle Maßnahmen zur Abschaffung der feudalen Verpflichtungen, denen die Bauern unterlagen. Die Ablösung der Guts- und Grundherrschaft gewährte persönliche Freiheit und beendete Erbuntertänigkeit, Schollenbindung und Frondienste. Zudem wurde zumindest ein Teil des Bodens Privateigentum der Bauern. Die Motive für diese staatlich verfügten Reformen, die gegen den Widerstand der Grundherren durchgesetzt wurden, waren vielfältig. Feudale Landwirtschaft galt als unrentabel und widersprach den aufklärerischen und wirtschaftsliberalen Grundüberzeugungen der Reformbürokraten. Der preußische Minister Karl vom Stein setzte zudem hohe politische Erwartungen in die Schaffung einer breiten Schicht bäuerlicher Grundeigentümer. In Preußen war die Bauernbefreiung mit dem Fanfarenstoß des Oktoberedikts von 1807 begonnen worden. Die praktische Durchsetzung eines so ambitionierten Projekts stieß jedoch auf unendliche Schwierigkeiten und zeitigte regional sehr verschiedene Ergebnisse. Oft sahen sich die Bauern bei der Ablösung ihrer feudalen Pflichten von gewieften Grundherren übervorteilt oder wurden wenig später Opfer der übermächtigen Konkurrenz landwirtschaftlicher Großbetriebe. In Mecklenburg wurde zwischen 1820 und 1850 ein Viertel aller Bauern mit beinahe 50% des Landes ausgekauft. Selbst in Preußen, das die Bauernbefreiung am nachdrücklichsten umsetzte, wurde die Ablösung in manchen Gebieten (Schlesien) verschleppt. In Österreich und Bayern kam es zu keiner Entfeudalisierung adelsuntertäniger Bauern, und auch in anderen süddeutschen Staaten versandete die Bauernbefreiung nach dem ersten Schritt der Beendigung der Leibeigenschaft. Die weitergehende Ablösung grundherrlicher Rechte wurde vielerorts auf eine bauernfeindlich lange Bank geschoben. In einer Art Torschlusspanik des Feudalismus ließen besonders die südwestdeutschen (privilegierten, ehemals reichsunmittelbaren) Standesherren zwischen 1815 und 1848 wieder manche alte Feudallasten aufleben. So erwies sich der Gesamtkomplex Bauernbefreiung als januskköpfiges Phänomen. Einerseits schuf er ein umfangreiches selbständiges Mittel- und Kleinbauerntum. Andererseits produzierte die Bauernbefreiung auch viel Bitternis, enttäuschte Hoffnungen und ungeduldiges Pochen auf die Einlösung gegebener Versprechen. Manche dieser offenen Rechnungen sollten im Frühjahr 1848 beglichen werden.

Der zweite große Veränderungsprozess war das „Vordringen des Agrarkapitalismus“ (H.-U. Wehler), dem sich nach und nach alle landwirtschaftlichen Erzeuger unterwerfen mussten. Wer als Landwirt überleben wollte, konnte keine reine Subsistenzwirtschaft mehr betreiben, sondern hatte für profitable Märkte zu produzieren, und zwar so viel und so effizient wie möglich. Die Landwirtschaft wurde nun expansiver und intensiver betrieben: Brach- und Ödland wurde kultiviert, mehr Arbeitskräfte eingestellt, Düngung und verbesserte Anbautechniken eingeführt, landwirtschaftliche Forschungs- und Lehranstalten eingerichtet und Versicherungsschutz gegen Feuer, Hagelschlag und Ernteschäden organisiert. Obwohl diese Maßnahmen zu beträchtlichen Produktions- und Produktivitätszuwächsen führten, setzte die Einbindung in nationale und internationale Märkte die deutsche Landwirtschaft den Unbilden größerer Konjunkturschwankungen aus. Nachdem der witterungsbedingte Ernteausfall von 1816/7 die Getreidepreise auf den Jahrhunderthöchststand hatte hochschnellen lassen, folgte eine längere Rezessionsphase mit sinkenden Preisen, die viele der frisch abgelösten Bauern in den Ruin trieb. Eine langfristige Besserung trat erst Mitte der 1820er-Jahre ein, als sich ein profitables Verhältnis zwischen Bevölkerungsanstieg und mittelguten Ernten einpendelte. Als Resultat der Auswirkungen der Bauernbefreiung, der Kommerzialisierung der Landwirtschaft und der Konjunkturschwankungen kam es zu einer mehrfachen Schichtung der ländlichen Gesellschaft: An der Spitze standen Großgrundbesitzer, die im Begriff waren, sich als agrarische Unternehmerklasse zu etablieren. Darunter befand sich eine heterogene Schicht bäuerlicher Grundbesitzer. Sie reichte von selbständigen Hofbauern mit mittelgroßen Höfen bis zu Kleinbauern, die – wie die preußischen Kossäten – ihr Einkommen durch Lohnarbeit ergänzen mussten. Schließlich gab es die Masse landarmer oder gänzlich landloser Insten, Eigenkäter und Heuerlinge. Im Revolutionsjahr machte dieses verarmte Landproletariat beinahe 50% der preußischen Bevölkerung aus.

Handwerk, so heißt es, hat goldenen Boden. Zwischen 1800 und 1850 entsprach dieses trostreiche Sprichwort der Realität in Deutschland immer weniger. Die veränderten rechtlichen, marktwirtschaftlichen und demographischen Rahmenbedingungen wirkten sich auch auf das deutsche Handwerk aus. Das endlose Klagelied, das laut aus den zeitgenössischen Quellen schallt, hat dazu geführt, dass dieser Veränderungsprozess vorrangig als „Niedergang des alten Handwerks“ begriffen worden ist. Obwohl diese Epoche dem vorrangig stadtbürgerlichen (aber auch ländlich-heimindustriellen) deutschen Handwerk viel Elend brachte, behindern apokalyptische Prophezeiungen den Blick auf ein vielschichtiges Phänomen. Zunächst ist eine erstaunliche zahlenmäßige Expansion zu registrieren. Zwischen 1816 und 1846 erhöhte sich die Zahl der preußischen Handwerksmeister um 198570, die der Gesellen und Lehrlinge um 239341. Dieser Anstieg war überproportional. Während die preußische Gesamtbevölkerung im gleichen Zeitraum um rund 56% anstieg, vermehrte sich die Zahl der Handwerksmeister um 70% (auf 457400), die der Gesellen und Lehrlinge gar um 156% (auf 384800). Im gesamten Deutschen Bund erhöhte sich die Zahl aller Handwerker von 1,23 Mio. (1815) auf rund 2 Mio. (1846), wobei sich der preußische Trend bestätigte, nachdem der Zuwachs der Gehilfen (um 127%, auf 930000) viel steiler war als der der Meister (um 30%, auf 1,07 Mio.). Ermöglicht, wenn auch nicht verursacht, wurde das Aufblähen des Handwerkssektors durch die Schwächung der Zünfte, die seit dem Mittelalter Arbeitspraktiken überwacht, Stellen begrenzt, die Ausbildung monopolisiert und Konkurrenz ausgeschlossen hatten. Hierfür war neben dem Bevölkerungsdruck vor allem der Eifer der preußischen Reformer verantwortlich, die mit dem Gewerbesteueredikt (1810) allen Bürgern das Recht einräumten, ihr Gewerbe frei zu wählen. Im übrigen Deutschland wurde das Monopol der Zünfte zum Teil schon früher attackiert und das unzünftige Handwerk zugelassen.

Der zahlenmäßige Boom des Handwerks verweist jedoch nicht auf einen florierenden Gewerbezweig. Es handelte sich vielmehr um einen „Zufluchtsgewinn" (Th. Nipperdey). Trotz wirtschaftlicher Stagnation drängte eine anschwellende Bevölkerung mangels Alternativen in ein zunehmend überbesetztes Gewerbe, das einer wachsenden Zahl von Handwerkern eine immer kleinere Chance bot, ein „ehrbares" Auskommen zu finden. Zu viele Handwerker jagten zu wenige zahlungskräftige Kunden. Fast überall kam es zu langfristiger Unterbeschäftigung. Zwischen 1825/30 und 1850 sanken die Handwerkseinkommen um rund ein Viertel. Während der 1840er-Jahre waren stets mehr als 75% der Berliner Handwerksmeister wegen geringen Einkommens von der Gewerbesteuer befreit. Die Löhne der Gesellen drifteten immer häufiger unter das Existenzminimum. Zur gleichen Zeit polarisierte sich das Handwerk nach Betriebsgröße. Die Zahl der Einzelmeister, die sich weder Gesellen noch Lehrlinge leisten konnten, stieg ebenso an wie die der Großbetriebe, die mehrere Gesellen beschäftigten. Die traditionelle Hoffnung der Gesellen, eines Tages Meisterstellen zu finden, wurde immer mehr zur Illusion. Verarmung und Verbitterung griffen um sich. Diese Stimmung entlud sich in beständigem Murren und zähem Kleinkrieg gegen die Gewerbefreiheit. Mitunter drohten diese Spannungen sich sogar gewalttätig zu entladen. 1844 erreichte der Zorn der Solinger Metallwerker ein solches Maß, dass die Behörden die Zerstörung der Fabrik Josua Hasenclevers befürchteten. Die mindere Qualität der Scheren, die dort massenhaft angefertigt wurden, so die Handwerker, bedrohte den guten Ruf des Gewerbes. Eine andere Reaktion auf den Notstand des Handwerks war die Politisierung und Radikalisierung von Handwerkervereinen im französischen, schweizerischen und englischen Exil. Unter der Führung des Schneiders Wilhelm Weitling (1808–71), eines der bemerkenswertesten Vordenker der deutschen Arbeiterbewegung, wurden Geheimverbindungen wie der „Bund der Gerechten" zu Keimzellen des deutschen Frühsozialismus.

Dass es Handwerksgesellen waren, die – zusammen mit bürgerlichen Intellektuellen – die Vorreiterrolle bei der Formulierung und Verbreitung sozialistischer Ideen in Deutschland spielten, ist ein Hinweis auf den Entwicklungsstand der deutschen Industrie in diesen Jahrzehnten. Zwar führten diese sozialistischen Zirkel die kollektive und positiv konnotierte Selbstbezeichnung „Arbeiterschaft" schon in den 1830er- und 1840er-Jahren ein. Die so beschriebene Gruppe war jedoch überaus heterogen. Unter den rund 925 000 Beschäftigten (1846/8) im nichthandwerklichen Gewerbe (v.a. Textil- und Metallgewerbe, Maschinenbau, Berg- und Hüttenwesen), war der Anteil der Fabrikarbeiter im engeren Sinn mit maximal 170 000 relativ klein. Der Begriff „Industriearbeiterschaft" umfasste noch eine Vielzahl unterschiedlicher Erwerbstätiger: verarmte Einzelmeister, gewerbliche Facharbeiter, Tagelöhner im Eisenbahnbau, protoindustrielle Heimarbeiter, Handwerksgesellen, Fabrikarbeiter und viele mehr. Innerhalb des gesamten Wirtschaftssektors und selbst in einzelnen Betrieben gab es ein weites Wohlstandsspektrum und strenge Hierarchien. Hoch qualifizierte Facharbeiter genossen einen beinahe kleinbürgerlichen Lebensstandard, während Tagelöhner im gleichen Betrieb ihr Dasein unterhalb des Existenzminimums fristeten. Zugleich war die Industriearbeiterschaft von großer Fluktuation gekennzeichnet: Gelegenheitsarbeiter wanderten von Betrieb zu Betrieb, Trassenbauarbeiter zogen mit den Schienensträngen durchs Land, verarmte Meister und arbeitslose Gesellen verließen das Handwerk und wurden zu Industriearbeitern, und auch die Armen aus Stadt und Land suchten ein Auskommen in den neuen industriellen Zentren. Die objektiv großen – und subjektiv vielfach noch intensiver empfundenen – Unterschiede in Prägung, rechtlicher Stellung, Einkommen und sozialem Prestige standen der Entwicklung eines aktiven, politisch mobilisierbaren Klassenbewusstseins entgegen. Zur Formierung einer wirklichen Arbeiterbewegung kam es im Vormärz noch nicht.

Dies noch ungeklärte, sich verändernde Bild zeigt, dass sich Deutschland im Vormärz erst in einer Frühphase des Industrialisierungsprozesses befand. Aufgrund geographischer und politischer Standortnachteile vollzog sich der Übergang zur industriellen Wirtschaft hier später als in Großbritannien und kam erst in den 1830er-Jahren in Schwung. In den industriewirtschaftlichen Leitsektoren Maschinenbau, Hüttenwesen, Bergbau, Metallverarbeitung und Eisenbahnbau machten Mechanisierung und Produktivität beachtliche Fortschritte. Im Textilgewerbe, dem mit Abstand größten Gewerbezweig (1850 circa 50% der Gewerbstätigen), war das Bild weniger eindeutig. Die Baumwollspinnereien wurden zügig mechanisiert, aber die Weberei blieb – bei staunenswerten Produktivitätssteigerungen – überwiegend Hand- und Heimarbeit. 1846 waren noch über 96% der Webstühle in Preußen manuell. Insgesamt jedoch waren die Ergebnisse der deutschen Frühindustrialisierung beträchtlich. 1841 baute August Borsig in Berlin die erste deutsche Lokomotive. 1846 stellte seine Fabrik die hundertste Lok fertig; 1850 waren es 334. Zwischen 1840 und 1845 erhöhte sich die preußische Kohleförderung von 2,82 auf 4,03 Mio. Tonnen. Die deutsche Eisenproduktion stieg von 85 000 Tonnen (1823) über 175 000 Tonnen (1837) auf 230 000 Tonnen (1847). Der Wachstumsmotor all dieser Entwicklungen war der Eisenbahnbau. 1840 hatte das Streckennetz im Deutschen Bund noch 461 km betragen; acht Jahre darauf war es über 5000 km lang. All dies schaffte Arbeitsplätze. Bei der Eisenbahn waren 1840 1648 Arbeitskräfte fest angestellt, 1848 schon 20 910. In der Bergbau- und Hüttenindustrie verdreifachte sich die Zahl der Beschäftigten (1800: 40 000; 1846/8: 155 000). Die Zahl der Arbeiter im Baumwollgewerbe stieg zwischen 1800 und 1840 von 60 000 auf 213 500. Insgesamt fanden 1848 circa eine halbe Million mehr Menschen Arbeit in den nichthandwerklichen Gewerben als fünfzig Jahre zuvor.

Diese zusätzlichen Erwerbstellen linderten die vormärzliche Unterbeschäftigungskrise. Die sozialen Notlagen, die mit der Industrialisierung einhergingen, waren dennoch unübersehbar. In den Elendsquartieren der Ballungszentren vegetierten viele Arbeiterfamilien am Rande des Existenzminimums: zwölf- bis sechzehnstündige monotone Arbeitstage, Unfallrisiko, drohende Arbeitslosigkeit, dürftige Nahrung und fehlende Altersfürsorge. Lohnarbeit von Frauen war die Norm, Kinderarbeit weit verbreitet. Erst 1839 verbot Preußen die Beschäftigung von Kindern unter neun Jahren; 1846 arbeiteten in der preußischen Industrie 31 064 Kinder zwischen neun und vierzehn Jahren. Das neue, deutlich sichtbare Elend ließ bei zahlreichen Beobachtern Alarmglocken läuten. Industriefeindliche Konservative wie der junge Otto von Bismarck (1815–98) blickten sorgenvoll auf die „Masse von schlechtgenährten, durch die Unsicherheit ihrer Existenz dem Staat gefährlichen Proletariern". Selbst liberale Unternehmer wie Friedrich Harkort (1793–1880) und Gustav Mevissen (1815–99) fürchteten die „drohende wachsende Zahl der Proletarier" oder gar eine „Woge der rächenden Zukunft" und leiteten daraus Forderungen nach verbesserten sozialen und politischen Bedingungen für die Arbeiter ab. Die lauter werdenden „Kassandrarufe" blieben jedoch ergebnislos.

All dies aufgeregte Händeringen stand in einem kuriosen Missverhältnis zu dem geringen Grad der politischen Mobilisierung der Arbeiterschaft. Im Deutschen Bund kam es selbst in den Krisenjahren 1840–7 nur zu durchschnittlich zwölf sozioökonomisch motivierten Unruhen pro Jahr (1830–47: acht Unruhen/Jahr). Für die Zeit zwischen 1835 und 1847 sind bisher lediglich 16 (illegale) Streiks bekannt geworden. Unter den zahlreichen Vereinigungen, die seit den 1830er-Jahren in Form von Unterstützungskassen, Arbeiterbildungsvereinen und Auslandsvereinen entstanden, waren die wenigsten militant. Viele wurden von bildungsbürgerlichen und unternehmerischen Kreisen gefördert; der Berliner „Verein für das Wohl der arbeitenden Klassen" genoss sogar königliche Billigung. Zwar gab es einige Gruppierungen, in denen sozialistische Ideen entwickelt wurden – etwa der „Bund der Gerechten", Karl Grün (1817–87) und die „Trier'sche Zeitung", die Gruppe um die Kölner Ärzte Andreas Gottschalk (1815–49) und Karl Ludwig D'Ester (1811–59) oder der Kreis um die Zeitschrift „Das Westphälische Dampfboot" –, aber dabei handelte es sich um verschwindend kleine Ausnahmeerscheinungen. Karl Marx' und Friedrich Engels' (1820–95) „Bund der Kommunisten", der 1847 unter anderem aus dem Londoner Zweig des „Bundes der Gerechten" hervorging, konnte bis zum Beginn der Revolution nur 100 Mitglieder rekrutieren. Schwerlich genug, um die „beinahe fieberhafte Angst mancher Stimmführer unserer Tage vor den unbestimmten Drohungen des Sozialismus und Kommunismus" zu rechtfertigen, von der die „Augsburger Allgemeine Zeitung" 1847 berichtete. Verständlicher wird diese nervöse Reaktion vor dem Hintergrund einer viel weitergehenden sozialen Krise, die auch die anschwellenden ländlichen Unterschichten und das unterbeschäftigte Handwerk erfasste. „In unsern Tagen", hatte der Leipziger Philosophieprofessor Friedrich Bühlau (1805–59) schon 1834 bemerkt, „ist eine plötzliche Angst unter die Reichen gekommen, und sie möchten sich um jeden Preis gegen die Gefahren sichern, die sie von dem wachsenden Elende der Armen fürchten."

c) Der „Pauperismus"

1844 widmete die liberale „Deutsche Vierteljahrs Schrift" dem Thema „Pauperismus" eine ausführliche Abhandlung. Schon der erste Satz machte klar, dass es sich hierbei um ein Problem handelte, das nicht länger ignoriert werden konnte: „Aus allen Gauen Deutschlands erschallen seit einigen Jahren und ganz besonders in neuester Zeit Klagen über die steigende Armut und Nahrungslosigkeit unter ganzen arbeitenden Klassen, über Verarmung ganzer Bezirke und die Unzulänglichkeit der zur Linderung des Elends bestimmten Almosen." Diese Behauptung wurde mit drastischen Beispielen untermauert. „Scharen dieser halbverhungerten und spärlich in Lumpen gehüllten Männer, Weiber und Kinder" bettelten in Ansbach. Die kurhessischen Garnspinner hätten „oft in drei bis vier Tagen kein Stück Brot zu essen". Im preußischen Voigtland war ein räudiger Hund geschlachtet und verzehrt worden. Statistiken bestätigen die düstere Nachricht dieser Einzelschicksale. Im Jahr 1846 lebten nach dem Statistiker Wilhelm Dieterici (1790–1859) 50–60% der preußischen Bevölkerung generell bedürftig und in Krisenzeiten „elend und gefährdet". Brockhaus' Real-Enzyklopädie schätzte die Zahl der

Almosenempfänger auf 5% der deutschen Gesamtbevölkerung. In den Städten war diese Ziffer deutlich höher: 10–12% in Hamburg, 25% in Köln, 33% in einigen bayerischen Städten, in Breslau 55%. Zu Armut und Hunger gesellte sich Verbrechen. In den Sozialstudien „Berlin" (1846) und „Die Diebe in Berlin" (1847) illustrierten Ernst Dronke (1822–91) und Carl Zimmermann (1781–1856) den Zusammenhang zwischen Pauperismus, Kriminalität und Prostitution. Die Not wirkte sich auch auf die Auswanderung aus. Während in den 1820er-Jahren im Durchschnitt nur 2000 Menschen im Jahr aus Deutschland emigrierten, stieg diese Zahl in den 1830ern auf 14500. In den 1840er-Jahren wurde aus dem Rinnsal ein Strom: über 40000 Menschen verließen jedes Jahr ihre Heimat, um ein besseres Leben in Übersee zu finden. Das in der vormärzlichen Publizistik am stärksten thematisierte und als am erschreckendsten empfundene Symptom der sozialen Krise war jedoch der **Schlesische Weberaufstand**. All diese Besorgnis erregenden Erscheinungen provozierten eine lebhafte öffentliche Diskussion.

Der Schlesische Weberaufstand

Der Textilverleger Zwanziger war ein harter, versierter Geschäftsmann. Seine neue Villa in Nieder-Peterswaldau und ein Jahreseinkommen, das selbst in den krisengeschüttelten 1840ern auf 30000 Taler geschätzt wurde, zeugten vom Erfolg seines Unternehmens. Dies war umso beachtlicher, als seine Branche, das Leinen- und Baumwollgewerbe, in einer tiefen Krise steckte. Angesichts stagnierender Nachfrage und der hochmechanisierten englischen Konkurrenz versuchte die hausindustrielle schlesische Weberei durch erhöhte und immer billigere Produktion wenigstens den Inlandsabsatz zu sichern. Die Weber, ihre Frauen und Kinder schufteten täglich bis zu sechzehn Stunden und akzeptierten sinkende Einkommen. 1844 sank der Wochenlohn auf 20 Silbergroschen und erreichte damit ein Viertel des Standes von 1830. Dennoch drängten immer mehr arme Landarbeiter in das bereits überbesetzte Gewerbe. Die Weber verelendeten. Die Geschäftspraktiken der großen Verleger, die Garn lieferten und die fertigen Tuche vermarkteten, verschärften die Not noch. Der als besonders gierig bekannte Zwanziger drückte den Preis für 140 Ellen Kattun von 32 auf 15 Silbergroschen und berechnete selbst für kleine Mängel hohe Lohnabzüge. Zudem ging das Gerücht um, er habe einem hungernden Weber geraten, Gras zu fressen. Was ihm am 4. 6. 1844 widerfuhr, lässt sich daher schwerlich ohne eine gewisse Befriedigung berichten. Eine Gruppe von Webern versammelte sich vor Zwanzigers Villa, um gerechtere Löhne einzufordern. Als dieses Ansinnen höhnisch abgewiesen wurde, stürmten sie das Haus, schlugen das Mobiliar in Stücke und Zwanziger in die Flucht. Der unmittelbar daneben gelegene Besitz des als fair bekannten Verlegers Wagenknecht blieb unangetastet. Dem Verleger Fellman gelang es, die inzwischen auf 3000 Mann angewachsene Menge durch Geldgeschenke und Speckseiten zu besänftigen. Das Haus seines berüchtigten Bielauer Kollegen „Sechsgröschel-Hilbert" wurde hingegen demoliert. Am 6. 6. kam es schließlich zu einer Konfrontation mit dem preußischen Militär, in deren Verlauf 11 Männer, Frauen und Kinder getötet und 24 weitere schwer verwundet wurden. Mehr als 1500 Weber wurden festgenommen. Gegen 87 ergingen Haft- und Prügelstrafen. Allerdings beantragte der Breslauer Gerichtspräsident, der den Verlegern bereits die Prozesskosten aufgebürdet und die Geschäftspraktiken Zwanzigers scharf gerügt hatte, im März 1845, alle Verurteilten zu begnadigen. Dem wurde bis Juni 1846 stattgegeben.

Armut war nichts Neues. „Es werden allezeit Arme sein im Lande", hatte es schon im fünften Buch Mose geheißen, und auch im Europa der Neuzeit hatte es immer Personenkreise (Kranke, Kriegsversehrte, Witwen, Waisen, Alte) gegeben, die auf Almosen angewiesen waren und ein elendes Dasein fristeten. Nach Kriegen und Missernten erhöhte sich die Zahl der Armen; in guten Zeiten sank sie. Was die Armut in der ersten Hälfte des 19. Jahrhunderts so neu machte, dass dafür ein neues Wort – Pauperismus – importiert wurde, war die Beständigkeit und Massenhaftigkeit des Phänomens. Armut war „nicht mehr individuelles, sondern kollektives Schicksal" (Th. Nipperdey). Nach der klassischen Definition in Brockhaus' Real-Enzyklopädie (1846) handelte es sich um „eine höchst bedeutsame und unheilvolle Erscheinung ... Der Pauperismus ist da vorhanden, wo eine zahlreiche Volksklasse sich durch die angestrengteste Arbeit höchstens das notdürftige Auskommen verdienen kann ... und dabei noch sich in reißender Schnelligkeit ergänzt und vermehrt." Damit war der Finger auf die entscheidende Ursache der Verarmung gelegt: der beispiellose Bevölkerungsanstieg, dem kein entsprechendes Wachstum der Erwerbstellen gegenüberstand. Insgesamt gab es nur Stellen für rund 80% der Arbeitskräfte, so dass es zu massenhafter Unterbeschäftigung und unzureichender Entlohnung kam. Da Deutschland – entgegen den Prophezeiungen des britischen Demographen Thomas Malthus (1766–1834) und anders als im irischen Fall – von millionenfachem Sterben in Folge von Hunger und Seuchen verschont blieb, verfestigte und verbreitete sich das Elend. Fast alle Regionen und Bevölkerungsgruppen waren betroffen. Auf dem Land wurde das Millionenheer der Kleinstbauern, Landarbeiter und Heimarbeiter pauperisiert. In den Städten hungerten Tagelöhner, Handwerker und kleine Angestellte, aber auch die „Proletarier des Geistesarbeit" (W. H. Riehl), nämlich Schulmeister, Referendare, Schriftsteller und Privatdozenten.

Spätestens seit den 1830er-Jahren wurde der Pauperismus als ernstes Problem wahrgenommen, wobei die öffentliche Diskussion umso nervöser wurde, je mehr sich die Not vergrößerte und als bedrohlich empfunden wurde. 1835 benutzte der Philosoph Franz von Baader (1765–1841) den neuen Begriff „Proletariat", um auf das Missverhältnis zwischen Armen und Reichen hinzuweisen. Im gleichen Jahr beklagte Robert Mohl die moralische „Verwilderung" der Fabrikarbeiter und ihrer Familien. 1837 wurde das Wort Pauperismus zum ersten Mal in einem deutschen Parlament verwandt, als Franz Joseph Buß (1803–78) im badischen Landtag warnte, dass die Not dem „Umsturz" eine „furchtbare, stets bereite Waffe" in die Hand gebe. Das Elend der „Fabrikheloten" und die „Desorganisation der stets anwachsenden Bevölkerungsmasse" müssten daher beendet werden. 1841 sagte der Romancier Jeremias Gotthelf (1797–1854) einen sozialen „Bruch" vorher, der „ganz Europa mit Blut und Brand bedecken würde". Fünf Jahre später wollte der Schweizer Historiker Jacob Burckhardt (1819–97) bereits „die Vorboten des sozialen jüngsten Tages" erkannt haben. Überall verdichtete sich die Besorgnis über den Pauperismus zu einer „angstverzerrten Vision vom heraufziehenden Umsturz" (H.-U. Wehler). Diese überzogene Reaktion erklärt sich zum Teil aus der irrigen, aber weit verbreiteten Annahme, dass der Pauperismus eine Folge der Industrialisierung war. Aus zeitgenössischer Sicht schien zwischen Industrie, verelendetem Proletariat und Klassenkampf ein offensichtlicher Kausalzusammenhang zu bestehen. Aufsehen erregende Studien wie Lorenz Steins (1815–90) „Der Socialismus und Communismus des heutigen Frankreichs" (1842) und Friedrich Engels' „Die Lage der arbeitenden Klassen in England" (1845) verstärkten diesen Eindruck zusätzlich. Das Gegenteil war der Fall. Der Pauperismus wuchs nicht aus der Industrie, sondern war vielmehr ein bedauerliches Übergangsphänomen während einer Periode relativer Unterindustrialisierung. Als die deutsche Industrie nach 1850 in ihre „take-off"-Phase trat, wurde die Unterbeschäftigungskrise durch das anwachsende Arbeitsplatzangebot rapide behoben. Einige hellsichtige Ökonomen wie Friedrich List und Bruno Hildebrand (1832–78) erkannten das schon damals und sprachen sich für eine Industrieförderung aus. Dazu kam es jedoch ebenso wenig wie zu einer zupackenden Sozialpolitik. Südlich des Mains versuchten Städte und Gemeinden sich die Armut durch Abschottung und restriktive Ehe- und Zuzugsregelungen vom Leibe zu halten. In Preußen war das Credo staatlicher Nichteinmischung in die Belange des Marktes so stark, dass ein Armenfürsorgegesetz erst 1842/3 – nach achtzehnjähriger Beratung! – erlassen wurde.

Dass die staatlichen Organe der sozialen Not tatenlos gegenüberstanden, konnte nicht ohne politische Folgen bleiben. Die sozialpolitische Untätigkeit der Obrigkeit wurde von oppositionellen Stimmen als Versagen begriffen und attackiert. Immer wieder prangerten liberale Zeitungen das „staatliche Desinteresse am Schicksal der Auswanderer" (M. Kuckhoff) an, das zu grausamen Betrügereien und unerträglichen Zuständen auf den Auswanderungsschiffen führte. Nach dem Rotteck-Welckerschen Staatslexikon gebot die „Pflicht der Humanität", dass der Staat „Sorge trage für die Sicherstellung des künftigen Looses der Auswanderer". Nichts, jedoch, rief so viel Kritik hervor, wie der als Menetekel verstandene Weberaufstand. In Heinrich Heines Gedicht „Die Schlesischen Weber" (1844) wurde ein „dreifacher Fluch" in Deutschlands „Leichentuch" gewebt: „Ein Fluch dem König, dem König der Reichen, / Den unser Elend nicht konnte erweichen, / Der den letzten Groschen von uns erpreßt, / Und uns wie Hunde erschießen läßt". Ein Holzstich aus den „Fliegenden Blättern" (1848) zeigte, welche „Offizielle Abhülfe" der preußische Staat für „Hunger und Verzweiflung" in Schlesien bereitgestellt hatte: eine Abteilung Infanterie mit aufgepflanzten Bajonetten. Dies versinnbildlichte die prekäre Situation, in die der politische und gesellschaftliche Status quo in Deutschland in den 1840er-Jahren geraten war. Vor den Augen einer wachsenden Opposition erwies sich die Obrigkeit als unfähig, adäquat auf eine soziale Notlage zu reagieren, die objektiv schwer und in der zeitgenössischen Wahrnehmung quasi-apokalyptisch war. Der Staat ist verpflichtet, „der sozialen Aufgabe zu genügen", stellte der Offizier und konservative Politiker Joseph von Radowitz (1797–1853) 1846 fest, „oder sie wird ihn über den Haufen werfen". Trotz allgemeiner Besorgnis und endloser Debatten wurde nichts Einschneidendes unternommen. „Der Weg zur Revolution war ... mit gutgemeinten Reformvorschlägen gepflastert" (V. Valentin). Auch angesichts der sozialen Krise wurde die lähmende Revolutionsfurcht des Metternich-Systems zur *self-fulfilling prophecy*.

3. 1845–1848: das Grollen vor dem Sturm

Vor dem Sturm herrscht sprichwörtlich Ruhe. 1848 war anders. Das Donnergrollen des heraufziehenden Sturmes wurde lauter, je näher das Revolutionsjahr rückte. Zwischen 1845 und 1848 steigerten sich die verschiedenen Krisenmotive zu einem bedrohlichen Crescendo. Innerhalb von dreißig Monaten überlagerten sich innenpolitische Krisen und eine weitere Konsolidierung der Oppositionsbewegung, eine Eskalation der sozialen Notlage und politische Erschütterungen im europäischen Ausland. Im Rückblick erscheint der Ausbruch der Revolution beinahe überdeterminiert. Natürlich war nichts unvermeidlich. Der rheinische Karneval von 1848 verlief ohne Zwischenfälle. Der Kölner Liberale Gustav Mevissen fand das politische Klima Anfang 1848 stumpf und apathisch. Viele Zeitgenossen ahnten jedoch, dass etwas in der Luft lag. Der alte Metternich diagnostizierte im Sommer 1847 eine tödliche politische Krankheit. Karl Welcker begrüßte im Februar 1848 in der badischen Kammer, dass die „Actien" für eine Beendigung des reaktionären Systems schon seit Monaten gestiegen wären.

a) Politische Spannungen im Vorfeld der Revolution

In den Staaten des Deutschen Bundes befand sich der politische Prozess im Vormärz – eingekeilt zwischen den liberal-nationalen und radikalen Bewegungskräften und der Beharrungspolitik des monarchischen Obrigkeitsstaats – in einer Phase krisenhafter Stagnation. Im Vorfeld der Revolution verschärften sich diese Spannungen noch. In Bayern und Preußen gerieten die politischen Systeme in ernste Krisen. Gleichzeitig verstärkten und konsolidierten sich die liberal-nationalen und radikalen Oppositionskräfte. So kam es noch vor Beginn der Märzrevolution dazu, dass in Leipzig, Köln und München Truppen aufgebrachten Bürgern gegenüberstanden, dass sich eine preußische Nationalvertretung den Wünschen des Königs widersetzte, dass der liberale Nationalismus über eine eigene Zeitung mit überregionaler Bedeutung verfügte und dass sich sowohl der radikale wie der moderate Oppositionsflügel auf eigenen Versammlungen mit Parteiprogrammen versahen. Die Revolution musste im Frühjahr 1848 nicht erst aus Frankreich importiert werden. Sie war schon lange da.

Zwischen 1846 und 1848 wurde die Bühne der bayerischen Politik zum Komödienstadl. Der Schwank, der in München unter lebhafter Beteiligung der Bevölkerung zur Aufführung gebracht wurde, bot alles: Sex, Farce, Intrige, bigotte Entrüstung, politische Krise und Aufruhr. Es begann im Herbst 1846 mit der Ankunft der Tänzerin **Lola Montez**, deren kurvenreichem Charme König Ludwig I. gänzlich verfiel. Wie nicht anders zu erwarten, fanden Münchens hochkatholische Kreise entschieden weniger Gefallen an Lolas laszivem Auftreten, ihrem feurigen Selbstbewusstsein und ihrer exotischen Sinnlichkeit als der alternde Wittelsbacher Schwerenöter. Da Lola zudem ambitioniert war und über einige antiklerikal-liberale Grundüberzeugungen verfügte, war ein Konflikt vorprogrammiert. Als sich der konservativ-katholische Ministerpräsident Karl von Abel weigerte, der vom König gewünschten Einbürgerung Lolas zuzustimmen, wurde er zur Demissionierung gezwungen und durch den gefügsamen Georg von Maurer (1790–1872) ersetzt. Ludwig überhäufte Lola mit Geschenken, schrieb ihr steinerweichende (und weithin belachte) Gedichte und erhob sie schließlich zur Gräfin von Landsfeld. Die Empörung des katholischen Establishments wuchs. Als ein Münchner Professor Abels Haltung unterstützte, wurde er seines Amtes enthoben. Seine loyalen Studenten zogen vor Lolas Haus, um sie zu beschimpfen. Die Bürgermiliz, die der Katzenmusik ein Ende bereiten sollte, fand sich nicht ein. Angeblich hatten die ehrbaren Gattinnen der wackeren Milizionäre ihren Männern die Uniformen versteckt. Der Ruf des Königs, der inzwischen offen als „Hurenmajestät" geschmäht wurde, nahm schweren Schaden. Gleichzeitig scharte sich eine Meute von Karrieristen um die Gräfin Landsfeld, die inzwischen auch an Ministerkonferenzen teilnahm, und sie gewann die Sympathie vieler, die der katholisch-klerikalen Partei aus politischen Gründen feindlich gesinnt waren. München spaltete sich in zwei Lager: Ultramontane und „Lolamontane".

Der zunehmend isolierte Ministerpräsident Maurer wurde das erste Opfer der sich zuspitzenden Krise. Ende 1847 wurde er entlassen und durch den liberalen Ludwig Fürst Öttingen-Wallerstein (1791–1870) ersetzt, der vor einer schwierigen Aufgabe stand. Da sein Innenminister Franz von Berks (1792–1873) ein hundertprozentiger „Lolite" war, fand sich das neue Ministerium bald in den eskalierenden Konflikt verstrickt, der zu seltsam schiefen Frontstellungen führte. So wurden innerhalb des konservativen, über das würdelose Verhalten des Königs empörten Offizierskorps Pläne zur Vereidigung der Truppen auf die Verfassung diskutiert, wodurch ein Missbrauch der Obergewalt vereitelt werden sollte. Im Februar 1848 brach ein Krawall zwischen pro- und anti-lolitischen Studenten aus, an dem sich Lola – mit Pistole und Dolch bewehrt – persönlich beteiligte. Dass der König daraufhin die Universität zur Strafe schloss, brachte das Fass zum Überlaufen. Tausende von Studenten und Münchner Bürgern gingen auf die Straße. Erst weigerte sich die Bürgerwehr anzutreten, dann fraternisierte sie mit der Bevölkerung, die sich inzwischen bewaffnet hatte. Die Linientruppen waren nicht bereit, auf die Bürger zu feuern. Am 11. 2. 1848 gab Ludwig nach: Die Universität wurde wieder eröffnet, und Lola musste das Land verlassen. Die spontane Bewegung gegen die Willkür eines vernarrten Monarchen hatte Erfolg und führte sogleich zu weitergehenden politischen Forderungen, die eine Wiederholung des Vorgefallenen unmöglich machen sollten. „Obwohl in den drei Tagen nur wenig Blut geflossen ist", urteilte der österreichische Gesandte, „so hat die Bewegung und ihr Ergebnis doch vollständig den Wert einer Revolution."

Lola Montez (1821–61) wurde unter dem Namen Elizabeth Rosanna Gilbert als Tochter eines englischen Offiziers und einer irischen Adligen in Nordwestirland geboren. Nach mehreren Jahren in Indien und einer geschiedenen Ehe verwandelte sie sich im Sommer 1843 in Donna Maria Dolores de los Montes und debütierte in London erfolglos als andalusische Tänzerin. Ihre darauf folgende Tournee führte sie nach St. Petersburg, Warschau, Berlin, Dresden und Paris. Allerdings endeten ihre skandalumwitterten Auftritte zumeist mit der Ausweisung der Künstlerin. Im Herbst 1846 erreichte sie München. Bei einem zufälligen Zusammentreffen mit König Ludwig I. gelang es der Tänzerin, alle ihre Trümpfe erfolgreich auszuspielen. Ludwig war begeistert und vergötterte die Tänzerin in einer Weise, die ihn am Ende den Thron kosten sollte (s. S. 43). Im Februar 1848 musste Lola auf Druck der bayerischen Bevölkerung das Land verlassen. Nachdem sie 1851 in England ihre Memoiren veröffentlicht hatte, wanderte sie nach Amerika aus. Nach zwei weiteren Ehen, Gastspielen am Broadway und in Australien, der Erfindung des „Spider Dance", der Veröffentlichung eines Schönheitsratgebers und wohltätiger Arbeit für „gefallene Mädchen" starb sie schließlich in New York.

In Preußen ging es weniger barock zu. Hier war die Verfassungsfrage nach 1842 nicht mehr zu Ruhe gekommen. 1845 schwoll der Chor derjenigen, die eine gesamtpreußische Konstitution forderten, nochmals merklich an. Mit Ausnahme Brandenburgs und Pommerns fanden in allen preußischen Provinziallandtagen Verfassungsdebatten statt. Der Antrag Ludolf Camphausens (1803–90), der rheinländische Landtag möge den König um die Erfüllung des Verfassungsversprechens bitten, wurde als Flugschrift verbreitet. Der Stadtrat von Elbing schickte dem ostpreußischen Landtag eine ähnliche Petition. Johann Jacoby steuerte eine neue Flugschrift zu diesem Thema bei. Friedrich Wilhelm IV. versuchte diese Welle politischer Unzufriedenheit durch ein „ständisches Projekt" (D. E. Barclay) abzufangen. Seine Reformbereitschaft war zudem durch die wachsende Finanznot motiviert, in die der preußische Staat nach 1844 geriet. Neue Steuern und Staatsschulden bedurften jedoch nach dem Gesetz von 1820 der Zustimmung durch gesamtpreußische „Reichsstände". Am 3. 2. 1847 versuchten der König und seine Berater daher, zwei Fliegen mit einer Klappe zu schlagen. Das „Februarpatent" sollte gleichzeitig ein politisches und ein finanzielles Problem lösen. Sein Kernstück war die Einberufung eines aus den Mitgliedern aller Provinziallandtage zusammengesetzten „Vereinigten Landtags", der entsprechend den Auflagen des Staatsschuldengesetzes neue Steuern und Staatsanleihen autorisieren sollte. Eine wirkliche Parlamentarisierung Preußens beabsichtigte der König dadurch zu verhindern, dass das neue Gremium nur gelegentlich zusammengerufen werden und nach Ständen getrennt beraten sollte. Dieses Projekt bot jedoch den Liberalen zu wenig und schien den Konservativen zu gewagt.

Der Vereinigte Landtag, der am 11. 4. 1847 in Berlin eröffnet wurde, erwies sich dann auch als entschieden selbstbewusster, als es der König erhofft hatte. Trotz der Mahnung des Königs, die Abgeordneten hätten ständische Rechte wahrzunehmen, nicht „Meinungen zu repräsentieren", teilte sich der Landtag bald in politische Gruppierungen ein: rheinische und ostpreußische Liberale kreuzten die Klingen mit brandenburgischen und pommerschen Konservativen. Nachdem schon die aus dem Stegreif gehaltene Thronrede, in der der König mit grandioser Leidenschaft eine Konstitutionalisierung Preußens ausgeschlossen hatte, auf den liberalen Bänken mit beträchtlichem Murren quittiert worden war, hörte – nach dem berühmt gewordenen Satz des rheinischen Abgeordneten **David Hansemann** – beim Geld die Gemütlichkeit auf. Am 8. 5. lehnte der Landtag mit 363 zu 179 Stimmen die Bewilligung einer Anleihe zum Bau der Bahnverbindung nach Königsberg ab, solange der König die Periodizität des Landtags verweigerte. Voller Zorn ließ Friedrich Wilhelm daraufhin den Bau der Ostbahn an den Weichselbrücken einstellen. Am 26. 6. 1847 traktierte Innenminister Ernst von Bodelschwingh (1794–1854) den Landtag mit einer vorwurfsvollen Rede und entließ die Abgeordneten vorzeitig. Der König, der dem Landtag an diesem Tag demonstrativ ferngeblieben war, reichte einige Wochen später einen schriftlichen Landtagsabschied nach, „ein kühles, schroffes Erzeugnis obrigkeitlich-dynastischer Besserwisserei" (V. Valentin).

David Hansemann (1790–1864) konnte sich aufgrund der finanziellen Unabhängigkeit, die er seinen Erfolgen in der Versicherungswirtschaft und dem Eisenbahnbau verdankte, intensiv politisch engagieren. Der Präsident der Aachener Handelskammer und Stadtrat legte sich schon frühzeitig mit den preußischen Behörden an. 1832 wurde seine Wahl in den rheinischen Landtag kassiert. Später trat er als Autor einer regierungskritischen Schrift hervor. 1845 gehörte er zusammen mit Ludolf Camphausen, Gustav Mevissen und Hermann von Beckerath zur liberalen Führungsgruppe im rheinischen Landtag. Als Oppositionsführer im Vereinigten Landtag und Mitglied der Heppenheimer Versammlung erlangte Hansemann 1847 nationale Bekanntheit. Seine moderate Haltung in der Heidelberger Versammlung (5. 3. 1848) empfahl ihn für das preußische Märzministerium. Als Finanzminister machte sich Hansemann um die Stabilität des preußischen Staatshaushalts im Revolutionsjahr verdient und blieb bis zum 8. 9. 1848 im Amt. Nach dem Ende der Revolution zog er sich aus dem politischen Leben zurück und begann als Gründer der „Disconto-Gesellschaft" eine erfolgreiche Karriere im Bankgeschäft.

Die Rechnung des Königs war nicht aufgegangen. Der Vereinigte Landtag hatte zur weiteren Konsolidierung der liberalen Opposition und zur allgemeinen Politisierung der Öffentlichkeit beigetragen. Führende Liberale wie Hansemann, Camphausen, Georg von Vincke (1811–75) und Hermann von Beckerath (1801–70) hatten sich im parlamentarischen Konflikt bewährt. Nach ihrer Rückkehr aus Berlin wurden sie oft wie Helden empfangen. Gleichzeitig hatte, wie selbst konservative Beobachter zugeben mussten, die königliche Partei Schwächen gezeigt. „Der König hat einen notwendigen, gerechten Krieg mit schlechten Truppen, unerfahrenen und ungeschickten Feldherren angefangen", urteilte der ultrakonservative Höfling Leopold von Gerlach (1790–1861) im Juni 1847. Der Krieg war nicht vorbei; der Konflikt schwelte weiter.

Während die Obrigkeit in München und Berlin in diesen Jahren ein klägliches Bild abgab, gewannen die Oppositionskräfte beständig an Statur. Als Leipzig im August 1845 kurz vor dem Ausbruch schwerer Straßenkämpfe stand, nachdem das Militär eine

Demonstration gegen den Thronfolger mit Gewehrsalven beantwortet hatte, gelang es dem prominenten Radikalen **Robert Blum** zwischen der aufgebrachten Menge und den Behörden zu schlichten. Beinahe eine Woche lang hielt er das Schicksal der Stadt in Händen. In diesen Jahren häuften sich auch die Treffen der vereinsmäßig organisierten liberal-nationalen Bewegung. 1845 trafen sich die Turner in Reutlingen und die Sänger in Würzburg; im folgenden Jahr versammelten sich die Germanisten in Frankfurt am Main, während in Köln gesungen und in Heilbronn geturnt wurde; 1847 brachte zwei Turnfeste (in Frankfurt und Heidelberg), sowie Treffen der Germanisten und der Sänger in Lübeck. Am 1. 7. 1847 veröffentlichte eine Gruppe führender Liberaler – unter ihnen Heinrich von Gagern, Georg Gottfried Gervinus, Georg Beseler (1809–88) und Johann Gustav Droysen (1808–84) – in Heidelberg die erste Ausgabe der „Deutschen Zeitung". Innerhalb kurzer Zeit gelang es diesem „Organ des Professorenliberalismus" (R. Stadelmann), eine gesamtdeutsche Leserschaft zu gewinnen und als Forum für den nationalen Diskurs zu fungieren. Am 15. 10. 1847 berichtete die „Deutsche Zeitung" über ein Treffen führender Vertreter der liberalen Opposition in den badischen, württembergischen und hessischen Kammern, das fünf Tage zuvor in Heppenheim stattgefunden hatte. Dort war ein Programm verabschiedet worden, das einen geeinten deutschen Bundesstaat mit zentraler Exekutive und Legislative vorsah. Der radikale Flügel der vormärzlichen Opposition war den Heppenheimern um einige Wochen zuvorgekommen. Bereits am 12. 9. hatten die Radikalen im badischen Offenburg einen Forderungskatalog aufgestellt, der kurz darauf in der „Augsburger Allgemeinen Zeitung" veröffentlicht wurde.

Robert Blum (1807–48) wurde zum berühmtesten Märtyrer der 48er-Revolution. Aus Geldmangel verließ der begabte Sohn eines Fassbinders das Gymnasium vorzeitig, um sich schließlich als Buchhändler durchzuschlagen. Zunehmend politisch aktiv stand der Leipziger Blum in engem Kontakt mit der sächsischen Landtagsopposition und machte sich einen Namen als Redner, Vereinsgründer und politischer Autor. Er wirkte auf eine gesamtdeutsche Vernetzung der liberal-nationalen Opposition hin und profilierte sich als Führer des radikalen Flügels der sächsischen Liberalen. 1848 war er auf dem Gipfel seines politischen Einflusses: er war Vizepräsident des Vorparlaments, Mitglied des Fünfzigerausschusses, Mitglied des Verfassungsausschusses der Paulskirche und Führer der demokratischen Linken. Obwohl er klar Position bezog – gegen den Waffenstillstand von Malmö, für eine auf gesetzlichem Wege errichtete Republik, für die Zusammenarbeit mit den einzelstaatlichen Landtagen – saß Blum bald zwischen allen Stühlen. Ein „roter Republikaner" aus Sicht der Rechten und zu gemäßigt für die radikale Linke verlor er an Einfluss. Seine Entscheidung, den Wiener Revolutionären eine Grußadresse der deutschen Nationalversammlung zu überbringen, fiel in eine Phase politischer, persönlicher und pekuniärer Schwierigkeiten. In Wien angelangt kämpfte er gegen die kaiserlichen Truppen, wurde gefangen genommen und trotz Berufung auf seine parlamentarische Immunität am 9. 11. 1848 standrechtlich erschossen. Blums Hinrichtung, das Sinnbild der Machtlosigkeit der Paulskirche, rief Empörungsstürme in Deutschland hervor. Eine Sammlung für seine Familie ergab mehr als 40000 Taler.

Die Spaltung des Liberalismus in einen moderat-konstitutionellen und einen radikal-demokratischen Flügel – in „Halbe" und „Ganze", wie es damals hieß – war seit den 1830er-Jahren immer deutlicher geworden. Gegen das liberale Ideal einer durch *checks and balances* begrenzten konstitutionellen Monarchie stand der radikale Entwurf einer auf der Volkssouveränität aufbauenden demokratischen Republik. Den „natürlichen Ungleichheiten", denen die Liberalen durch das Zensuswahlrecht Rechnung tragen wollten, das die Zulassung zur Wahl von einem Mindestvermögen abhängig machen würde, setzten die Radikalen das Gleichheitsideal entgegen. Während die Liberalen auf Reform, Evolution und Kooperation mit der Obrigkeit zielten, suchten die

Radikalen den Konflikt. Staatlich verfolgt und von der großen Mehrheit des liberalen Bildungsbürgertums abgelehnt, durchlief der deutsche Radikalismus vor 1848 eine gebrochene und weithin marginalisierte Entwicklung. Nach dem Auflodern des kleinbürgerlichen Radikalismus in Südwestdeutschland wurden seine Führer nach dem Hambacher Fest (1832) ins Exil getrieben, von wo aus sie nur publizistisch wirken konnten. Im vormärzlichen Deutschland wurde ein etablierter populärer Radikalismus nur in Baden geduldet. Mit **Friedrich Hecker** und Gustav von Struve (1805–70) hatte er dort wortgewaltige und charismatische Führer. Zwischen ihnen und den vereinzelten Radikalen in anderen Teilen Deutschlands – Johann Jacoby in Königsberg, Heinrich Simon (1805–60) in Breslau, Robert Blum in Leipzig, Gottfried Kinkel (1814–82) in Bonn – bestand reger Kontakt.

Friedrich Hecker (1811–81), der eine „seinen geistigen und politischen Fähigkeiten nicht unbedingt entsprechende Volkstümlichkeit" (W. Schieder) genoss, avancierte zu einer Sagengestalt in der süddeutsch-demokratischen Legende. Nach seiner Flucht im April 1848 lebte er in zahllosen Heckerliedern und -gedichten weiter: „Er hängt an keinem Baume, / er hängt an keinem Strick, / sondern an dem Traume / der deutschen Republik." 1842 war der junge Advokat in die 2. badische Kammer gewählt worden, wo er wegen seines Redetalents bald zum Führer der radikal-liberalen Oppositionsgruppe aufstieg. Als er 1845 während einer Reise zusammen mit seinem Kollegen Johann v. Itzstein aus Preußen ausgewiesen wurde, erlangte er auch nationale Bekanntheit. Unter dem Einfluss seines Freundes Gustav v. Struve entwickelte er sich zum Demokraten und trat auf mehreren Volksversammlungen im März 1848 offen für die deutsche Republik ein. Nach der Niederwerfung des von ihm angeführten badischen Aprilaufstandes floh der charismatische Hecker in die Schweiz, von wo aus er versuchte, die deutsche Revolution publizistisch zu beeinflussen. Sein Mandat für die Nationalversammlung, das er in einem südbadischen Wahlkreis gewann, konnte er nicht antreten. 1849 eilte er nach Deutschland zurück, um am dritten badischen Aufstand teilzunehmen, traf aber zu spät ein. Den Rest seines Lebens verbrachte er in den USA.

Neben diesem populären Radikalismus – oder vielmehr: auf ihn herabblickend – stand der junghegelianische Radikalismus in Norddeutschland, der in den „Hallischen Jahrbüchern" des Philosophen Arnold Ruge (1802–80) politisch zugespitzt wurde. Das Offenburger Programm vom 12. 9. 1847 war allerdings weniger von Ruges Ideen eines philosophischen Terrorismus geprägt, als von der praktischen Erfahrung des badischen Radikalismus. Gefordert wurden die Aufhebung der Karlsbader Beschlüsse, ein Nationalparlament, Presse-, und Lehrfreiheit, Volksbewaffnung, gerechte Besteuerung, Geschworenengerichte und Abschaffung der Privilegien. Die beteiligten Regierungen reagierten alarmiert auf die Treffen in Offenburg und Heppenheim. Dennoch zeigte sich schon hier ein resignativer Zug, der im darauf folgenden März eine wichtige Rolle spielen sollte. Ein Verbot solcher Versammlungen werde wenig fruchten, vertraute der badische Außenminister Alexander von Dusch (1789–1876) einem Gesandten an; Privatbesprechungen könne man nicht verhindern. Außerdem habe der Deutsche Bund doch Fehler gemacht. Der württembergische Ministerpräsident Paul von Maucler (1783–1859) schlug in dieselbe Kerbe. „Seit mehr als dreißig Jahren" habe die Bundesversammlung ein „klägliches Bild ungenügender Maßregeln, kleinlicher Sonderinteressen" und „eines völligen Mangels an Kenntnis menschlicher Zustände" abgegeben. Offenbar hatte die liberale Opposition schon in vielen Köpfen triumphiert.

b) Die Hunger- und Armutskrise, 1845–1848

In seiner Dorfchronik für das Jahr 1845 beschrieb der Bürgermeister von Ederen bei Jülich ein beängstigendes Phänomen, nämlich „die gänzliche Fehlerndte der Kartoffeln, eine Erscheinung, an welche sich die ältesten Leute nicht erinnern konnten. Die Kartoffeln wurden im Monat August allgemein von einer Krankheit befallen ... Bei der Erndte gaben dieselben durchschnittlich nicht viel mehr als die verwendeten Saatkartoffeln zurück und diese waren meist kaum genießbar. ... Die Ursache dieser Kartoffelkrankheit ist noch bis jetzt nicht erkannt." So wie Bürgermeister Constantin Schunk mussten im Spätsommer 1845 Bauern in vielen Teilen Europas voller Schrecken mit ansehen, wie ihre Kartoffelernte – das wichtigste Massennahrungsmittel dieser Jahrzehnte – verdarb. Überall verfärbten sich die Blätter der Pflanzen, die Knollen wurden schwarz und stanken. Dass selbst die Greise in Ederen nie eine solche Missernte erlebt hatten, lag daran, dass es sich bei der Kartoffelfäule (*Phytophthora infestans*) um eine neue Erkrankung handelte. 1843 war sie zum ersten Mal in den Vereinigten Staaten beschrieben worden. Innerhalb von zwei Jahren hatte sie den Atlantik überquert und wurde im Juni 1845 in Belgien beobachtet. Wenige Wochen darauf waren weite Teile Westeuropas betroffen. Im September erreichte die Fäule das dicht besiedelte Irland, wo sie eine Hungersnot katastrophalen Ausmaßes verursachte. Auch in Deutschland kam es zu einer scharfen Zuspitzung des pauperistischen Elends.

Im kalten und verregneten Jahr 1845 war die Roggen- und Weizenernte kärglich ausgefallen, das heiße und knochentrockene Jahr 1846 brachte eine komplette Missernte. Zusammen mit den Auswirkungen der Kartoffelfäule trieb dies die Nahrungsmittelpreise auf astronomische Höhen. Eine solche Preisentwicklung (Tab. 1), prophezeite Constantin Schunk, „läßt für die nächste Zukunft eine sehr drückende Theuerung und großen Nothstand befürchten". Die Krise konnte nicht auf die Landwirtschaft beschränkt bleiben. „Hat der Bauer Geld, so hat's die ganze Welt", hieß es damals. Nun, da die Bauern wenig zu verkaufen hatten, hatte niemand Geld. Da die restliche Bevölkerung wegen der exorbitanten Nahrungsmittelpreise nichts übrig hatte, versickerte die Nachfrage nach Gewerbeerzeugnissen. Die schon vorher verarmten Handwerker und Heimarbeiter stürzten in Abgründe der Verelendung. 1847 gab es in Preußen noch 50633 steuerzahlende Handwerker, während 432030 ihrer Standesgenossen aufgrund von Verarmung keine Gewerbesteuer entrichteten. In Krefeld standen im Winter 1846/7 3000 von 8000 Webstühlen still. Die allgemeine Konjunkturabschwächung ergriff 1847 auch die Industrie und Verkehrswirtschaft. Borsig musste 1848 ein Drittel seiner Belegschaft entlassen, Krupp sogar die Hälfte. 1846 hatten 178000 Gelegenheitsarbeiter beim Eisenbahnbau in Lohn gestanden. Im folgenden Jahr waren es nur noch 137000. 1848 sank die Zahl um weitere 17000.

Die Armut war schockierend. „Nicht selten sind dort die Fälle, daß Leute in ihrer Wohnung und auf den Straßen verhungert aufgefunden worden", berichtete die „Augsburger Allgemeine Zeitung" im Juli 1847 aus Oberschlesien. „Brod scheint in mehreren dortigen Landstrichen ganz verschwunden zu seyn; man nährt sich von Gras, dem Kraute der Kartoffeln, von Kleie, von grünem Erbsenstroh, welches vom Felde gestohlen worden ist, und würzt diese schauerliche Nahrung mit Häringslacke. ... Ein Landmann nämlich fuhr eben durch ein Dorf bei Ratibor mit einem Wagen voll Heu. Er bemerkte daß fortwährend ein Knabe vom Wagen Heubüschel herunterreißt. Er hält ihn fest und hört mit Schrecken, daß dieses Heu zur Nahrung für einen Vater und zwei Kinder dienen soll. ... Mit Thränen in den Augen schenkt er den Hungernden ein großes Brod.

Tab. 1: Preußische Agrarpreise 1845–8 (Silbergroschen pro Scheffel)

Jahr	Roggen	Weizen	Gerste	Hafer	Kartoffeln
1844	40	57	32	21	13
1845	51	65	38	26	14
1846	70	86	50	33	21
1847	87	110	67	40	40
1848	38	62	32	22	17

(Nach: Wehler: Deutsche Gesellschaftsgeschichte, Bd. 2, S. 643.)

Dieß wird mit gieriger Hast verschlungen, allein der schwache Magen kann so nahrhafte, und in solcher Menge genosse Speise nicht mehr verdauen; die drei Unglücklichen sind in kurzer Zeit durch den Tod aller Mühseligkeiten enthoben." „In Schmalkalden, Schlüchtern, Fulda und Hünefeld schlug man die Zahl der völlig Verarmten auf ein Drittel der Bevölkerung an", schrieb Bruno Hildebrand in seinen Aufzeichnungen über die Not in Oberhessen. „In Hünefeld wurden die Armen von den Behörden zu völligen Bettlerumzügen organisiert, welche täglich nach einem festgesetzten Turnus durch regelmäßige Umzüge in den einzelnen Stadtteilen und den angrenzenden Dörfern ihre Almosen zusammenbettelten."

Die Hunger- und Armutskrise der Jahre nach 1845 hatte schwerwiegende Konsequenzen. Die Zahl der Auswanderer, die 1845 knapp 38000 betragen hatte, stieg sprunghaft an. 1846 erreichte sie 63300; im darauf folgenden Jahr erhöhte sie sich auf 80300. Vielerorts sanken die Heirats- und Geburtenziffern, während die Sterblichkeit stieg. In Oberschlesien fielen im Winter 1847/8 mehr als 30000 Menschen allein dem Hungertyphus zum Opfer; insgesamt starben über 50000 Schlesier. Scheunen wurden eingerissen, um aus den Brettern Särge zu zimmern. In Ostpreußen soll es rund 40000 Todesfälle gegeben haben. Die Kleinkriminalität – vor allem Mundraub und Holzdiebstahl – stieg, und die Zahl der kollektiven Proteste schoss nach oben. Überall kam es zu Getreidetumulten. In mehr als hundert Städten wurden Bäckerläden, Speicher und Korntransporte gestürmt. In Süddeutschland führte der Anstieg der Bierpreise zu erhöhter Konfliktbereitschaft. Die staatlichen Organe waren durch diese Provokationen und den überall zu beobachtenden Zusammenbruch der öffentlichen Ordnung verunsichert. Da sich die schwachen Polizeikräfte überfordert sahen, wurde häufig Militär eingesetzt, das – wie schon in Schlesien im Sommer 1844 und in Leipzig im August 1845 – vielfach übermäßig hart reagierte. Die Situation war gespannt und konnte nur allzu leicht eskalieren. Als sich im Verlauf der Kölner Martinskirmess im August 1846 Spannungen zwischen der Bevölkerung und der Ortspolizei entwickelten, wurde ein massiver Militäreinsatz befohlen. Von den antipreußischen Rheinländern angefeindet und mit Steinen beworfen gingen die Soldaten mit großer Brutalität vor. Läden und Fenster wurden beschädigt, Zivilisten mit Kolbenhieben verletzt, Häuser gestürmt. Die Situation beruhigte sich erst, als das Militär auf Bitten des Oberbürgermeisters abgezogen wurde und eine Bürgergarde unter der Führung des linksliberalen Kaufmanns und Politikers Franz Raveaux (1810–51) für einige Zeit die Sicherung der Stadt übernahm. Im Verlauf der „Kartoffelrevolution" erlebte Berlin im April 1847 noch schwerere Ausschreitungen. Nachdem es am 21. 4. zu Plünderungen von Kartoffelständen und Läden gekommen war, wurde Kavallerie eingesetzt. Als die Soldaten mit Steinen attackiert wurden, gingen sie mit blankem Säbel gegen die Bevölkerung vor. Daraufhin strömten am nächsten Tag ganze Züge von Menschen aus den Vorstädten ins Zentrum. Geschäfte wurden ausgeraubt, das Palais des Prinzen von Preußen beschädigt und eine Barrikade errichtet. Beinahe die gesamte Berliner Garnison wurde mobilisiert, um die Ordnung wiederherzustellen. Wie schwer der Konflikt war, lässt sich daran ablesen, dass bei der „Befriedung" der Stadt 82 Soldaten verwundet wurden.

Insgesamt stellte die Reaktion der Obrigkeit auf die Zuspitzung der sozialen Krise nach 1845 die Legitimität des monarchischen Staates in mehrfacher Hinsicht in Frage. Die Regierungsorgane erschienen unfähig, auf die Notlage und die daraus entstehenden Spannungen angemessen zu reagieren. In Köln wie in Berlin sympathisierte die Bürgerschaft mit den Not leidenden Aufständischen und kritisierte das scharfe Vorgehen des Militärs. Vorschläge des Berliner Bürgermeisters Franz Naunyn (1799–1860), eine weniger provokante, zivile Bürgerpolizei einzurichten, wurden schroff abgelehnt. Auch die preußische Wirtschaftspolitik erwies sich als bedenklich unflexibel. Selbst in den Hungerjahren hielten der (bei hohen Preisen extrem profitable) Getreideexport und die Branntweindestillation an. 1846 belief sich der preußische Exportüberschuss beim Weizen auf 2,5 Mio. Scheffel. Im gleichen Jahr wurden aus 2,6 Mio. Scheffeln Getreide und 19 Mio. Scheffeln Kartoffeln Schnaps gebrannt. Noch im November 1846 lehnte die preußische Regierung Exportbeschränkungen und Destillierungsverbote ab. Zusammen mit der weit verbreiteten Getreidespekulation hatte dies zur Folge, dass die Preise für Grundnahrungsmittel – selbst gemessen an den schlechten Ernten der Jahre 1845 und 1846 – überproportional stark anstiegen. Die Revolutionsfurcht und *laissez-faire*-Mentalität der Behörden verhinderten auch eine effektive Bekämpfung der Epidemien. Freie Berichterstattung über die Zustände in Schlesien wurde unterdrückt; verlässliche Informationen, die die Ansteckungsgefahr hätten mindern können, waren nicht erhältlich. Durch den Mangel an Vorbeugungsmaßnahmen, so resümierte der junge Arzt Rudolf Virchow (1821–1902), der die schlesische Typhusepidemie vor Ort untersuchte, seien „soviel Menschen geopfert worden, als ein kleiner Krieg kosten würde". In der Summe ergaben all diese Facetten der extremen sozialen Notlage der Jahre 1845–7 ein eminent politisches Ergebnis. „Hunger und Massenelend nährten Verzweiflung, im Verein mit der Ratlosigkeit und Repressionspraxis des Staates zugleich die politische Vertrauenskrise" (H.-U. Wehler). Die Notwendigkeit, einen besseren Staat als den Status quo zu erlangen, erschien immer mehr Menschen unleugbar.

c) Das europäische Umfeld am Vorabend der Revolution

Der Funken, der das deutsche Pulverfass im Frühjahr 1848 zur Explosion brachte, wurde in Paris geschlagen. In seinen Erinnerungen schilderte der Journalist Carl Schurz (1829–1906), der nach der Revolution emigrieren musste und in Amerika zu Amt und Würden kam, plastisch, wie elektrisierend die Neuigkeiten aus Frankreich in Deutschland wirkten. „Eines Morgens gegen Ende Februar des Jahres 1848 saß ich ruhig in meinem Dachzimmer am Ulrich von Hutten arbeitend, als plötzlich einer meiner Freunde fast atemlos zu mir hereinstürzte und rief: 'Da sitzt du! Weißt du es denn noch nicht? ... Die Franzosen haben den Louis Philippe fortgejagt und die Republik proklamiert!' ... Wir sprangen die Treppe hinunter, auf die Straße. Wohin nun?" Das Ende der französischen Juli-Monarchie war jedoch nur der Letzte einer Reihe von politischen Impulsen, die in den Jahren vor Ausbruch der Märzrevolution aus dem Ausland auf

Deutschland einwirkten. 1848 war ein gesamteuropäisches Phänomen, und viele der vorrevolutionären Krisenherde und Konfliktmuster finden sich, wenn auch unterschiedlich ausgeprägt, in mehreren europäischen Staaten und Gesellschaften. Was in Italien, der Schweiz und Frankreich vorging, wurde von Zeitungen, wandernden Gesellen und Reisenden schnell jenseits der Landesgrenzen verbreitet. In Deutschland trafen solche Nachrichten nicht auf taube Ohren. Diese Ereignisse beeinflussten nicht nur die Stimmung im Land, sondern bewirkten zudem eine schrittweise Veränderung der internationalen Rahmenbedingungen, die den Ausbruch der Revolution erst ermöglichte.

Am 1. 6. 1846 starb Papst Gregor XVI. Gegen Ende des Pontifikats dieses reaktionären Pontifex war der Kirchenstaat in eine tiefe Krise geraten. Dies überzeugte eine Gruppe von Kardinälen, dass als Zugeständnis an die öffentliche Meinung ein Nachfolger gewählt werden musste, der einem gewissen Maß an Reform nicht abgeneigt war. Als der weiße Rauch aufstieg, saß der Kardinal von Imola, Giovanni Maria Mastai-Ferretti (1792–1878), als Pius IX. auf dem Stuhl Petri. Obwohl er nur bei weitestmöglicher Auslegung des Begriffs als liberal gelten konnte, setzte das liberale Italien große Hoffnungen auf den neuen Papst. Einige konziliante Gesten wie Pius' Amnestie für politische Gefangene, Reformen in der Regierung des Kirchenstaates und sein Interesse an politischen Schriftstellern wie Vincenzo Gioberti (1801–52) und Massimo D'Azeglio (1798–1866) verstärkten diesen Eindruck noch. Die Begeisterung derjenigen, die sich vom Papsttum eine nationale Führungsrolle für Italien erhofften, wurde nur noch vom Entsetzen Metternichs übertroffen. Dass der Ruf des neuen Papstes nicht auf Italien beschränkt blieb, lässt sich daran ablesen, dass es gegen Ende des Jahres 1848 allein in Baden über 400 katholische „Pius-Vereine" mit mehr als 100000 Mitgliedern gab. Die Wahl eines angeblich liberalen Herrschers an die Spitze des reaktionärsten italienischen Staats wurde von vielen als erstes Anzeichen dafür gewertet, dass sich Metternichs Griff lockerte. Trunken von der Begeisterung, die ihm entgegenschlug, und wohl auch zu schwach, um sich der Woge zu widersetzen, gewährte Pius mehr als er eigentlich wollte, und brachte damit eine Lawine in Gang. Zu seiner Erhebung hatte Metternich dem Papst ein Hilfeversprechen mit unüberhörbar warnendem Unterton zukommen lassen. „Jedesmal, wenn Pius IX. die großen konservativen Wahrheiten zu verteidigen haben wird, deren Verteidigung Hauptanliegen des Papsttums sein muß", schrieb der Staatskanzler, „so wird er uns an seiner Seite finden." Metternichs düstere Vorahnungen sollten sich bald bewahrheiten.

1847 brachte einen weiteren Rückschlag für Metternich. In der Schweiz hatten sich seit einigen Jahren wachsende innenpolitische Spannungen entwickelt. Nach der Julirevolution von 1830 hatten in einigen Kantonen liberale Reformen stattgefunden. Da die Bundesverfassung von 1815 jedoch unverändert geblieben war, fanden sich wirtschaftlich, politisch und konfessionell höchst unterschiedliche Kantone in ein System eingespannt, das keine geeigneten Vermittlungsprozesse bot. Vor allem über religiöse Fragen wie Klosterauflösungen und die Zulassung des Jesuitenordens kam es zu Konflikten. Die Krise verschärfte sich, als 1845 sieben konservative katholische Kantone zum Schutz ihrer gemeinsamen Interessen einen „Sonderbund" gründeten. Zwei Jahre darauf beschloss die liberale Kantonsmehrheit die Auflösung des Sonderbundes, ein Verbot des Jesuitenordens und eine Bundesreform, die auf eine stärkere Zentralisierung abzielte. Hierüber brach am 4. 11. 1847 der so genannte Sonderbundskrieg aus, in dem die schwachen Truppen des Sonderbunds schnell unterlagen. In den besiegten Kantonen kamen nun liberale Kräfte ans Ruder. In ganz Europa wurden diese Vorgänge als ein „Vorpostengefecht zwischen liberalen und konservativen Kräften" (W. Baumgart) interpretiert. Dass sich die reaktionären Mächte – anders als 1820 und 1831 in Spanien und Italien – nicht mehr zu einer Intervention gegen die liberalen Veränderungen aufraffen konnten, wurde als Schwächesymptom des Metternich-Systems gewertet. Dessen Grundlage, der handlungsbereite, reaktionäre Konsens der Großmächte, bestand nicht mehr.

Dieselbe Erfahrung musste im Januar 1848 Ferdinand II. (1830–59, geb. 1810), König der beiden Sizilien, machen. Am 8. 1. war in Palermo eine revolutionäre Bewegung ausgebrochen, die den Wunsch nach der Unabhängigkeit Siziliens mit Ideen eines gesamtitalienischen Nationalismus verband. Kurz darauf griffen die Unruhen auf Neapel über und konnte auch nicht durch geringfügige Zugeständnisse Ferdinands abgefangen werden. Nachdem er einige Zeit vergeblich auf eine österreichische Intervention zu seinen Gunsten gehofft hatte, sah sich der König am 29. 1. gezwungen, eine Verfassung zu gewähren. Damit war das erste Dominosteinchen gekippt. Nach Demonstrationen in Turin und Genua ließ sich König Carlo Alberto von Piemont (1831–49, geb. 1798) von seinem früheren Schwur entbinden, niemals eine Verfassung zuzulassen, und veröffentlichte am 8. 2. ein *Statuto*. Neun Tage später beschritt der Großherzog der Toskana denselben Weg. Am 14. 3. verkündete sogar der Papst eine Verfassung für den Kirchenstaat. Mit Ausnahme der österreichischen Provinz Lombardo-Venetien waren damit alle größeren italienischen Staaten zu konstitutionellen Monarchien geworden. Ende Februar 1848 hatte der revolutionäre Flächenbrand das französische Mutterland der europäischen Revolutionen erreicht. Wie im Deutschen Bund war auch in Frankreich das Regierungssystem angesichts einer wirtschaftlich-sozialen Notlage und einer wachsenden Oppositionsbewegung in eine schwere Krise geraten. Nachdem eine politische Veranstaltung verboten worden war, kam es in Paris am 22. 2. zu Demonstrationen, in deren Verlauf Geschäfte geplündert und Barrikaden errichtet wurden. Am 24. 2., nach nur drei Tagen relativ leichter Straßenkämpfe, kollabierte die Juli-Monarchie. Nur zwei Tage nachdem König Louis Philippe (1830–48, geb. 1773, gest. 1850) zugunsten seines Enkels abgedankt hatte und nach England geflohen war, wurde die Republik proklamiert.

Als die Nachricht von einer erneuten Revolution in Paris in Deutschland eintraf, war die Reaktion allerorts so wie von Carl Schurz beschrieben. Man stürzte auf die Straßen. „Das französische Volk hat Ludwig Philipp abgesetzt, hat das Joch der Tyrannei gebrochen", stand in einer Mannheimer Flugschrift vom 27. 2. 1848 zu lesen. „Die Schweizer haben das Jesuiten-Regiment gestürzt und den Sonderbund gesprengt. Die Italiener haben freie Verfassungen kräftig sich errungen. Sollen wir Deutschen allein unter dem Joche der Knechtschaft verbleiben? Der entscheidende Augenblick ist gekommen. Der Tag der Freiheit ist angebrochen. Vorwärts! ist der Ruf der Zeit. Die Not des Volkes muß ein Ende nehmen."

II. Deutschland im Frühjahr 1848: die März- und Aprilrevolutionen

12. 2. 1848	Antrag Bassermanns zur Bundesreform
27. 2. 1848	Mannheimer Volksversammlung
3. 3. 1848	Kossuths Rede vor dem ungarischen Parlament
	Der Bundestag genehmigt die Abschaffung der Zensur.
3./4. 3. 1848	Sog. „Bauernsturm“ in Wiesbaden
5. 3. 1848	Märzministerium in Hessen-Darmstadt (H. v. Gagern)
	Heidelberger Treffen 51 Liberaler und Demokraten
6. 3. 1848	Märzministerium in Württemberg (F. Römer, P. Pfizer)
10. 3. 1848	Der Bundestag beruft 17 „Vertrauensmänner“ zur Bundesreform.
13. 3. 1848	Kämpfe in Wien/Rücktritt Metternichs
18.–19. 3. 1848	Kämpfe in Berlin/Proklamation „An meine lieben Berliner“
19. 3. 1848	Abdankung Ludwigs I. von Bayern
21. 3. 1848	Märzministerium in Österreich (F. v. Pillersdorf)
24. 3. 1848	Ausrufung der provisorischen Regierung von Schleswig-Holstein
28. 3. 1848	Kaiserliches Patent zur Abschaffung der Frondienste (Robot)
29. 3. 1848	Märzministerium in Preußen (L. Camphausen, D. Hansemann)
31. 3.–3. 4. 1848	Tagung des Vorparlaments in Frankfurt
11. 4. 1848	Gründung des „Central-Comités der Arbeiter“ in Berlin
12. 4. 1848	Ausrufung der deutschen Republik durch Friedrich Hecker
20. 4. 1848	Niederlage Heckers bei Kandern/Tod Friedrich von Gagerns

Der Frühling des Jahres 1848 war wundervoll. „Der Februar voller Sonnenschein und im März die schönste Frühlingsluft, die sich denken ließe“, erinnerte sich später der Schriftsteller Wilhelm Angerstein (1835–93). Das traumhafte Wetter war kein bloßes Detail; es bestimmte die Tonart der Märzrevolution. Die zahllosen Volksversammlungen und Demonstrationszüge, die endlosen Diskussionen in Biergärten und Weinlauben, selbst die Kämpfe und Leichenfeiern: all das fand unter freiem Himmel statt, im strahlenden Sonnenschein oder an lauen Abenden, vor den Farben der allgegenwärtigen schwarz-rot-goldenen Nationaltrikolore. In seiner klassischen Geschichte der deutschen Revolution hat Veit Valentin die Wirkung der linden Frühlingslüfte beinahe hymnisch beschrieben. „Dieser Frühling von 1848 war ein Naturerlebnis, wie es unser karges Klima auch den glücklicheren Landen am Rhein, Main und Neckar nur selten, den nördlicheren und östlichen Gauen fast nie spendet. Die verführerische Sonne ließ auch in den Menschen etwas Ungeahntes aufblühen: sie sammelten sich und sprachen, sie forderten und erreichten alles, sie bekränzten sich, sie tranken sich zu und feierten.“ Der Protest- und Petitionsbewegung, die sich im späten Februar und frühen März 1848 wie ein Lauffeuer in Deutschland verbreitete, war in der Tat ein berauschender Erfolg beschieden. Spontan, unkoordiniert, aber überall dieselben **Märzforderungen** erhebend und in ähnlichen Formen ablaufend, gelang es, die politische und soziale Landschaft in Deutschland innerhalb weniger Tage gänzlich zu revolutionieren. Die vormärzliche Opposition hatte über Jahrzehnte hinweg einen mühsamen parlamentarischen und publizistischen Kleinkrieg gegen den Obrigkeitsstaat geführt. Oftmals war der Erfolg dieser Bemühungen nur in Millimetern zu messen gewesen. Auf einmal eilte man nun in Siebenmeilenstiefeln voran.

Die Märzforderungen
Die revolutionäre Märzbewegung konfrontierte die Regierungen in den deutschen Staaten überall mit beinahe gleich lautenden Forderungskatalogen – den Märzforderungen. Diese Einhelligkeit ist ein deutlicher Hinweis auf den hohen Vernetzungsgrad, den die liberale Verfassungs- und Oppositionsbewegung in Deutschland trotz polizeilicher Überwachung und staatlicher Zersplitterung bis 1848 erreicht hatte. Die klassischen Märzforderungen spiegelten zudem die Zentralität des Gedankens verfassungsmäßig garantierter Bürgerrechte wider: Versammlungs-, Rede- und Pressefreiheit, politische Gleichberechtigung aller Staatsbürger, Volksbewaffnung, unabhängige Justiz, Stärkung der gewählten Kammern, Einberufung eines deutschen Nationalparlaments.

Die folgende Darstellung behandelt die Ereignisse des Frühjahrs von 1848 in vier verschiedenen Sphären. Zunächst werden die deutschen Mittel- und Kleinstaaten, das so genannte Dritte Deutschland betrachtet. Ein zweiter Abschnitt gilt den Revolutionen in den Großmächten Österreich und Preußen. Die Summe der einzelstaatlichen Systemwechsel wurde von den nationalpolitischen Forderungen nach einem gesamtdeutschen Parlament und einer umfassenden Bundesreform überwölbt. Diese Ebene, die den Märzrevolutionen ihre „Einheit als gesamtdeutsches Ereignis" (K.-G. Faber) gab, wird im dritten Abschnitt angesprochen. Viertens geht es um die „elementare Revolution", die soziale Dimension der Märzereignisse, die sich in den Erhebungen von Handwerkern, Arbeitern und Bauern manifestierte.

1. Die Revolutionen in den Staaten des Dritten Deutschlands

Die durch den französischen Revolutionsimpuls angestoßene Bewegung erfasste zunächst die konstitutionellen Staaten des Dritten Deutschlands, wo sie mit atemberaubender Geschwindigkeit triumphierte. In Hessen-Darmstadt stand mit Heinrich von Gagern noch nicht einmal vierzehn Tage nach Beginn der Pariser Februarrevolution bereits ein führender Vertreter der vormärzlichen Opposition an der Spitze einer Landesregierung. Noch einmal zwei Wochen später hatten fast alle Staaten des Dritten Deutschlands liberale „Märzministerien". Lediglich der „Sonderweg Mecklenburgs" (H. Pogge von Strandmann) bildete die Ausnahme zu dieser Regel. Der durch die Märzrevolutionen geschaffene Status quo hatte schon bald seine erste Bewährungsprobe zu bestehen. Ironischerweise waren es nicht reaktionäre Beharrungskräfte, die den Märzregierungen Mitte April den Fehdehandschuh hinwarfen, sondern die republikanische Linke. Erst nach dem badischen Aprilaufstands kam der revolutionäre Umgestaltungsprozess im Dritten Deutschland zu einem vorläufigen Ruhepunkt.

a) Die Märzrevolutionen

Im Deutschen Bund begann Baden, das sich seit 1830 als „liberales, reformfreudiges Musterländle" (P. Nolte) hervorgetan hatte, den revolutionären Reigen. Am 27. 2. 1848 besuchten in Mannheim etwa 4000 Menschen eine Volksversammlung, auf der die führenden Oppositionspolitiker des Großherzogtums – Liberale wie Karl Mathy und Radikale wie Friedrich Hecker noch traut vereint – auftraten. Das Ergebnis des Treffens war die erste schriftliche Fixierung der klassischen „Märzforderungen" in Form einer **Adresse an den Karlsruher Landtag**. Zwei Tage darauf wurde in der Aula der Heidelberger Universität eine ähnliche Veranstaltung abgehalten. Am 1. 3. 1848 zogen Teilnehmer dieser Versammlungen nach Karlsruhe, um Petitionen aus verschiedenen Städten an die badische Kammer zu übergeben. Zu den Deputierten gesellten sich Handwerker, Tagelöhner, Fabrikarbeiter, Mitglieder des Mannheimer Turnvereins und Studenten. Viele kamen mit der Eisenbahn. Während die Menge vor den Toren des Landtags toste, ging es auch im Sitzungssaal hoch her. Innenminister Johann Bekk (1797–1855) mahnte zur Gesetzlichkeit. Hecker verlangte, den Märzforderungen unverzüglich zu entsprechen. Letztlich setzte sich jedoch Mathy durch, der den Antrag an einen Ausschuss verweisen ließ. Schon am nächsten Tag brachte das Parlament der Regierung einen ausführlichen Katalog der Wünsche des Volkes offiziell zur Kenntnis. Nach kurzem Zögern gab die großherzogliche Regierung nach, und entsprechende Gesetzesvorlagen wurden vorbereitet. Am 9. 3. erfolgte eine Regierungsumbildung zugunsten der liberalen Parteiführer. Karl Welcker ging als badischer Bundestagsgesandter nach Frankfurt. Damit hatte Baden eine „Märzregierung", ein vom Fürsten ernanntes Ministerium, das der Umsetzung liberaler Reformforderungen verpflichtet war. Charakteristisch für diesen Vorgang, dessen Muster sich vielerorts wiederholen sollte, waren öffentliche Versammlungen und Diskussionen, die Formulierung der Märzforderungen, die legale Gewährung der Forderungen seitens der fürstlichen Regierung, die Geschwindigkeit und relative Gewaltlosigkeit des Umschwungs und die nachgiebige Haltung der Obrigkeit. Großherzog Leopold von Baden (1830–52, geb. 1790) verbrachte seine Tage damit, vergeblich auf preußische Hilfe zu hoffen, und suchte abends Trost in der Flasche.

Leopolds Württemberger Kollege war kaum weniger resignativ. Gegen die Macht der Ideen könne man nicht anreiten, ließ König Wilhelm I. (1816–64, geb. 1781) den russischen Gesandten am 9. 3. 1848 wissen. Volksversammlungen, Flugschriften und die Mutlosigkeit seiner Minister hatten die Entschlossenheit des Königs innerhalb weniger Tage zermürbt. So bekam auch Stuttgart ein Märzministerium, dem die prominenten Liberalen Friedrich Römer (1774–1864) und Paul Pfizer (1801–67) angehörten. Die vormärzlichen Regierungen fielen wie reifes Obst. Überall wurden liberale Minister berufen. Bereits am 5. 3. war Heinrich von Gagern an die Spitze des hessen-darmstädtischen Kabinetts getreten. In Hessen-Nassau wurde der oppositionelle Jurist August Hergenhahn (1804–74) Ministerpräsident. Am 8. 3. folgte Oscar Wydenbrugk (1815–76) in Sachsen-Weimar. Kurfürst Friedrich Wilhelm I. von Hessen-Kassel (1831–66, geb. 1802, gest. 1875) gab drei Tage später nach und berief ein neues Ministerium unter der Führung des Hanauer Bürgermeisters Bernhard Eberhard (1795–1860). Im Königreich Sachsen verzögerten Eifersüchteleien zwischen Leipzig und Dresden den Erfolg der Märzbewegung für einige Zeit. Am 13. 3. setzte sich jedoch die von Robert Blum und Karl Biedermann (1812–1901) geführte Gruppe durch, und König Friedrich August II. (1836–54, geb. 1797) berief Ludwig von der Pfordten (1811–80) und Alexander Braun (1807–68). In Hannover widerstand König Ernst August (1837–51, geb. 1771) den Petitionen, Demonstrationen und studentischen Unruhen länger als die meisten deutschen Fürsten. Schließlich musste auch er am 20. 3. eine liberale Kröte schlucken und übertrug die Leitung des hannoverschen Ministeriums an den Osnabrücker Anwalt Bertram Stüve (1798–1872). In allen deutschen Staaten fanden ähnliche Veränderungsprozesse

Adresse der Mannheimer Volksversammlung an die badische Kammer (27. 2. 1848)
(nach: Fenske (Hrsg.): *Vormärz und Revolution 1840–1849*, S. 264f.)

Eine ungeheure Revolution hat Frankreich umgestaltet. ... Ein Gedanke durchzuckt Europa. Das alte System wankt und zerfällt in Trümmer. Allerorten haben die Völker mit kräftiger Hand die Rechte sich selbst genommen, welche ihre Machthaber ihnen vorenthielten. Deutschland darf nicht länger geduldig zusehen, wie es mit Füßen getreten wird. Das deutsche Volk hat das Recht zu verlangen: Wohlstand, Bildung und Freiheit für alle Klassen der Gesellschaft, ohne Unterschied der Geburt und des Standes. ... Was das Volk will, hat es durch seine gesetzlichen Vertreter, durch die Presse und Petitionen deutlich genug ausgesprochen. Aus der großen Zahl der Maßregeln, durch deren Ergreifung allein das deutsche Volk gerettet werden kann, heben wir hervor:

1. Volksbewaffnung mit freien Wahlen der Offiziere,
2. unbedingte Preßfreiheit,
3. Schwurgerichte nach dem Vorbild Englands,
4. sofortige Herstellung eines deutschen Parlaments.

Diese vier Forderungen sind so dringend, daß mit deren Erfüllung nicht länger gezögert werden kann und darf. Vertreter des Volkes! Wir verlangen von Euch, daß Ihr diese Forderungen zu ungesäumter Erfüllung bringt. Wir stehen für dieselben mit Gut und Blut ein, und mit uns, davon sind wir durchdrungen, das ganze deutsche Volk.

statt: Herzog Wilhelm von Braunschweig (1830–84, geb. 1806) zeigte sich mit der schwarz-rot-goldenen Kokarde; in Bremen und Hamburg wurden die Senate von Großdemonstrationen zu Zugeständnissen gezwungen; in Lübeck trat schon am 8. 4. eine neue Verfassung in Kraft; in Frankfurt wurde die Pressefreiheit gewährt, nachdem eine aufgebrachte Menge das Rathaus gestürmt hatte.

Obwohl die Märzbewegung ganz Deutschland revolutionierte, schonte sie im Allgemeinen die Throne. Nur in zwei Sonderfällen kam es zu einem Wechsel des Staatsoberhaupts. In Bayern hatte König Ludwig I. endgültig abgewirtschaftet. Nachdem er am 4. 3. einen halbherzigen Versuch unternommen hatte, München durch einen Militäreinsatz zu disziplinieren und im letzten Moment vor den Kampf zurückgeschreckt war, gestand der König am 6. 3. alle Märzforderungen zu. Das Vertrauen des Volks hatte er jedoch verspielt. Ein weiterer Besuch Lolas in München, Ludwigs störrischer Widerstand gegen die Umsetzung seiner Versprechen vom 6. 3. und die Finanzkrise der königlichen Schatulle taten ein Übriges. Am 19. 3. dankte Ludwig zugunsten seines Sohnes Maximilian II. (1848–64, geb. 1811) ab, der kurz darauf ein Märzministerium berief. Zu einer Auflehnung gegen die herrschende Dynastie kam es nur im hohen Norden, in Schleswig und Holstein. Die Märzereignisse in den Elbherzogtümern sind vor dem Hintergrund des seit langem schwelenden Nationalitätenkonflikts zu verstehen. Als der neue Dänenkönig Friedrich VII. (1848–63, geb. 1808) im Januar 1848 eine gesamtdänische Verfassung ankündigte, fürchtete die deutsche Nationalbewegung in Schleswig und Holstein, dass die Einverleibung der Herzogtümer in den dänischen Staatsverband unmittelbar drohte. In der Hoffnung auf preußische Unterstützung wagten die Herzogtümer daher am 24. 3. die Erhebung gegen Dänemark. Unter Führung des liberalen Anwalts Wilhelm Beseler (1806–84) bildete sich in Kiel eine provisorische Regierung für Schleswig-Holstein. Die militärische Antwort der Dänen ließ nicht lange auf sich warten.

b) Der badische Aprilaufstand

Neben der Leichtigkeit und der weitgehenden Gewaltlosigkeit des revolutionären Umgestaltungsprozesses überrascht vor allem seine reißende Geschwindigkeit. Dabei ist besonders bemerkenswert, dass das vormärzliche Regierungssystem innerhalb weniger Wochen nicht nur umgestürzt, sondern durch ein neues, scheinbar dauerhaftes Äquilibrium ersetzt worden war. Die Gewährung der Märzforderungen und Berufung der Märzministerien versprachen die Einrichtung konstitutioneller Monarchien und erschienen somit als Triumphe des liberalen Politikmodells, das auf Zusammenarbeit mit Fürsten und Regierungen abzielte. Eine offene Konfrontation mit der Obrigkeit war in diesem Modell nicht vorgesehen, so dass die Märzbewegung aus Sicht des liberalen Besitz- und Bildungsbürgertums eigentlich eine „ungewollte Revolution" (W. Schieder) darstellte. Sie bot jedoch die Chance, den Regierungen die so lange verweigerte Zusammenarbeit mit der liberalen Opposition abzuringen. Die schnelle Beendigung und die Verrechtlichung der Revolution sollte die Märzerrungenschaften einerseits gegen eine eventuelle Gegenrevolution sichern. Andererseits richteten sich diese Entschlüsse gegen ein Fortschreiten der Revolution in eine radikale, demokratische, vielleicht sogar sozialistische Richtung. Im Kalkül der scheinbar ratlosen Fürsten mag dieser Effekt durchaus eine Rolle gespielt haben. Dass sie „sich schnell mit dem populären Schilde freisinniger Ministerien zu decken wußten", hat – so mutmaßte der Liberale Ludwig Häusser (1818–67) – „das Meiste dazu beigetragen, die Revolution im gefährlichsten Augenblick zu entwaffnen". Diese Entwicklung verbitterte viele, denen die Revolution nicht weit genug gegangen war.

In Südbaden war die Enttäuschung am tiefsten verwurzelt. Hier war unter der Führung Friedrich Heckers und **Gustav von Struves** eine republikanische Bewegung entstanden, die nicht nur von der bürgerlichen Intelligenz, sondern auch von Bauern und Handwerkern getragen wurde. Besonders aktiv war die Gegend um Konstanz, dem Wirkungskreis des umtriebigen Redakteurs der radikalen „Seeblätter", Joseph Fickler (1808–65), der, so der preußische Gesandte, an der „Spitze der werdenden Republik" stand. Die in Südbaden verbreitete Entschlossenheit, die Revolution weiterzutreiben, wurde auch auf Volksversammlungen in Offenburg (19. 3.) und Freiburg (26. 3.) deutlich. In Offenburg wurde die Gründung eines Netzes von „vaterländischen Vereinen" angekündigt, deren Aufgabe es war, „für die Bewaffnung, die politische und sociale Bildung des Volkes, sowie für die Verwirklichung aller seiner Rechte Sorge zu tragen". Die Freiburger Versammlung forderte bereits die Begründung „des republikanischen Bundesstaats". Als Hecker und seine etwa vierzig Anhänger das Frankfurter Vorparlament unter Protest verließen, verstärkte sich das Misstrauen gegenüber dem Verständigungskurs der Liberalen noch. Hecker war daran gescheitert, das Vorparlament in eine permanente revolutionäre Versammlung umzuwandeln. Ein republikanischer Aufstand lag in der Luft: Gerüchte gingen um, dass jenseits der Grenze Waffen, Geld und Truppen bereitgestellt würden; in Basel und Straßburg bildeten sich „deutsche Legionen"; bewaffnete Demokraten trafen sich in Mannheim und Donaueschingen. Als der liberale Abgeordnete Karl Mathy den an den Aufstandsvorbereitungen beteiligten Joseph Fickler am 8. 4. in Mannheim als Hochverräter verhaften ließ, sah sich der zögernde Hecker zum Handeln gezwungen. Vier Tage später rief er in Konstanz die deutsche Republik aus und forderte alle waffenfähigen Männer namens einer „provisorischen Regierung" auf, sich in Donaueschingen zu versammeln. Am 13. 4. marschierte er selbst los: Pistolen im Gürtel, auf dem Kopf ein Schlapphut mit einer Hahnenfeder und Stulpenstiefel an den Füßen. Schon bald folgten 6000 Mann diesem abenteuerlichen Revolutionär. Seine Mitstreitern Johann Becker (1809–86), Franz Sigel (1824–1902) und Georg Herwegh mobilisierten weitere 4000 Mann. Ein gemeinsamer Aufmarsch gelang jedoch nicht und Heckers Hoffnungen, dass die Bevölkerung revoltieren und die Regierungssoldaten zu ihm überlaufen würden, zerschlugen sich. Die von der badischen Regierung aufgebotenen Bundestruppen bereiteten dem Aufstand bei Kandern (20. 4.) und Dossenbach (27. 4.) ein schnelles Ende. Die Beteiligten wurden in mehr als 3000 Prozessen abgeurteilt. Hecker und Struve flohen.

Gustav von Struve (1805–70) musste wegen seiner radikalen Ansichten früh aus dem oldenburgischen Staatsdienst ausscheiden. Seit 1835 in Mannheim ansässig, kämpfte er als Journalist publizistisch gegen das vormärzliche System. Obwohl der prominente radikale Politiker 1845 wegen Zensurvergehen zu einer Haftstrafe verurteilt wurde, setzte er seine politische Tätigkeit unverdrossen fort. 1847 berief er das Offenburger Treffen ein. Im Frühjahr 1848 war er Mitglied der Heidelberger Versammlung, scheiterte im Vorparlament mit seinem radikaldemokratischen Programm und focht im April erfolglos an der Seite Heckers. Nach kurzem Exil kehrte Struve im September an der Spitze des zweiten badischen Aufstands zurück, rief in Lörrach die Republik aus, wurde erneut besiegt und inhaftiert. Aus dem Gefängnis befreit, kämpfte Struve im Frühjahr 1849 auch im dritten badischen Aufstand und floh nach dessen Niederwerfung erst in die Schweiz und dann in die USA. Hier nahm er auf Seiten der Nordstaaten am amerikanischen Bürgerkrieg teil. Der Chance, einen militärischen Konflikt endlich einmal siegreich zu beenden, begab sich Struve jedoch durch seinen vorzeitigen Abschied. 1863 kehrte er nach Europa zurück.

Obwohl seine Dauer kurz und sein Erfolg gering gewesen waren, hatte dieser gescheiterte Versuch einer zweiten Revolution beträchtliche Auswirkungen. Das blutige Schreckbild der „roten" Revolution war Wirklichkeit geworden und hatte in dem bei Kandern gefallenen General Friedrich von Gagern (1794–1848) sein erstes prominentes Opfer. Den Konservativen war damit eine Propagandawaffe in die Hand gegeben. Der Graben zwischen den Liberalen und der republikanisch-radikalen Linken vertiefte sich. Selbst Vertreter der Linken verurteilten Heckers Aufstand als Volksverrat, der die demokratische Bewegung in den Augen vieler zutiefst diskreditierte. „Hecker und Struve sind wahre Viehkerls", klagte Blum, sie „rennen durch den Wald wie geschlagene Ochsen und haben uns den Sieg furchtbar schwer gemacht." So erreichte Hecker genau das Gegenteil von dem, wofür er kämpfte: die gemäßigt-liberalen Politiker legten sich in einem verängstigten, anti-extremistischen Schulterschluss noch stärker auf ihre Kooperation mit den obrigkeitsstaatlichen Kräften fest, während die radikal-demokratische Sache schweren Schaden nahm. Das neue, von der Märzrevolution geschaffene politische System hatte seine erste Bewährungsprobe bestanden.

2. Die Revolution in Österreich und Preußen

So wichtig die politischen Veränderungen im Dritten Deutschlands waren, der Prüfstein der Märzrevolution musste sein, was sich in den deutschen Großmächten – den Bastionen des vormärzlichen Systems – ereignete. Die Revolutionen in den Straßen von Wien und Berlin verliefen in vielerlei Hinsicht ähnlich wie in den kleineren deutschen Staaten und zeitigten vergleichbare Ergebnisse. Forderungen wurden aufgelistet und Volksversammlungen abgehalten. Demonstrationszüge strömten zu den Schlössern, Landtagen und Rathäusern, um Zugeständnisse einzufordern. Nach Zögern und Gegenwehr gaben die Fürsten und Regierungen nach, versprachen Reformen und ernannten liberale Minister. Bei aller Parallelität erwiesen sich die Märztage in Österreich und Preußen jedoch als ein blutigeres und traumatischeres Ereignis als in den Residenzen des Dritten Deutschlands und schufen prekärere Konstellationen. Dies mag daran gelegen haben, dass die vorkonstitutionellen deutschen Großmächte nicht über die politischen Institutionen verfügten, die notwendig waren, um die aufkeimenden Konflikte zu lösen. Der Verlauf der Märzrevolution in Österreich und Preußen sollte schwerwiegende Konsequenzen haben, denn es war gewiss kein Zufall, dass die Revolutionswende im Herbst 1848 in Berlin und Wien eingeleitet wurde.

a) Österreich

Das Jahr 1848 im Habsburgerreich präsentiert „bei weitem das komplexeste der zeitgenössischen revolutionären Szenarios" (R. J. W. Evans). Die Donaumonarchie war 1848 Schauplatz so zahlreicher und unterschiedlicher Erhebungen, dass im Rahmen dieser Darstellung keine umfassende Behandlung des Vielvölkerstaats erfolgen kann. Der Blickwinkel der Schilderung soll daher (einigermaßen künstlich) auf Österreich als Bestandteil und Faktor der deutschen Geschichte begrenzt bleiben. Die Revolutionen in der Lombardei, Venedig, Böhmen, Ungarn, Kroatien, Serbien, Transsylvanien und im Banat werden dabei nur insofern berücksichtigt, als sie direkt oder indirekt auf die Entwicklung in Wien und Frankfurt ein- und zurückwirkten. Anders als sonst wo prasselten die revolutionären Nachrichten in der Donaumetropole nicht nur vom Westen her, aus Frankreich und Süddeutschland, sondern aus allen Himmelsrichtungen hernieder. Schon am 3. 3. hatte der ungarische Liberale Lajos Kossuth (1802–94) in einer flammenden Parlamentsrede konstitutionelle und nationale Rechte für alle Länder des Habsburgerreichs gefordert. Am 11. 3. wurden auf einer Prager Versammlung ähnliche Wünsche formuliert. Auch in den italienischen Provinzen gärte es: In Mailand setzten die Bürger dem österreichischen Fiskus seit Januar schwer zu, indem sie die staatliche Lotterie und das Tabakmonopol demonstrativ boykottierten. Gleichzeitig wurden die Waffengeschäfte leergekauft und es hieß, Anhänger Giuseppe Mazzinis (1805–72) bereiteten eine Erhebung in der Lombardei vor. In Venedig hatte der Arrest mehrerer Bürger zu öffentlichen Protesten geführt. Die in Wien gerade in Gang gekommene Petitionsbewegung wurde durch solche Nachrichten weiter angeheizt. Schon am 6. 3. hatte der dortige Gewerbeverein Märzforderungen vorgelegt. Zahlreiche weitere Petitionen (z. B. des „Lesevereins"), die das politische Engagement des Wiener Großbürgertums widerspiegelten, folgten. Bald wurde auch die Studentenschaft aktiv. Dadurch wurde der Charakter der Wiener Märzbewegung radikaler und weniger gravitätisch. Weil Metternich bis dahin nur hinhaltend reagiert hatte, richteten sich alle Augen auf die Versammlung der Niederösterreichischen Stände am 13. 3. Mit einem Zug vor das Wiener Ständehaus wollte man die liberale Ständepartei unterstützen und so auf die Gewährung der Märzforderungen hinwirken.

Ganz Wien war an diesem Montag auf den Beinen, auch und gerade die bessere Gesellschaft. Es war, so urteilte ein Zeitgenosse rückblickend, eine Revolution „in feiner Wäsche und Glacéhandschuhen". Darunter mischten sich Studenten und Handwerker. Aus den Vorstädten kamen Arbeiter dazu. Der Demonstrationszug vor das Ständehaus schwoll an und verlor ein wenig von seinem mondänen Charakter. Reden wurden gehalten, die Märzforderungen vorgebracht. Eine Deputation unter der Leitung des Arztes Adolf Fischhof (1816–93) erhielt Zutritt zur Ständeversammlung, woraufhin die Menge in das Ständehaus strömte. Jemand verlas Kossuths Rede. Die Stimmung wurde gereizt. Nun wurde ein deutsches Parlament gefordert, die Volksbewaffnung, und vor allem der Rücktritt des verhassten Metternich. Alles ging durcheinander. Als es hieß, das Militär nähere sich und die Deputierten seien festgesetzt worden, stürmte die Menge das Gebäude. Vor dem Ständehaus kam es zur ersten Konfrontation mit den Truppen. Zwei Gewehrsalven und eine Bajonettattacke forderten fünf Todesopfer. Am Zeughaus, am Hohen Markt, an der Freiung: überall in der Stadt brachen offene Kämpfe aus. Barrikaden wurden errichtet und gestürmt, Läden geplündert. Kavalleristen hauten mit blanker Waffe auf demonstrierende Arbeiter ein. Parallel zu den Kämpfen in der Innenstadt brachen auch in den Vorstädten Unruhen aus: Arbeiter besetzten Fabriken, brannten Zollhäuser und Polizeistuben nieder und zerstörten mechanische Webstühle. Am nächsten Tag zählte man im Leichensaal des Allgemeinen Krankenhauses annähernd 50 Todesopfer.

In der Hofburg herrschte währenddessen ein hektischen Kommen und Gehen. Deputationen trafen ein und verhandelten mit Ministern und Erzherzögen. Boten brachten immer neue Schreckensnachrichten. Metternich tat die dramatischen Vorgänge als „Straßenkrawall" ab und riet zu hartem Durchgreifen. „Das ist kein Krawall", entgegnete ihm der Anführer der Wiener Bürgergarde, „sondern eine Revolution, an der alle Stände teilnehmen." Draußen ging die Zerstörung weiter. Als die Nacht anbrach, war die Villa Metternichs demoliert. Die Gasleitungen waren aufgerissen und angesteckt. Menschenmassen umlagerten die Hofburg. Schließlich zwangen die Erzherzöge Ludwig (1784–1864) und Johann (1782–1859) sowie Hofkanzler Franz Graf Kolowrat (1778–1861) den alten Staatskanzler zum Rücktritt. Soweit er konnte, befürwortete auch Kaiser Ferdinand den Umschwung. Den Menschen solle mitgeteilt werden, er stimme allem zu. Mehrmals an diesem Tag hatte er wiederholt, dass er nicht auf sein Volk schießen lasse. Während die Wiener Metternichs Entlassung euphorisch bejubelten, verließ dieser die Stadt unter falschem Namen und begab sich ins englische Exil. Nichts illustrierte die momentane Sprach- und Ratlosigkeit der konservativen Regierungspartei besser als der lakonische Tagebucheintrag, mit dem Franz Graf Hartig (1789–1865), ein Schüler Metternichs, die Ereignisse des 13. 3. zusammenfasste: „wolkig, Revolution".

Nach weiteren Demonstrationen gewährte die Regierung – einem inzwischen wohletablierten Muster folgend – alle Märzforderungen: Verfassung, Pressefreiheit, Volksbewaffnung. Dennoch herrschte in Wien nach dem scheinbar vollständigen Sieg der Märzrevolution nicht eitel Sonnenschein. Die Zusammensetzung des österreichischen Märzministeriums enttäuschte. Allein Franz von Pillersdorf (1786–1862), der neue Innenminister, konnte als liberal gelten. Die öffentliche Reaktion auf die Verfassung, die von Pillersdorf konzipiert und am 25. 4. durch kaiserlichen Beschluss oktroyiert wurde, war ähnlich missmutig. Das geplante Zweikammersystem und die Einführung des Zensuswahlrechts erschienen vielen als zu konservativ. Vor allem aber war die Verfassung – anders als es für Preußen und den Deutschen Bund vorgesehen war – nicht das Ergebnis der Beratungen einer gewählten Nationalversammlung, sondern das Produkt kaiserlichen Gutdünkens. So blieb der im März und April 1848 in Wien erreichte Status quo prekär und von beiden Extremen bedroht. Die unzufriedenen radikalen Kräfte hatten sich schnell in „Demokratischen Clubs", einer Nationalgarde,

Arbeitervereinen und der bewaffneten „Akademischen Legion“ organisiert und sollten sich als politisch äußerst schlagkräftig erweisen. Gleichzeitig drohte im Hintergrund die konservative militärische Führung, die am 13. 3. zum Losschlagen bereit gewesen, aber nicht zum Zuge gekommen war. Inmitten dieser explosiven Konstellation gab das unstete Pillersdorf-Ministerium, das zudem durch die Revolutionen in der Lombardei und Venedig, den Krieg gegen Piemont und den Kollaps der kaiserlichen Macht in Ungarn schwer belastet war, ein klägliches Bild ab. Das politische Gewitter, das am 13. 3. über Wien niedergegangen war, hatte die Atmosphäre noch nicht geklärt. Binnen kurzem sollte neuer Donner rollen.

b) Preußen

Im Königreich Preußen wurden die westlichen Provinzen zuerst von der Märzrevolution erfasst. Schon am 25. 2. berichtete ein Extrablatt der „Kölnischen Zeitung“ über die Unruhen in Paris. Tags darauf wusste die ganze Stadt, dass Louis Philippe vertrieben worden war. Am 3. 3. schritt man dann auch am Rhein zur Tat. Während der Stadtrat über eine moderate Petition an den König diskutierte, versammelte sich vor dem Rathaus eine vieltausendköpfige Menge. Unter der Führung des Armenarztes Andreas Gottschalk, des Schriftstellers Nikolaus Hocker (1822–1900) und der Offiziere Friedrich Anneke (1817–82) und August Willich (1810–78) – allesamt Mitglieder eines kommunistischen Geheimzirkels – wurden die „Forderungen des Volkes“ aufgelistet. Sie fielen weniger gemäßigt aus als die Petition des Stadtrats und beinhalteten eine deutliche soziale Dimension. Das Volk verlangte das allgemeine Wahlrecht, unbedingte Pressefreiheit, die Aufhebung des stehenden Heeres, den „Schutz der Arbeit“ und die „Sicherstellung der menschlichen Bedürfnisse für alle“, denn noch immer gab es Hunger in der Stadt. Als sich die Verhandlungen zwischen Gottschalk und den Ratsherren in die Länge zogen, begann die erregte Menge in das Rathaus einzudringen. Als später Truppen eingriffen, stürmte die Volksmasse schutzsuchend in das Gebäude, woraufhin zwei Stadträte vor Angst aus dem Fenster sprangen. Erst gegen 23 Uhr waren Rathaus und Vorplatz geräumt. Gottschalk, Willich und Anneke wurden wegen Anstiftung zum Aufruhr verhaftet.

Keine 500 Meter vom Rathaus entfernt nahmen am gleichen Tag ca. 500 Bürger im „Domhotel“ an einer Versammlung teil, auf der die klassischen Märzforderungen verabschiedet wurden. Die rheinische Petitionsbewegung, aus der in den darauf folgenden 14 Tagen rund 60 Bittschriften hervorgingen, orientierte sich fast ausschließlich an den moderaten Adressen des Rates und der Domhotel-Versammlung. Allerdings blieb auch Gottschalks Radikalismus nicht ohne Widerhall. Am 12. und 13. 3. sangen Demonstranten in Trier die Marseillaise und ließen die Republik hochleben. In Bernkastel beobachtete der Landrat, wie elektrisierend die Worte „Freiheit, Gleichheit, Republik“ auf die Bevölkerung wirkten. Insgesamt spitzte sich die Lage am Rhein zu. Der Ton der Petitionen wurde schärfer, die Demonstrationszüge länger, die Gewaltbereitschaft größer. Alle Augen – die der Revolutionäre wie die der zutiefst beunruhigten preußischen Beamten – waren auf Berlin gerichtet.

Auch an der Spree sorgten die Nachrichten aus Paris für Unruhe. Die Menschen diskutierten in den Straßen; in den überfüllten Zeitungshallen wurden Artikel laut verlesen und provozierten „polizeiwidrige Exclamationen“. Gerüchte über die Aktivitäten französischer Agenten und den Einmarsch einer Revolutionsarmee gingen um. An der

Börse fielen die preußischen Staatsschuldscheine. Die Obrigkeit reagierte einmal mehr mit Zuckerbrot und Peitsche. Am 6. 3. gewährte Friedrich Wilhelm, was ihm noch im Vorjahr das Vivat der preußischen Liberalen eingebracht hätte: die Periodizität des Vereinigten Landtags. Nun verpuffte dieses Zugeständnis wirkungslos. Gleichzeitig wurden mehrere Militäreinheiten in Marschbereitschaft versetzt. Am Abend versammelten sich einige Studenten in den „Zelten", einer Gruppe von Ausflugslokalen vor den Toren Berlins, um über die aktuellen Anliegen zu beraten. Am 7. 3. trafen sich dort bereits 600 Menschen und verabschiedeten eine gemäßigte „Adresse der Jugend". Zwei Tage darauf strömte eine 4000-köpfige Menge in die „Zelte", um zu beraten, wie diese Adresse dem König übermittelt werden konnte. Man wusste nämlich, dass er nicht gewillt war, eine Deputation zu empfangen. Da sich auch die Stadtverordneten weigerten, die Schrift anzunehmen, folgte man dem Vorschlag des Polizeipräsidenten und gab sie auf die Post, wo sich ihre Spur verlor. Am 13. 3., einem „blauen Montag", gaben die Handwerker und Arbeiter den Ton in den „Zelten" an. Wie in Köln wurden auch hier soziale Anliegen aufs Tapet gebracht. „Wir werden nämlich von Capitalisten und Wucherern unterdrückt", hieß es in der Adresse an den König: „die jetzigen bestehenden Gesetze" gäben den Armen keinen Schutz.

Als sich die ca. 20000 Menschen am Abend auf dem Rückweg von den „Zelten" durch das Brandenburger Tor zwängten, ereignete sich die erste Konfrontation mit dem nervösen Militär. Säbelhiebe wurden ausgeteilt, Bürger niedergeritten. Steine flogen, eine erste Barrikade wurde errichtet. Die Beziehungen zwischen der Garnison und der Berliner Zivilbevölkerung waren spätestens seit der „Kartoffelrevolution" (1847) von gegenseitiger Feindseligkeit geprägt. Da sich Friedrich Wilhelm zunächst weder zu klaren Zugeständnissen noch zu einer militärischen Lösung durchringen konnte und die öffentliche Stimmung durch die Nachrichten aus Wien weiter angeheizt wurde, dauerte die Spannung an. Tag für Tag ereigneten sich weitere Brutalitäten. Am 14. 3. verletzten Kürassiere zehn ältere Bürger. Ein Zusammenprall auf dem Schlossplatz am 15. 3. forderte ein Todesopfer. Am 16. 3. feuerten Infanteristen auf dem Opernplatz in die Menge: zwei Tote, mehrere Verwundete. Während in den Straßen Blut floss, wurde im Schloss um die Gunst des Königs gerungen. Die Militärpartei unter der Führung Prinz Wilhelms hatte eine beachtliche Streitmacht in Berlin zusammengezogen und wollte sie nutzen. Innenminister Ernst von Bodelschwingh (1794–1854), der Anführer der Verständigungspartei, mahnte hingegen Reformen an. Auch der attraktive Gedanke, dass sich Preußen angesichts des Kollapses der Wiener Regierung an die Spitze der Bewegung in Deutschland setzen und so die Revolution steuern könnte, floss in die Überlegungen ein. Noch am 16. 3. setzte sich Bodelschwingh durch. Am nächsten Tag verfasste der Innenminister im Auftrag des Königs eine Proklamation, die weitgehende Zugeständnisse beinhaltete: die Reform des Bundes, eine preußische Verfassung, die sofortige Einberufung des Vereinigten Landtags und die Aufhebung der Zensur. Da sich die Veröffentlichung des Dokuments verzögerte und der allseits geforderte Truppenabzug ausblieb, beschloss jedoch eine Bürgerversammlung am 17. 3., eine Großdemonstration zu veranstalten, um die Forderungen nach Abzug des Militärs, Schaffung einer Bürgergarde, Pressefreiheit und Einberufung des Landtags durchzusetzen.

Die Nachricht von den königlichen Zugeständnissen machte erst die Runde, als sich am 18. 3., einem sonnigen Samstag, bereits Tausende auf den Weg zum Schlossplatz gemacht hatten. Die Demonstration war nicht mehr aufzuhalten. Die Stimmung der Menge war jedoch generell gut. Viele fanden sich vor dem Schloss ein, um dem

König zu danken. Anderen hingegen gingen die Zugeständnisse nicht weit genug. Dazu gesellten sich wohl Tausende von Nichtinformierten und Schaulustigen. Als der König um 13 Uhr auf den Balkon trat, scholl ihm lauter Jubel entgegen. Bodelschwingh verlas daraufhin die Reformpatente und ließ sie druckfrisch verteilen. So groß war die Begeisterung, dass sich Friedrich Wilhelm ein zweites Mal zeigen musste. Der Innenminister hielt eine weitere Rede, die mit der Bitte endete, man möge nun doch nach Hause gehen. Die ständig anwachsende Menge verharrte jedoch, und plötzlich kippte die Stimmung in Feindseligkeit um. Der Ruf „Militär zurück!" wurde erhoben. Überfordert und verprellt wandte sich der König in diesem Moment wieder der Militärpartei zu, die gerade in einer Palastintrige den moderaten Oberkommandierenden General Ernst von Pfuel (1779–1866) durch den harten Karl von Prittwitz (1790–1871) ersetzt hatte. Dieser erhielt nun den Befehl, den Schlossplatz zu „säubern". Im Handumdrehen war der Platz geräumt. Nur noch einige wenige Nachzügler standen schimpfend und mit Stöcken drohend zwischen der Breiten Straße und der Langen Brücke. Ein Schützenzug wurde abkommandiert, um sie zu verscheuchen. Als die Soldaten auf die Brükke zueilten, fielen aus ihrer Reihe zwei ungeplante Schüsse.

Die Reaktion war hysterisch. Man fühlte sich vom König verraten und in eine Falle gelockt. In Windeseile wuchsen Barrikaden aus dem Boden. Gewehre wurden herbeigeschleppt. Die Berliner rüsteten sich zum Kampf. Es ging an diesem hektischen, von Leidenschaften aufgepeitschten Nachmittag kaum darum, ein politisches Programm durchzusetzen. Vielmehr ereignete sich eine „elementare Massenpsychose" (H. Schulze): 3000–4000 aktive Kämpfer verschanzten sich hinter den Barrikaden. Die Zahl ihrer Sympathisanten und Helfer wird auf mehrere Zehntausende geschätzt. Nach einer kurzen, von Vermittlungsversuchen angefüllten Gefechtspause begannen über 14000 Soldaten mit 36 Geschützen mit dem Sturm auf die Barrikaden. Trotz ihrer Übermacht blieb der Vormarsch der im Straßenkampf ungeübten Truppen relativ schnell stecken. Gereizt und verunsichert ließen sich die Soldaten zu weiteren Brutalitäten hinreißen. Insgesamt starben in dieser Nacht mehr als 300 Aufständische und zwei Dutzend Soldaten. Über die Reaktion des Königs auf diese Vorgänge liegen widersprüchliche Berichte vor. Einige Augenzeugen wollten ihn am Rande des Nervenzusammenbruchs gesehen haben, den Kopf in den Händen verbergend und schluchzend. Andere beschrieben Friedrich Wilhelm als ruhig und entschlossen. Gegen Mitternacht wurde die Attacke eingestellt. Die Truppen sollten lediglich die gewonnenen Stellungen halten. Auf Prittwitzens weitergehende Vorschläge, Berlin zu umzingeln und von außen zu beschießen, ging der König nicht ein. Stattdessen beobachtete der General, wie Friedrich Wilhelm persönlich den Aufruf **„An meine lieben Berliner!"** zu Papier brachte. In diesem eigenwilligen Schriftstück machte der König den Barrikadenkämpfern ein Friedensangebot. Indem er den Ausbruch der Kampfhandlungen den Umtrieben ausländischer Agents provocateurs zuschrieb, sah er sich in der Lage, den Berlinern einen Handel vorzuschlagen: freiwilliger Abbau der Barrikaden gegen darauf folgenden Abzug der Truppen. Der weinerliche Aufruf wirkte jedoch wie eine Kapitulationserklärung. Am nächsten Tag knickte der König noch weiter ein. Nachdem nur eine einzige Barrikade geräumt worden war, befahl er trotz des scharfen Widerspruchs seines Bruders den Abzug aller Soldaten. Von den Revolutionären bespottet zog das Militär ab – verbittert, aber mit klingendem Spiel. Wenig später musste der Monarch den auf dem Schlossplatz aufgebahrten gefallenen Barrikadenkämpfern seine Ehrerbietung erweisen. Auf den barschen Zuruf „Mütze ab!" entblößte der gedemütigte König das Haupt.

Nun wurde alles gewährt: Die Bürger, die im Zeughaus Gewehre erhalten hatten, übernahmen die Schlosswache. Noch am 19. 3. ernannte der König ein Übergangskabinett, das zehn Tage darauf durch ein Märzministerium ersetzt wurde, in dem die rheinischen Liberalen **Ludolf Camphausen** und David Hansemann den Ton angaben. Unter großem öffentlichen Jubel entließen die Gefängnisse die politischen Gefangenen. Am 21. 3. begab sich der König auf einen zeremoniellen Umritt. Hinter einer Revolutionsfahne und mit einer schwarz-rot-goldenen Binde über dem Ärmel seines Garderocks feierte er die neue Ordnung. In seiner Proklamation „An mein Volk und an die deutsche Nation" vom selben Tag kündigte er an, die Leitung der deutschen Nation zu übernehmen: „Ich habe heute die alten deutschen Farben angenommen, und Mich und Mein Volk unter das ehrwürdige Banner des deutschen Reiches gestellt. Preußen geht fortan in Deutschland auf." Im gleichen Schriftstück verpflichtete sich Friedrich Wilhelm auch auf die „Einführung wahrer constitutioneller Verfassungen". Tags darauf sagte der König den Zusammentritt einer auf Urwahlen begründeten Volksvertretung zu und präzisierte die Kernpunkte seines Verfassungsprogramms: persönliche Freiheit, Vereinigungs- und Versammlungsrecht, Bürgerwehren mit gewählten Offizieren, Ministerverantwortlichkeit, Schwurgerichtsbarkeit, Unabhängigkeit der Richter und Vereidigung des Heeres auf die Verfassung. Der Vereinigte Landtag, der am 2. 4. zusammentrat, machte sich sogleich an die Umsetzung dieses Programms. Die königlichen Versprechungen über die Presse-, Vereins- und Versammlungsfreiheit sowie die Gleichberechtigung der Konfessionen erhielten Gesetzeskraft. Der Regierungsvorlage entsprechend wurde zudem am 8. 4. festgelegt, dass Preußens künftige verfassungsgebende Nationalversammlung auf dem allgemeinen, gleichen (Männer-)Wahlrecht basieren sollte. Einer Radikalisierung der Nationalversammlung sollte durch einen zweistufigen Wahlmodus vorgebeugt werden, der eine Gruppe gewählter und – so hoffte man – gutbürgerlicher Wahlmänner zwischen das Wahlvolk und die Abgeordneten schaltete.

An meine lieben Berliner! (18./19. 3. 1848)
(nach: A. Wolff: *Berliner Revolutions-Chronik*, Bd. 1, Berlin 1851, S. 201)

Noch war der Jubel mit dem unzählige treue Herzen mich begrüßt hatten nicht verhallt, so mischte eine Haufe Ruhestörer aufrührerische und freche Forderungen ein und vergrößerte sich in dem Maaße als die Wohlgesinnten sich entfernten. Da ihr ungestühmes Vordringen bis in's Portal des Schlosses mit Recht arge Absichten befürchten ließ ..., mußte der Platz durch Cavallerie *im Schritt* und mit *eingesteckter Waffe* gesäubert werden und 2 Gewehre der Infanterie entluden sich von selbst, Gottlob! ohne irgendjemand zu treffen. Eine Rotte von Bösewichtern, meist aus Fremden bestehend, ... haben diesen Umstand im Sinne ihrer argen Pläne, durch augenscheinliche Lüge verdreht und die erhitzten Gemüther von Vielen meiner treuen und lieben Berliner mit Rache-Gedanken um vermeintlich vergossenes Blut! erfüllt und sind so die gräulichen Urheber von Blutvergießen geworden. Meine Truppen, Eure Brüder und Landsleute haben erst dann von der Waffe Gebrauch gemacht als sie durch viele Schüsse aus der Königsstraße dazu gezwungen wurden. ...
An euch, Einwohner meiner geliebten Vaterstadt ist es jetzt, größerem Unheil vorzubeugen. Erkennt ... den unseligen Irrtum! kehrt zum Frieden zurück, räumt die Barricaden die noch stehen hinweg, und entsendet an mich Männer, voll des ächten alten Berliner Geistes mit Worten wie sie sich Eurem Könige gegenüber geziemen, und ich gebe euch mein königliches Wort, daß alle Straßen und Plätze sogleich von den Truppen geräumt werden sollen und die militairische Besetzung nur auf die nothwendigen Gebäude, des Schlosses, des Zeughauses und weniger anderer ... beschränkt werden wird.

So komplett der Sieg der liberal-konstitutionellen Bewegung in Preußen schien, die neue Ordnung hatte von Anfang an wankelmütige Freunde und unversöhnliche Feinde. Zunächst ist unklar, wie ehrlich die Hinwendung des Königs zu konstitutionellen Prinzipien war. Er bedauerte den Umschwung rasch und schob anderen die Verantwortung zu. Am 13. 4. entschuldigte Friedrich Wilhelm im Gespräch mit Leopold von Gerlach (1790–1861) „seine Schwäche und sein Nachgeben; der Constitutionalismus hätte *wegen Deutschland* anerkannt werden müssen" und er habe „auf den ausdrücklichen Rath seiner Minister ... gehandelt." Die Gegner der Revolution hatten mehr Rückgrat: Viele Offiziere teilten die Ansicht des Prinzen Wilhelm, der seinen königlichen Bruder am 19. 3. als Schwätzer und Memme beschimpft hatte. Als Friedrich Wilhelm am 25. 3. seinen Gardeoffizieren versicherte, dass er „niemals freier und sicherer" gewesen sei als „unter dem Schutze meiner Bürger", erhob sich nach den Worten des jungen Otto von Bismarck (1815–98) „ein Murren und Aufstoßen von Säbelscheiden, wie es ein König von Preußen inmitten seiner Offiziere nie gehört haben wird". Einige hochkonservative und einflussreiche Höflinge machten sich sogleich daran, diese Verbitterung in einen Restaurationskurs umzumünzen. Männer wie der Adjutant Friedrich von Rauch (1790–1850), der General Leopold von Gerlach und der Gerichtspräsident Ernst Ludwig von Gerlach (1795–1877) bildeten die „Camarilla", eine Gruppierung informeller Berater des Königs, die versuchten, „die Strukturen monarchischer Autorität in Preußen wiederherzustellen" (D. E. Barclay). Als der König dem neu ernannten Ministerpräsident Camphausen am 29. 3. mitteilte, dass er nicht nach Berlin reisen, sondern in Potsdam bleiben werde, folgte er damit bereits dem Rat der „Camarilla". Die preußische Märzregierung begann ihre Arbeit am selben Tag wie ihr reaktionärer Widerpart.

Ludolf Camphausen (1803–90) war als Präsident der Kölner Handelskammer, anerkannter Spezialist in verkehrspolitischen Fragen und langjähriger Abgeordneter im rheinischen Provinziallandtag eine der beeindruckendsten Persönlichkeiten des rheinischen Liberalismus. Obwohl sich der Kölner Bankier und Stadtrat 1845 nachdrücklich für eine preußische Verfassung und 1847 für die Periodizität des Vereinigten Landtags ausgesprochen hatte, galt er als gemäßigter Befürworter einer liberalen Vereinbarungspolitik mit der monarchischen Obrigkeit. Aus Sicht des Königs erschien er daher als geeignet, das preußische Märzministerium zu leiten. Eingekeilt zwischen der radikalen preußischen Nationalversammlung und der reaktionären Hofpartei trat Camphausen jedoch schon am 20. 6. zurück. Kurz darauf ging er als Bevollmächtigter Preußens nach Frankfurt, wo er sich bis zum April 1849 energisch für eine preußische Führungsrolle in Deutschland einsetzte. Nach einer kurzen Mitgliedschaft in der Ersten Preußischen Kammer und im Erfurter Unionsparlament zog sich Camphausen ins Privatleben zurück.

3. Die Revolution im Deutschen Bund

„Was das Volk – und damit meinen wir alle Klassen, die hohen ebenso wie die niedrigen – verlangt", erklärte die Londoner „Times" in einem ihrer frühesten Artikel über die deutsche Revolution, „ist eine wirkliche, vereinigte Vertretung des ganzen deutschen Volks." In dieser kurzen Beobachtung legte der englische Korrespondent seinen Finger auf eine Kernforderung der Märzrevolution. Gewählte Vertreter des deutschen Volkes, so wurde erwartet, würden den Bund umgestalten und Deutschlands nationalstaatliche Einheit verwirklichen. Dadurch sollte der liberale Wandel in den Einzelstaaten einerseits abgesichert, andererseits nationalpolitisch überformt werden. Es galt, den Deutschen Bund – den alten Feind der liberal-nationalen Bewegung – durch einen geeinten, parlamentarischen Verfassungsstaat zu ersetzen. „Der *Nationalstaatsgedanke und der Parlamentsgedanke* waren hier unzertrennbar verbunden" (E. R. Huber).

Im Frühjahr 1848 wurde dieses Ziel auf zweifache Weise angestrebt. Zum einen drängte die Märzbewegung die Regierungen der Einzelstaaten dazu, sich für eine Reform des Bundes und die Einrichtung einer Nationalrepräsentation zu engagieren. Diese Bemühungen setzten noch vor Beginn der Märzrevolution mit dem Aufsehen erregenden Antrag Friedrich Bassermanns in der badischen Kammer ein. Am 12. 2. 1848 verlangte er von der großherzoglichen Regierung, „auf geeignete Weise dahin wirken zu wollen, daß zur Vertretung der deutschen Nation Ständekammern am Bundestag ... geschaffen werden". Am 24. 2. brachte Heinrich von Gagern in der hessischen Kammer einen ähnlichen Antrag ein. Dass die Schaffung eines deutschen Parlaments in den Kanon der klassischen Märzforderungen aufgenommen wurde, entsprach dieser Strategie, die von den liberalen Märzministerien unverzüglich umgesetzt wurde. Zum anderen machte sich die Märzbewegung daran, auch direkt – d. h. ohne das Dazwischentreten der einzelstaatlichen Regierungen – auf ein deutsches Parlament hinzuarbeiten. So ergab es sich, dass die Umgestaltung des Deutschen Bundes im März und April 1848 gleichzeitig von zwei parallelen, mitunter konkurrierenden Agenturen unternommen wurde: a) von Vertretern der Märzbewegung, die sich in verschiedenen Gruppierungen in Heidelberg und Frankfurt versammelten, und b) von einem gänzlich veränderten Bundestag.

a) Vom Heidelberger Treffen zum Fünfzigerausschuss

Am 5. 3. 1848 fanden sich auf Einladung Johann Adam von Itzsteins 51 führende südwestdeutsche und rheinische Liberale und Demokraten in Heidelberg ein. Die Politiker, die in die Universitätsstadt am Neckar kamen, repräsentierten beinahe das gesamte Spektrum der vormärzlichen Opposition. Mit Friedrich Hecker und Gustav von Struve waren die Radikaldemokraten ebenso vertreten wie die gemäßigten Konstitutionellen mit Heinrich von Gagern und David Hansemann. Ohne staatlichen Auftrag, ohne demokratische Legitimation, allein autorisiert durch ihren politischen Willen und durch die Kraft ihrer politischen Ideen, widmeten sich die „Heidelberger" der Aufgabe, die Errichtung eines deutschen Nationalparlaments auf den Weg zu bringen. Allerdings kam diesem Treffen aufgrund des Kalibers seiner Teilnehmer und der Zeitumstände eine besondere Bedeutung zu, die die einer bloßen Privatveranstaltung weit übertraf. Für den Verfassungshistoriker Ernst Rudolf Huber (1903–90) war die Versammlung „das erste vorkonstitutionelle, doch konstituierende Organ des werdenden deutschen Gesamtstaats". So standen das Heidelberger Treffen und seine in der „Deutschen Zeitung" veröffentlichte **Erklärung** am Beginn einer rasanten Entwicklung, die innerhalb von zehn Wochen zum Zusammentritt einer gewählten verfassungsgebenden Nationalversammlung führte. Über die Abfassung der Proklamation hinaus machten sich die 51 Politiker an die Vorbereitung einer größeren Versammlung. Aufgabe der in diesem „Vorparlament" versammelten Abgeordneten sollte es sein, über die Einrichtung eines Nationalparlaments „weiter zu berathen und dem Vaterlande wie den Regierungen ihre Mitwirkung anzubieten". Sogleich machte sich ein in Heidelberg gewähltes Komitee, der „Siebenerausschuss", daran, alle früheren und gegenwärtigen Mitglieder deutscher Landtage sowie eine Reihe weiterer Persönlichkeiten (z. B. Robert Blum) zur Tagung des Vorparlaments einzuladen.

Ganz so „einmüthig", wie es die Erklärung glauben machen wollte, war es in Heidelberg allerdings nicht zugegangen. Hecker und Struve hatten sich für die deutsche Republik ausgesprochen und forderten gemäß dem Prinzip der Volkssouveränität die uneingeschränkte Herrschaft des zu schaffenden Parlaments. Gagern und mit ihm die liberale Mehrheit der Heidelberger wollten hingegen ein konstitutionelles deutsches Kaisertum. Die Unterschiede, die im Herbst 1847 in den Programmen der Offenburger und Heppenheimer Treffen deutlich geworden waren, prallten nun unmittelbar aufeinander. Um einen Eklat zu verhindern, verzichtete die Heidelberger Versammlung darauf, sich in solch strittigen Verfassungsfragen festzulegen. Diese Entscheidungen sollten erst im Vorparlament und der Nationalversammlung gefällt werden. Trotz dieses Kompromisses hatten die Demokraten eine erste Niederlage erlitten. Zwar verfolgte die Heidelberger Versammlung durch die Einberufung des Vorparlaments, dessen „Mitwirkung" die Regierungen schwerlich ablehnen konnten, die Strategie direkter Aktion energisch weiter. Andererseits betonte die Heidelberger Erklärung jedoch nachdrücklich die entscheidende Bedeutung der Zusammenarbeit des Volkes mit den (monarchischen) Regierungen. Auch der Passage, die dazu aufrief, Deutschlands Throne mit einem „kräftigen Schutzwalle" zu umgeben, werden Hecker und Struve nur widerwillig zugestimmt haben. Allen Bemühungen der anwesenden Demokraten zum Trotz hatte die Heidelberger Versammlung einen „vorwiegend antirevolutionären Charakter" (M. Botzenhart). Diese Grundeinstellung spiegelte sich auch in der Zusammensetzung des Siebenerausschusses wider, der mehrheitlich von gemäßigten Liberalen (u.a. Heinrich v. Gagern, Friedrich Römer und Karl Welcker) besetzt war.

Der Zusammentritt des Vorparlaments am 31. 3. hätte hoffnungsfroher nicht sein können. „Frankfurt glänzte im Festschmuck; Teppiche und Kränze wandelten die Plätze zum Festsaal, es roch nach Frühling, der Taunus blaute von fern in seiner reinen Linie. Tannengrün schlang sich um die Ehrenpforten, es jubelte und böllerte, Schwarz-Rot-Gold strömte von den Dächern" (V. Valentin). Auf den 574 Vertretern des deutschen Volkes, die der Siebenerausschuss eingeladen hatte, ruhten gewaltige Erwartungen. Wie schon in Heidelberg war ein breites politisches Spektrum vertreten, das von Friedrich Hecker und Robert Blum bis zu Heinrich von Gagern und Friedrich Bassermann reichte, und wieder war die demokratische Linke mit ca. 30% der Vertreter deutlich in der Minderheit. Darüber hinaus hatten die persönlichen Einladungen und die Kürze der Zeit zu einer stark disproportionalen geographischen Verteilung der Vorparlamentarier geführt. Mit 304 Teilnehmern waren die nahe gelegenen südwestdeutschen Verfassungsstaaten Baden, Württemberg, Bayern, Darmstadt, Nassau und Kassel gegenüber Preußens 141 Deputierten (von denen zwei Drittel aus dem Rheinland kamen) stark überrepräsentiert. Österreich war nur mit zwei Abgeordneten vertreten, Mecklenburg hingegen mit 18. Noch ehe der Jubel und das Sich-Bekränzen ganz vorüber waren, brachen die in Heidelberg nur mühsam vertagten Konflikte offen aus. Unter der Führung Gagerns plädierten die Gemäßigten für die Annahme eines vom Siebenerausschuss erstellten Programms zur Bundesreform. Demzufolge sollte ein Bundesoberhaupt und -ministerium eingesetzt, der Bundestag in einen Senat umgewandelt und ein „Volkshaus" gewählt werden. Die Bereiche Außen-, Verteidigungs-, Handels-, und Verkehrspolitik sowie die Garantie der Grundrechte sollten künftig Bundesangelegenheiten sein. Diesem Vorschlag hielt Struve schon am Eröffnungstag des Vorparlaments ein radikaldemokratisches Verfassungsprogramm entgegen. Neben der Abschaffung der stehenden Heere, des Berufsbeamtentums, der individuellen Steuern und der Klöster forderte er die „Ausgleichung des Missverhältnisses zwischen Kapital und Arbeit" und die „Beseiti-

Erklärung der Heidelberger Versammlung (5. 3. 1848)
nach: Huber (Hrsg.): Dokumente zur deutschen Verfassungsgeschichte. Bd. 1, Nr. 73

Einmüthig entschlossen in der Hingebung für Freiheit, Einheit, Selbständigkeit und Ehre der deutschen Nation, sprachen Alle die Ueberzeugung aus, daß die Herstellung und Vertheidigung dieser höchsten Güter im Zusammenwirkung aller deutschen Volksstämme mit ihren Regierungen ... erstrebt werden müsse.
... Die Versammelten sprachen ihre Ueberzeugung von dem, was das Vaterland dringend bedarf, einstimmig dahin aus: ...
Die Versammlung einer in allen deutschen Landen nach Volkszahl gewählten Nationalvertretung ist unaufschiebbar, sowohl zur Beseitigung der nächsten inneren und äußeren Gefahren, wie zur Entwickelung der Kraft und Blüthe deutschen Nationallebens.
Um zur schleunigen und möglichst vollständigen Vetretung der Nation das Ihrige beizutragen, haben die Versammelten beschlossen:
Ihre betreffenden Regierungen auf das Dringendste anzugehen, sobald und so vollständig, als nur immer möglich ist, das gesammte deutsche Vaterland und die Throne mit diesem kräftigen Schutzwalle zu umgeben. ...
Eine Hauptaufgabe der Nationalvertretung wird jedenfalls die Gemeinschaftlichkeit der Vertheidigung und der Vertretung nach Außen sein, wodurch große Geldmittel für andere wichtige Bedürfnisse erspart werden, während zugleich die Besonderheit und angemessene Selbstverwaltung der einzelnen Länder bestehen bleibt.

gung des Notstandes der arbeitenden Klassen". Kernpunkt des Struve'schen Antrags war jedoch die „Aufhebung der erblichen Monarchie und Ersetzung derselben durch frei gewählte Parlamente, an deren Spitze gewählte Präsidenten stehen, alle vereint in der föderativen Bundesverfassung nach dem Muster der nordamerikanischen Freistaaten." Indem die beiden Lager den Vorschlag der Gegenseite jeweils durch das Argument torpedierten, das Vorparlament sei nicht befugt, der noch zu wählenden verfassungsgebenden Versammlung in einer solch fundamentalen Frage vorzugreifen, gelang es, diese Entscheidung ein weiteres Mal aufzuschieben.

Was die Grundsätze für die Wahlen zur Nationalversammlung betraf, so herrschte weitgehende Einigkeit. Das Wahlgebiet sollte neben dem Bundesterritorium auch Ost- und Westpreußen umfassen. Angesichts der im Vorparlament weit verbreiteten Sympathie für den polnischen Freiheitskampf, wurde die Frage der Zulassung der preußischen Provinz Posen zur Wahl offen gelassen. Die Gefühle gegenüber Dänemark hingegen waren ganz anders, und so wurde Schleswig dem Wahlgebiet zugeschlagen. In Österreich sollte nur in den bundeszugehörigen Gebieten (einschließlich Böhmens und Mährens) gewählt werden. Auch über das Wahlverfahren einigte man sich schnell. Alle „selbständigen" Männer sollten ihren jeweiligen Wahlkreiskandidaten in gleicher Mehrheitswahl direkt wählen. Die Wahlkreise sollten rund 50 000 Einwohner umfassen. Zwar wurde das qualifizierende Kriterium der „Selbständigkeit" später von den Staaten durchaus unterschiedlich und zum Teil sehr restriktiv ausgelegt, und fast alle Staaten machten von der Klausel Gebrauch, die ihnen erlaubte, wenn unbedingt notwendig ein indirektes Wahlverfahren einzuführen. Nichtsdestoweniger war dieses Wahlrecht, das der Bundestag am 7. 4. unverändert als Bundeswahlgesetz übernahm, nach den Maßstäben der Mitte des 19. Jahrhunderts erstaunlich demokratisch.

Die Übereinstimmung in der Frage des Wahlrechts konnte den Bruch zwischen konstitutionellem Liberalismus und demokratischem Radikalismus nicht verhindern.

Anlass hierzu war die Frage der Permanenz des Vorparlaments, für die sich Hecker und Struve leidenschaftlich einsetzten. Sie wollten durch eine bis zum Zusammentritt des Nationalparlaments dauernd in Frankfurt tagende Versammlung den Bundestag faktisch erdrücken und dem Vorparlament während dieses Zwischenstadiums die Funktionen eines Nationalparlaments übertragen. Da die demokratische Linke weder in den Märzregierungen noch im Bundestag vertreten war, stellte das Vorparlament ihre einzige institutionelle Machtbasis dar. Auch deswegen war die Permanenz dieser Versammlung für Hecker und seine Anhänger von entscheidender Bedeutung. Die Entscheidung des Vorparlaments, die Permanenz mit 356:142 Stimmen abzulehnen und damit die Fortdauer des Bundestags anzuerkennen, war somit ein schwerer Rückschlag für die Linke. Unbeirrt brachte der Radikale Franz Zitz (1803–77) am 2. 4. einen weiteren Antrag ein, der dem Bundestag den Todesstoß versetzen sollte. *Bevor* die Bundesversammlung sich der Vorbereitung der Nationalversammlung widme, so forderte Zitz, möge sie sich von den „verfassungswidrigen Ausnahmenbeschlüssen" von 1819 und 1832/4 lossagen „und die Männer aus ihrem Schoß entfernen, die zur Hervorrufung und Ausführung derselben mitgewirkt haben". Die Annahme dieses Antrags hätte den Bundestag kompromittiert und handlungsunfähig gemacht. Die moderate Mehrheit parierte diese Attacke mit aufreizender Eleganz. Durch Veränderung eines einzigen Wortes gelang es Bassermann, das Vorhaben zu entkräften. Nachdem das Wort *„bevor"* durch *„indem"* ersetzt worden war, ging der Antrag mit großer Mehrheit durch, woraufhin der Bundestag die verhassten Beschlüsse unverzüglich kassierte. Nach dieser weiteren Niederlage verließ Hecker das Vorparlament. Allerdings folgten ihm nur ca. 40 Abgeordnete; Männer wie Blum, Raveaux, Jacoby und Itzstein – die gemäßigte Linke – blieben.

In der Frage der Permanenz wurde eine für Hecker ähnlich enervierende Kompromisslösung gefunden. Zwar löste sich das Vorparlament am 3. 4. auf, aber ein Ausschuss von 50 Abgeordneten blieb bis zur Eröffnung der Nationalversammlung in Frankfurt, um „die Bundesversammlung bei Wahrung der Interessen der Nation ... selbständig zu beraten". Die schon in der Heidelberger Erklärung verwandte zweigleisige Strategie – Verpflichtung des Bundestags bei gleichzeitiger eigener Aktion – fand hier ihre Fortsetzung. Als die Stimmen ausgezählt waren, stellte sich heraus, dass die eiligst ins Vorparlament zurückgekehrten Hecker und Struve die Wahl verpasst hatten. Die Dramaturgie war perfekt: Hecker kam auf den 51. Platz. Damit war die äußerste Linke aus dem „legalen", von der Mehrheit der politischen Klasse sanktionierten Revolutionsprozess ausgegrenzt. Angesichts des erklärten Willens der Versammlung, den „Fünfzigerausschuss" paritätisch zu besetzen, erschien die Ausgrenzung gerade der maßgebenden Oppositionsführer schon den Zeitgenossen als wenig staatsmännische Machtdemonstration seitens der Mehrheit. Durch eine Einbindung Heckers und Struves hätte viel Unheil verhindert werden können. Wer in Frankfurt Gremienarbeit verrichtet, marschiert nicht in Stulpenstiefeln auf Donaueschingen.

b) Die Reformtätigkeit des Bundestags

Gemessen an seiner traditionellen Unbeweglichkeit kam der Bundestag im Frühjahr 1848 erstaunlich schnell aus den Startblöcken. Bereits am 29. 2. stellte er fest, dass die Auswirkungen der französischen Februar-Revolution auf Deutschland „augenscheinlich in den vielfachsten und wichtigsten Beziehungen ebenso unmittelbar als tief seyn" werden und erwog, „welche Maaßregeln sich bei dem dermaligen Zustande der Dinge als räthlich und als nöthig erweisen". Zwecks „beschleunigter Berichterstattung" wurde ein Ausschuss eingesetzt. Drei Tage darauf verblüffte der Bundestag die Öffentlichkeit, indem er allen Einzelstaaten freistellte, die Pressefreiheit einzuführen. Schon am 8. 3. legte der neue Ausschuss einen Bericht vor. Der badische Gesandte von Blittersdorf begann unverblümt: „Die Beleuchtung der innern Lage des Deutschen Bundes muß der Ausschuß mit der betrübenden Bekenntniß beginnen, daß der Deutsche Bund und sein Organ, die Bundesversammlung, längst schon das allgemeine Vertrauen in ihre gedeihliche Wirksamkeit verloren haben." Nach einer Klage über die „mangelhafte und ungenügende" Bundesverfassung schloss Blittersdorf, dass, „wenn Deutschland einig, stark und friedlich bleiben soll", die Verfassung des Bundes einer „Revision auf breiter nationaler Grundlage" unterzogen werden müsse. Der Bundestag stimmte zu und beauftragte den Ausschuss, „gutachtlichen Vortrag über die Art und Weise, wie diese Revision zur Ausführung zu bringen sey, unverzüglich zu erstatten." Von nun an folgten die Reformbeschlüsse Schlag auf Schlag: Am nächsten Tag wurde die schwarz-rot-goldene Trikolore zur Bundesflagge erklärt. Am 10. 3. beschloss der Bundestag, „sämtliche Bundesregierungen einzuladen, Männer des allgemeinen Vertrauens ... alsbald (spätestens bis zum Ende dieses Monats) mit dem Auftrage hierher abzuordnen, der Bundesversammlung und deren Ausschüssen zum Behufe der Vorbereitung der Revision der Bundesverfassung mit gutachtlichem Beirath an die Hand zu gehen".

Die plötzliche Reformbereitschaft des Frankfurter Bundesorgans ist mit Vorsicht zu bewerten. Die Änderungen des Bundesrechts wurden nach 1851 schnell wieder zurükkgenommen. „Es war ein Kampf der Verzweiflung um das letzte Ansehen, um die Existenz", urteilte Veit Valentin: „So begann der Bundestag, als ein alter abgetriebener Gaul, das Wettrennen mit dem jugendlich schäumenden Rosse der deutschen Freiheitsbewegung." Dieses Losgaloppieren war umso verdächtiger, als zu diesem Zeitpunkt noch alle Bundestagsgesandten Produkte des vormärzlichen Systems waren. Der erste neu ernannte Gesandte, der Badener Karl Welcker, trat seinen Posten am 14. 3. an, und überhaupt waren, als der Bundestag am 8. 3. die Revision der Bundesverfassung beschloss, erst zwei Märzministerien (in Hessen-Darmstadt und Württemberg) im Amt. Vor allem die Linke war entschlossen, in diesem Rennen nicht zurückzufallen und trat dem Bundestag mit misstrauischer Feindseligkeit entgegen. Die Forderung nach der Permanenz des Vorparlaments und der Antrag des Abgeordneten Zitz erklären sich ebenso aus diesem Zusammenhang wie die bissige Attacke des Radikalen August Vogt (1817–95) gegen den Bundestagsgesandten Welcker, der zugleich Mitglied des Vorparlaments war. „Der Herr Abgeordnete oder vielmehr der Herr Bundestagsgesandte Welcker ...", begann Vogt und löste mit dieser implizierten Unterstellung Empörung aus. Jedoch traf der Reformeifer des Bundestags auch am anderen Ende des politischen Spektrums auf Ablehnung. „Der Bundestag scheint total die Besinnung verloren zu haben", schrieb der preußische Außenminister Karl von Canitz (1787–1850) am 12. 3.: „Der politische Ausschuß hat ein Verdammungsurteil *contra se ipsum* ausgesprochen. Es versteht sich von selbst, daß wir uns nicht zu diesem Monolog bekennen." Eine Woche später hatte die Revolution auch in Berlin triumphiert.

In den folgenden Wochen setzte sich das Wettrennen zwischen den Bundesinstitutionen und den inoffiziellen Gremien (Heidelberger Treffen, Siebenerausschuss, Vorparlament, Fünfzigerausschuss) der Märzbewegung fort. Allerdings veränderte sich durch die Umbesetzung des Bundestags und die Ankunft der 17 „Vertrauensmänner" der personelle Charakter der Bundesversammlung. Bald war auch sie fest in der Hand des gemäßigten Liberalismus. Österreichischer Bundestagsgesandter wurde am 14. 5. Anton von Schmerling (1805–93). Preußen war seit dem 5. 5. durch Karl von Usedom (1805–84) vertreten. Aus Hessen-Kassel kam am 10. 4. der Staatsrechtsprofessor Sylvester Jordan. Als Vertrauensmänner fungierten einige der prominentesten Liberalen der Zeit: **Friedrich Christoph Dahlmann**, der Dichter Ludwig Uhland (1787–1862), Friedrich Bassermann, der Historiker Johan Gustav Droysen (1808–84) und der Herausgeber der „Deutschen Zeitung" Georg Gottfried Gervinus. Obwohl am 30. 3. erst neun der 17 Vertrauensmänner in Frankfurt eingetroffen waren, schritt man unverzüglich zur Tat. Zusammen mit den Vertrauensmännern rief der Revisionsausschuss des Bundestags die deutschen Regierungen zur Abhaltung von Wahlen für eine verfassungsgebende Nationalversammlung auf. Die Zeit hatte gedrängt, denn bereits am nächsten Tag wurde das Vorparlament eröffnet. Den Entscheidungen dieser Versammlung folgend änderte der Bundestag eilends die Wahlordnung und hob die repressiven Bundesgesetze von 1819 und 1832/4 auf. Unmittelbar nach Schließung des Vorparlaments begann das Gremium aus Vertrauensmännern und Revisionsausschuss unter der Führung Dahlmanns mit der Ausarbeitung eines Verfassungsentwurfs. Schon am 27. 4. lag dem Bundestag das Ergebnis dieser Beratungen vor.

Friedrich Christoph Dahlmann (1785–1860), der politisch aktive und national gesinnte Historiker, der seit 1812 an der Kieler Universität lehrte, engagierte sich mit Nachdruck in der schleswig-holsteinischen Frage und der deutschen Einheitsbewegung. Als Professor in Göttingen (seit 1829) war der Autor der Abhandlung „Die Politik auf den Grund und das Maß der gegebenen Zustände zurückgeführt" (1835), eines Schlüsseltextes des deutschen Verfassungsliberalismus, am Entwurf der Hannoverschen Verfassung beteiligt, die er 1837 als Führer der „Göttinger Sieben" auf Kosten seiner Professur verteidigte. Fünf Jahre später erhielt er einen Ruf nach Bonn. Seine Reaktion auf die Nachrichten aus Paris war kennzeichnend für die Haltung vieler Liberaler im März 1848: „Sofort und alles, was die konstitutionelle Monarchie ausmacht, aber keinen Fußbreit weiter." Als preußischer „Vertrauensmann" und im Vorparlament setzte sich Dahlmann schon im Frühjahr 1848 intensiv für dieses Programm ein, das er im Verfassungsausschuss der Nationalversammlung weiterverfolgte. Im März/April 1849 war er Mitglied der Deputation, die dem preußischen König erfolglos die Kaiserkrone antrug. Nach seinem Ausscheiden aus der Nationalversammlung im Mai 1849 nahm Dahlmann an der Gothaer Versammlung pro-preußischer Liberaler teil, war Mitglied der 1. Preußischen Kammer und des Erfurter Unionsparlaments.

Der „Siebzehnerentwurf" war eine beachtliche Leistung. In weniger als vier Wochen war es den Kommissionsmitgliedern gelungen, ein präzise abgefasstes Dokument zu erstellen, dem alle späteren deutschen Verfassungen verpflichtet sind. Erfolg war diesem sorgfältig abgewogenen Vorschlag nicht beschieden. Der Siebzehnerentwurf war „ein tot geborenes Kind" (M. Botzenhart). Selbst im April und Mai 1848 fühlten sich die deutschen Einzelstaaten stark genug, ein von einer so schmalen Basis getragenes Konzept eines deutschen Bundesstaats zu verwerfen. Der österreichische Bundestagsgesandte tat den Entwurf als „Chimäre" ab. Bayern und Hannover reichten Gegenvorschläge ein. Ausschlaggebend war jedoch die Haltung Friedrich Wilhelms IV., der seine Ablehnung in vier Schreiben an Dahlmann ausführlich begründete. Sollte Preußen die Kaiserkrone, die Österreich zustehe, von fürstlicher Seite angeboten werden, schrieb der König am 3. 5. werde er sie ablehnen. „Das Anbieten von Seite des Volks ... wäre aber mehr als Gefahr. Es wäre der Beweis der vollendeten Auflösung Teutschlands, wenn es gegen der Fürsten Meinung und Willen geschieht und wäre wahrscheinlich mit Kanonen zu beantworten." Damit war an eine Nationalstaatsgründung quasi im Vorgriff auf den Zusammentritt der Nationalversammlung nicht mehr zu denken.

4. Die „elementare“ Revolution

Für die große Menge der deutschen Bevölkerung war die zentrale Erfahrung der Märzrevolution der Zusammenbruch der disziplinierenden Macht des vormärzlichen Obrigkeitsstaats. Das Frühjahr 1848 brachte einen Freiheitsrausch, in dem sich verschiedene Gruppen auf einmal befähigt fühlten, ihre Interessen offen auszusprechen und zu verwirklichen. Wie die Elberfelder Arbeiter, die „Fressefreiheit“, nicht „Pressefreiheit“ gefordert hatten, sahen viele Menschen konstitutionelle und nationalpolitische Anliegen nicht als ihr dringendstes Problem. „Für die unteren Klassen bedeutete Freiheit vor allem das Recht, die sozialen Spannungen, die sie während der Jahrzehnte des Vormärz erlebt hatten und die durch die Wirtschaftskrise seit 1845 verschärft worden waren, in ungehemmter Weise zu lösen“ (J. Sperber). Die zahlreichen Versuche von Handwerkern, Arbeitern, Bauern und Landarbeitern, unter den neuen freiheitlichen Rahmenbedingungen des Jahres 1848 ihre jeweiligen sozialen Fragen in ihrem Sinne zu beantworten, bildeten eine separate revolutionäre Sphäre. Diese unterbürgerliche, „elementare“ Revolution unterschied sich in vielerlei Hinsicht von der Verfassungs- und Nationalrevolution des liberalen Bürgertums. „'Nation' war für sie noch keine Legitimationsinstanz und der Nationalstaat nicht ihr Handlungsraum“. Obwohl die elementare Revolution eine beachtliche Protestaktivität entwickelte (Tab. 2), hat sie spätere Geschichtsbilder nur wenig beeinflusst, da sie – trotz ihrer zahlreichen Erfolge – keine dauerhaften, rechtlich und institutionell untermauerten Politikformen schuf. Ohne Zentrum, mit uneinheitlichen Zielen, „verankert in den disparaten lokalen Lebenswelten“ (D. Langewiesche) ist sie über lange Zeit vernachlässigt worden.

Bei aller Unterschiedlichkeit der Zielsetzungen, Aktionsformen, Trägerschichten und Nachwirkungen waren die beiden revolutionären Sphären – die Verfassungs- und Nationalrevolution einerseits und die elementare Revolution andererseits – eng miteinander verbunden. Wie das Sozialprofil der Märzgefallenen (Tab. 3) zeigt, waren die Triumphe des Frühlings zum Großteil mit dem Blut von Handwerkern und Arbeitern erkauft worden. In Wien siegte die bürgerliche Revolution dank des Eingreifens der proletarischen Schichten. Metternich trat zurück, als die Vorstädte in Flammen aufgingen. Von den ca. 900 Berlinern, die zwischen dem 13. und 19. 3. vom Militär getötet, verletzt oder verhaftet wurden, gehörten mehr als 85% den Unterschichten an. Auch die ländliche Bevölkerung war ein wichtiger Faktor für den Erfolg der Märzbewegung. Als Herzog Adolf von Nassau am 4. 3. weitgehende liberale Zugeständnisse machte, tat er dies, nachdem mehr als 30000 Bauern nach Wiesbaden gekommen waren, um ihre Forderungen durchzusetzen. Überall hing der Erfolg der Nationalrevolution von dem Druck ab, den die elementare Revolution verursachte. „Die Märzrevolution“, erklärte der im November 1848 hingerichtete Demokrat Hermann Jellinek (1812–48), „war das große Werk der Volksmassen.“ Andererseits eigneten sich

Tab. 2 Protestaktionen in Deutschland (März–April 1848)

Strukturgruppe	**Zahl**	**in %**
Bauernaktionen	85	17,4
agrarische Unterschichten	88	18,0
städtische Unterschichten	94	19,2
Handwerkeraktionen	6	1,2
Arbeitskonflikte	49	10,0
politische Aktionen	150	30,7
verschiedene	17	3,5

(Nach: M. Gailus: „Soziale Protestbewegungen in Deutschland 1847–1849, S. 98.)

Tab. 3 Sozialprofile der Wiener und Berliner Märzgefallenen

Wien (48 Gefallene)	**Berlin (303 Gefallene)**
1 Lehrer	15 „gebildete Stände"
2 Studenten	
1 Professorengattin (unbeteiligt)	
4 Handwerksmeister (Essigsieder, Hutmacher, Schuster, Tischler)	29 Meister
1 Hausmeister	
34 Handwerksgesellen, Tagelöhner, Lehrjungen	214 „Arbeitsleute und Proletarier", Gesellen, Lehrlinge, Diener, Kleinhändler
	4 berufslose Knaben
3 Frauen (Dienstmagd, Wäscherin, Pfründnerin)	7 berufslose Frauen
2 Unbekannte	34 nicht eindeutig Identifizierte

(Nach: Häusler: *Von der Massenarmut*, S. 149 und Siemann: *Die deutsche Revolution*, S. 69.)

Handwerker, Arbeiter, Bauern und Landarbeiter schnell die Methoden und Formen der bürgerlich-liberalen Revolutionäre an, um ihre frühen Errungenschaften zu konsolidieren.

a) Arbeiter, Handwerker und städtische Unterschichten

Nach zwei Missernten hatte das Jahr 1847 endlich eine „Normalernte" gebracht. Die Nahrungsmittelpreise im Revolutionsjahr waren gegenüber dem katastrophalen Vorjahr beträchtlich gesunken. In Preußen kostete der Scheffel Roggen durchschnittlich nur noch 38 Silbergroschen (1847: 87). Weizen war für 62 Silbergroschen zu haben (1847: 110), und der Kartoffelpreis war von 30 auf 17 Silbergroschen gefallen. Damit war die größte Not vorüber. Die städtischen Protestaktionen der elementaren Revolution können daher nicht als bloße Brotkrawalle verstanden werden. Schon auf dem Höhepunkt des Elends waren es kaum die wirklich Verhungernden gewesen, die sich an Unruhen beteiligt hatten. Vielmehr revoltierten diejenigen, die noch etwas zu verlieren hatten und sich bedroht fühlten: Handwerker, Gesellen und Klein(st)händler. Die Hauptakteure der städtischen Revolutionen des März 1848 hatten sich also bereits vorher herauskristallisiert. So vielfältig die sozialen Notlagen und aufgestauten Konflikte waren, von denen die Lebenserfahrung der (vor allem städtischen) Gewerbetreibenden und Armen bestimmt war, als so vielfältig erwiesen sich auch die Formen und Adressaten ihres revolutionären Protests. Hier sollen lediglich zwei charakteristische, an zahlreichen Schauplätzen auftretende Motive angesprochen werden. Eine überall zu beobachtende Form der Auflehnung war der Konflikt mit den staatlichen Herrschaftsorganen. Viele Menschen nutzten die Gelegenheit, die ihnen die revolutionäre Situation bot, um sich für eine jahrzehntelange, als ungerecht und schikanös empfundene Verwaltungspraxis zu rächen. Ein weiterer Fokus für die Forderungen und Aktionen der elementaren Revolution war der Gesamtkomplex des Erwerbslebens: Arbeitslosigkeit, Löhne, Arbeitsbedingungen, Maschineneinsatz.

Die staatlichen Geldeintreiber – Finanzbeamte und Zöllner – bekamen früh zu spüren, dass sich die Zeiten geändert hatten. Unmittelbar nach der Kapitulation des preußischen Königs attackierten Vertreter der städtischen Unterschichten das Haus des Aachener Bürgermeisters, weil er sich angeblich nicht gegen die verhasste preußische Schlacht- und Mahlsteuer eingesetzt hatte, die an den Stadttoren zu entrichten war. In Trier wurden die Torwächter von der Menge gezwungen, die Eintreibung der Steuer aufzugeben. In Wien wurde ein Verzehrungssteueramt zerstört, in Graz ein Mauthaus. In Kaldenkirchen an der niederländisch-preußischen Grenze, wo die Schmuggelei ein allgemeiner Erwerbszweig war, fühlten sich die preußischen Zöllner so von der Bevölkerung bedroht, dass sich 47 von ihnen im Zollhaus verbarrikadierten, was die Schmuggelei entschieden vereinfachte. Auf Druck der Bevölkerung wurden schließlich einige als übermäßig streng verschrieene Zollbeamte versetzt, aber trotz dieser Beschwichtigungsgeste und des Einsatzes von Truppen konnten im gesamten Frühjahr keine Zölle erhoben werden. Staatliche Ordnungsorgane gerieten ähnlich ins revolutionäre Kreuzfeuer. Die Bevölkerung der Wiener Arbeitervorstädte demolierte ein Polizeikommissariat und ein Amtshaus. In Aachen, Düsseldorf, Eupen, Mainz und Trier brachen Kämpfe zwischen preußischen Truppen und der Bevölkerung aus. Mitte April fegte eine aus Aachener Handwerkern, Tagelöhnern und Arbeitern bestehende Menge die Bürgerwehr von den Straßen und erzwang die Versetzung besonders verhasster Militäreinheiten nach Eupen (wo es zu weiteren Unruhen kam).

Der Gesamtkomplex Arbeit und Erwerb war ein zweiter Brennpunkt revolutionärer Aktivitäten. Die Protestaktionen und Gewalttaten richteten sich einerseits gegen verschiedene Aspekte einer als ungerecht und schädlich empfundenen gewerblichen Modernität und zielten auf die Wiederherstellung des „alten Rechts". An vielen Orten ereigneten sich Maschinenstürmereien. Die größte Bekanntheit erlangten die Vorfälle in Solingen, wo Metallarbeiter am 16. 3. 1848 einige kleinere Gießereien zerstörten. Danach kehrten sie in die Stadt zurück, um sich zu beraten und zogen schließlich vor die seit langem verhasste Fabrik Josua Hasenclevers, die sie in den frühen Morgenstunden dem Erdboden gleichmachten. Dies war beileibe kein Einzelfall. In Wien zogen Handwerker durch die Vorstädte, um mechanische Webstühle und Stoffdruckmaschinen („Perrotinen") zu zerschlagen. Am 5. 4. 1848 wurde die Bahnverbindung Frankfurt–Biebrich zerstört. Kutscher, Schiffer und Schauerleute, die die Eisenbahn als Konkurrenz sahen, schleppten die Schienen von den Bahndämmen, beschädigten das Stationshaus und rissen eine Brücke ein. Am nächsten Morgen zog ein weiterer Trupp mit Hacken los, um die Arbeit zu beenden. Auch Mannheim, Hanau, Schmalkalden und Salzungen wurden Schauplätze von Maschinenstürmereien. Die zahlreichen Petitionen, die zwischen März und Mai 1848 von Berliner Handwerkern und Gesellen eingereicht wurden, ließen ein ähnlich gespanntes Verhältnis zu modernen Gewerbeverhältnissen und eine „weiterbestehende Fixierung auf überkommene Zunftideale" (R. Hachtmann) erkennen. 40% der petitionierenden Arbeiter und Gesellen forderten eine Beschränkung der Zahl von Lehrlingen durch amtliche Regulierung oder wiederhergestellte Zünfte. Andere Bittschriften drangen auf die Nichtzulassung nichtzünftiger Meister und die Begrenzung des Maschineneinsatzes. Auch Frauenarbeit war suspekt. 14 verschiedene Berufsgruppen verlangten, dass sie verboten oder zumindest eingeschränkt werde. Es habe sich „noch selten ergeben", erklärten Berlins Seidenwirker über die Arbeit von „Frauenzimmern", dass „hieraus Vortheile für den Hausstand erwachsen".

Neben diesen rückwärts gewandten Anliegen formulierten die Arbeiter auch Forderungen, die auf die Verbesserung der sich rapide verschlechternden wirtschaftlichen Lage zielten. 38 Berliner Berufsgruppen wollten kürzere Arbeitszeiten, 35 eine Lohnerhöhung oder einen garantierten Mindestlohn. Ende Mai fanden sich rund 800 Arbeiter vor dem Haus des Handelsministers Robert von Patow (1804–90) ein und verlangten unter Gewaltandrohung die Schaffung neuer Arbeitsplätze. Das Notstandsprogramm des Berliner Magistrats, der 5500 Arbeiter für Erdarbeiten (in den „Rehbergen"), den Kanalbau und den Abbruch der Moabiter Pulvermühle eingestellt hatte, reichte offenbar nicht aus. Je länger die revolutionäre Phase andauerte, umso mehr verlagerte sich das Schwergewicht der Aktionen der Arbeiter und Handwerker von der Androhung und Anwendung von Gewalt zur organisatorischen Formierung der frühen Arbeiterbewegung. Bereits am 11. 4. gründeten 28 Gesellen-, Arbeiter- und Angestelltengruppen in Berlin das „Central-Comité der Arbeiter", um die „Interessen der Arbeiter untereinander und mit dem Staate" zu vermitteln und die „allgemeinen Arbeiterinteressen" durchzusetzen. **Stephan Born**, der Präsident des Komitees, sah in der neuen Vereinigung ein „Arbeiterparlament", das den Berliner Lohnabhängigen ein gemeinsames Forum gab. Die Schaffung einer organisierten Interessenvertretung, die sich in vergleichbaren Formen auch in Wien und Köln beobachten ließ, erlaubte den Arbeitern, die ihre Anliegen noch im März und April in devoten Bittschriften vorgebracht hatten, genauso selbstbewusst aufzutreten, wie die wohlorganisierte liberal-konstitutionelle Bewegung. „Der Sturz des Polizeistaats, der Bevormundung hat auch uns, den Kindern der Not und Entbehrung, die Mündigkeit gegeben", schrieb Born in einem programmatischen Aufsatz am 19. 4. 1848.

Stephan Born (1824–98), ein bildungshungriger und sozialpolitisch engagierter Schriftsetzer, setzte sich schon früh kritisch mit der bürgerlichen Arbeiterwohlfahrt auseinander. Auf Reisen nach Leipzig, Brüssel und Paris traf er 1847/8 führende Vertreter der politischen Linken (Blum, Engels, Marx). Obwohl er im Auftrag des „Bundes der Kommunisten" als Agitator tätig war, blieb er dem Gedanken einer friedlichen Gesellschaftsreform verpflichtet. Nach Berlin zurückgekehrt trat er als Präsident des „Zentralkomitees" an die Spitze der Arbeiterbewegung. In dieser Funktion berief er den von mehr als 30 Arbeiterverbindungen beschickten „Arbeiterkongress" (23. 8.–3. 9. 1848) nach Berlin ein, auf dem die „Deutsche Arbeiterverbrüderung" gegründet wurde. Als Vorsitzender des in Leipzig angesiedelten Zentralkomitees der Arbeiterverbrüderung machte der pragmatische und politisch begabte Born aus dieser lockeren Arbeiter-Förderation eine effektive außerparlamentarische Opposition und entfaltete eine rege Petitions- und Bildungsarbeit. Trotz seines Eintretens für eine „legale" Revolution nahm er 1849 an den Kämpfen in Dresden und der Pfalz teil und musste anschließend ins schweizerische Exil fliehen. Zuletzt wirkte er als Honorarprofessor für Literatur an der Universität Basel.

Das neue Selbstbewusstsein der Arbeiter war eingebettet in die Entwicklung einer neuen Politikform, der „Straßenpolitik". Der Historiker Manfred Gailus versteht darunter „die kollektive Inbesitznahme des Straßenraums (der öffentlichen Räume) für die Artikulation von Beschwerden, für die Ausbildung von Gruppenidentitäten durch Beratung und Selbstdarstellung und letzthin für die Durchsetzung eigener Zielvorstellungen". In die Rubrik „Straßenpolitik" fielen nicht nur Großveranstaltungen mit Bezug auf die dominanten politischen Fragen, wie die Mannheimer Volksversammlung, die Debatten in den Berliner „Zelten" oder die Barrikadenkämpfe. Auch alte Rügebräuche wie „Katzenmusiken", Haberfeldtreiben und Charivaris lebten wieder auf und wurden nun politisch aufgeladen. Protestgruppen zogen mehr oder weniger spontan vor die Häuser missliebiger Individuen, um sie zu beschimpfen und zu verhöhnen. Empfänger so ungewollter Aufmerksamkeiten waren zumeist Honoratioren, Amtsträger und andere Autoritätspersonen: Bürgermeister, Richter, Pfarrer, Fabrikanten, Gendarmerieoffiziere, Bauräte, aber auch Bäcker und Lebensmittelhändler. In Berlin herrschte im Frühsommer 1848 eine veritable Katzenmusikwelle. In einer einzigen Woche im Mai wurden 15 solcher Veranstaltungen abgehalten. Ludolf Camphausens Amtssitz wurde an drei aufeinander folgenden Tagen heimgesucht. Ein solches „Aufblühen einer unterbürgerlichen Gegenöffentlichkeit" (D. Langewiesche) ermöglichte es auch den Schichten, politisch aktiv zu werden, die bisher als politikunfähig gegolten hatten.

Bürgerlich-liberale Kreise hingegen lehnten solche Formen der Politisierung öffentlicher Räume als unzivilisiert und planlos ab. Ihnen erschienen die Protestaktionen der elementaren Revolution als Ausdruck von „Pöbelherrschaft" und Gesetzlosigkeit, wobei überzogene bürgerliche Ängste vor sozialem Umsturz und der Herrschaft des Proletariats in keinem realistischen Verhältnis zu den tatsächlich relativ moderaten Zielen der jungen Arbeiterbewegung standen. Unterbürgerliche „Straßenpolitik" erwies sich somit als zweischneidiges Schwert. Einerseits bot sie auch bisher davon ausgeschlossenen Bevölkerungskreisen Möglichkeiten zur politischen Partizipation. Andererseits verprellte sie die Träger der National- und Verfassungsrevolution, die republikanischen und sozialreformerischen Ideen zunehmend ablehnender gegenüberstanden. Die im März siegreiche Koalition von elementarer und nationaler Revolution begann auseinander zu brechen. „Der Mannheimer Bürger kann mit seinem Pöbel nicht fertig werden", konstatierte Karl Mathy im August 1848. So trugen die politischen und sozialen Partizipationsforderungen der städtischen Unterschichten „maßgeblich dazu bei, daß große Teile des Bürgertums auf die Verteidigung der Errungenschaften der bürgerlichen Revolution verzichteten, aus Angst vor der sozialen" (F. Lenger).

b) Bauern und ländliche Unterschichten

Einige konservative Zeitgenossen wollten in der Landbevölkerung ein zutiefst antirevolutionäres Element erkannt haben. Der Bauer „hat den natürlichen Damm gebildet gegen das Ueberfluthen der französischen Revolutionsdoctrin in die unteren Volksschichten", lobte der Historiker Wilhelm Heinrich Riehl (1832–97) in einem 1851 veröffentlichten Werk. Nicht die Revolution insgesamt, sondern die Bauern seien vor den Thronen stehen geblieben und hätten Hecker mit der Erklärung abgewiesen, „sie hätten jetzt keine Zeit, sie müssten ihre Felder bestellen". Dieses Bild eines treudeutsch-ehrerbietigen Bauernstandes, der gegen französische Einflüsterungen immun war und lieber pflügte als revoltierte, hat späterer Forschung nicht standgehalten. Tatsächlich erlebten weite Teile Deutschlands im Frühjahr 1848 intensive ländliche Revolutions- und Petitionsbewegungen. Entgegen älterer Annahmen kehrten diese Revolutionäre auch nicht nach einer kurzen Eruption wieder zu einem Leben apolitischen Ackerbaus zurück. Vielmehr verfestigte sich ein Grad der Politisierung, der sich unter anderem in der Entwicklung eines ländlichen Vereinswesens manifestierte. Das Muster der agrarischen Unruhen entsprach den durchaus unterschiedlichen Besitz-, Wirtschafts- und Rechtsverhältnissen. Je nach Landausstattung gab es Vollerwerbsbauern, Nebenerwerbsbauern und Tagelöhner. Der Grad der agrarkapitalistischen Entwicklung schied Höfe mit positiver Marktquote von Subsistenzwirtschaften und auf Zukauf angewiesenen Betrieben. Der Stand der Grundentlastung (von feudalen Pflichten) zog die dritte Trennlinie; im Rheinland war sie am weitesten fortgeschritten. In Mecklenburg hatte ein groß angelegtes Aufkaufen bäuerlichen Landes seitens des Adels kaum noch Bauern übrig gelassen. In Schlesien, wo die Bauernbefreiung stecken geblieben war, existierten noch manche adlige Vorrechte, und auch die süddeutschen Standesherren hatten viele Privilegien erfolgreich verteidigt. Aus der Verschränkung dieser Differenzierungsebenen ergaben sich zwei hinsichtlich Geographie, Trägerschicht und Zielsetzung verschiedene agrarische Bewegungen: die bäuerlichen Revolten in Südwest-, Süd- und Mitteldeutschland sowie die unterbäuerlichen Protestaktionen im Norden und Osten des Landes.

Im deutschen Süden und Südwesten verliefen die Fronten in der Hauptsache zwischen bäuerlichen Dorfgemeinden einerseits und den Standesherren und dem feudalen Kleinadel andererseits. Die trotz der Bauernbefreiung verbliebenen feudalrechtlichen Lasten – lächerlich anmutende, aber nichtsdestoweniger drückende Verpflichtungen wie die Abgabe der Fastnachtshühner, das Kelterprivileg, der Fischfangzins, die Spinn-, Weg-, Taubenschlag- und Abzugsgelder, die Brauerei- und Jagdrechte – hatten bei den freien Bauern einen beachtlichen Groll entstehen lassen, der sich im März 1848 entlud. Die Unruhen begannen zunächst mit der demonstrativen Missachtung herrschaftlicher Vorrechte: Wild wurde abgeschossen, Bäume gefällt. Wenig später wandten sich die Bauern gegen die Vertreter der Herrschaft. Sie setzten Schultheißen ab, verjagten Förster und bedrohten Verwalter. Der Zorn, der sich oft in Katzenmusiken Luft machte, richtete sich zudem gegen „Wucherer" und Händler, wobei es auch zu hässlichen antisemitischen Übergriffen kam. Sodann rotteten sich mehrere Dorfgemeinden zusammen, um gegen einen Feudalherren vorzugehen. Sie zogen los, plünderten Rentämter, steckten Archive und gelegentlich – wie etwa am 5./6. 3. im hohenlohischen Niederstetten – auch einmal ein Schloss in Brand, bedrohten Beamte und zwangen die Herrschaft zu Zugeständnissen: Verzicht auf Abgaben, Jagdprivilegien, Holzrechte, Gerichtshoheit und die Ernennung von Dorfschulzen. Oftmals ließen sich die Bauern diese Versprechungen anschließend schriftlich ausfertigen. Unruhen, die diesem Muster folgten, verbreiteten sich mit rasender Geschwindigkeit über Nordbaden, den mittleren Neckar, die Alb, den Südschwarzwald, Hessen, den Odenwald, die Rhön, das Rhein-Main-Gebiet und Franken.

Mächtigere Feudalherren – wie die Fürsten Fürstenberg, Leiningen und Oettingen-Wallerstein oder der Herzog von Nassau – sahen sich mit umfangreicheren Aktionen konfrontiert. In den Fürstenbergischen Besitzungen organisierten die Bauern, einen 4000-köpfigen Demonstrationszug, um die fürstliche Verwaltung unter Druck zu setzen. Am 8. 3. gab der Standesherr nach. Wenige Tage darauf zogen mehr als 1000 Odenwaldbauern nach Amorbach, wo sie einen Schaden von mehr als 12 000 Gulden anrichteten. Daraufhin gewährte der Leiningen'sche Verwaltungsdirektor schleunigst die Forderungen der Bauern. Ein von 205 Delegierten besetzter „Bauernlandtag" erzwang am 23. 3. den Verzicht des Fürsten Oettingen auf seine Feudalrechte. Bereits Anfang März waren Zehntausende von Bauern aus dem Taunus, dem Rheingau und der Mainebene unter Inanspruchnahme kostenloser Eisenbahnkarten in die nassauische Residenzstadt Wiesbaden geströmt. Dort angekommen belagerten sie das herzogliche Schloss. Am 4. 3. kehrte der abwesende Herzog Adolf in die Stadt zurück. Allein durchschritt er die Menge, trat auf den Balkon und verkündete: „Alles bewillige ich euch, geht jetzt auseinander und habt dasselbe Zutrauen zu mir, das ich zu euch habe." Die bedrohliche Situation löste sich sogleich in allgemeine Vivatrufe auf. Der Wiesbadener „Bauernsturm" war allerdings nicht nur wegen seines Ausmaßes und des Einsatzes der

Eisenbahn bemerkenswert, sondern auch wegen seiner Ausrichtung. Hier wurde nämlich ein Landesherr bedrängt, während die Bauern im Allgemeinen an einen fernen, aber gerechten Herrscher glaubten. Ihr Zorn richtete sich üblicherweise gegen die standesherrlichen Zwischengewalten, deren Einebnung – wie bekannt war – auch die Landesherren wünschten. Dass die Bauern „vor den Thronen stehen blieben", erklärt sich aus diesem Zusammenhang, den eine Parole der schwäbischen Bauern prägnant zusammenfasste: „Nieder Hohenlohe, vivat Württemberg!" Das Vertrauen der südwestdeutschen Bauern in die Landesregierungen wurde nicht enttäuscht. Am 14. 4. hoben die Kammern in Baden und Württemberg per Gesetz alle Feudalrechte auf. Bayern folgte vier Tage später. Eine Ausnahme zu dieser Regel bildete die preußische Provinz Schlesien. Auch hier hatten sich aus Voll- und Kleinbauern bestehende Dorfgemeinden auf gemeinsame Forderungskataloge geeinigt und adlige Grundherren zum Nachgeben gezwungen. Die preußische Märzregierung weigerte sich jedoch, diese Vorgänge nachträglich zu sanktionieren. Am 27. 3. erklärte Innenminister Rudolf von Auerswald (1795–1866) alle Verzichtserklärungen für rechtsunwirksam.

Stärker noch als der Deutsche Bund war das Habsburgerreich ein agrarisches Land. Die gänzlich unterschiedlichen Lebens-, Rechts- und Arbeitsverhältnisse der ländlichen Bevölkerung waren daher ein Thema von entscheidender Wichtigkeit. Allerdings hatte es die Wiener Regierung trotz der Bauernbefreiung im Deutschen Bund und der weithin kritisierten „Unproduktivität des Untertanensystems" (J. Kořalka) bisher versäumt, eine Agrarreform in die Wege zu leiten. Obwohl es einige halbherzige und regional beschränkte Versuche gegeben hatte, den Frondienst (die „Robot") abzulösen, waren in den Ländern der Donaumonarchie im Frühjahr 1848 noch Millionen unfreier Bauern zu Diensten und Abgaben verpflichtet. Abgemildert wurde dieses überkommene System lediglich durch den traditionellen staatlichen Bauernschutz und bäuerliche Holz- und Weiderechte. Im Revolutionsjahr führte nun eine Mischung aus schlechtem Gewissen und ängstlicher Vorahnung dazu, dass Liberale und Konservative der Landbevölkerung eiligst präventive Zugeständnisse machten. Nur wenige Tage nach Metternichs Rücktritt schaffte das ungarische Parlament auf Kossuths Antrag hin alle Feudallasten ab. Am 28. 3. 1848 beendete ein kaiserliches Patent die Robot in Böhmen, Mähren und Schlesien. Im April ergingen entsprechende Regelungen für Kärnten, die Steiermark und Krain. In Galizien verkündete Statthalter Franz Graf Stadion (1806–53) am 26. 4. das Ende aller Frondienste binnen drei Wochen. All dies geschah, während die ländliche Bevölkerung aufs Ganze gesehen relativ friedlich blieb. Zwar wurde die Robot, die in vielen Reichsteilen erst am 31. 3. 1849 enden sollte, vielerorts verweigert. Auch kam es zu einigen Waldbesetzungen. Offenbar hatte die Landbevölkerung jedoch Zutrauen zu den sich bildenden repräsentativen Körperschaften, an die zahllose Petitionen geschickt wurden. Allein aus Böhmen und Mähren sind beinahe tausend solcher Bittschriften bekannt. Auch war rund ein Viertel der 383 Reichstagsabgeordneten, die am 10. 7. 1848 in Wien zusammentraten, bäuerlicher Herkunft. Hier erhielten die im Frühjahr ad hoc beschlossenen Regelungen am 7. 9. 1848 Gesetzeskraft. Auf Antrag des Studenten Hans Kudlich (1823–1917) schaffte der Reichstag die Leibeigenschaft entschädigungslos ab. Für die Ablösung der Frondienste sollten die Feudalherren jedoch Kompensation erhalten, während die bäuerlichen Rechte zur Nutzung von Allgemeinbesitz ersatzlos wegfielen. Da die Bauern einen Teil der Entschädigungszahlungen selbst aufbringen mussten, verfügten die Grundherren auch weiterhin über ein billiges ländliches Arbeitskräftereservoir.

Die ländlichen Sozial- und Besitzverhältnisse im Rheinland, in Ostwestfalen, Oldenburg, Hannover, Braunschweig, Mecklenburg und den preußischen Provinzen Sachsen, Brandenburg und Pommern unterschieden sich deutlich von denen im Süden und Südwesten Deutschlands. Daher führte die Märzrevolution hier zu einer anders gearteten agrarischen Bewegung. Der die ländliche Gesellschaft ausdifferenzierende Agrarkapitalismus war im Norden und Osten Deutschlands weiter fortgeschritten. Zudem fehlte die egalisierende Wirkung der Realteilung. Da die Bauernbefreiung weitgehend abgeschlossenen war, spielten Feudallasten keine bedeutende Rolle. Die Frontlinie verlief hier zwischen einer großen und weitgehend verarmten unterbäuerlichen Schicht, der Dorfarmut, einerseits und wohlhabenden Vollbauern, Gutsbesitzern und Domänenpächtern andererseits. Die von den agrarischen Unterschichten ausgehenden Unruhen waren nur mittelbar mit der breiteren Revolutionsbewegung verbunden. Die Aktionen waren vielmehr „Bruchstücke eines sozialen Kleinkriegs" (M. Gailus), dessen Anfänge in das späte 18. Jahrhundert zurückreichten. Da sich die mittellosen Kötter, Gärtner, Einlieger und Heuerlinge als Verlierer der jüngsten Strukturveränderungen in der deutschen Landwirtschaft fühlten, erhoben sie (mit Ausnahme der handdienstpflichtigen preußischen Büdner) keine anti-feudalen Forderungen. Vielmehr war der Wunsch verbreitet, dass „die liebe alte Vorzeit wo möglich wieder hergestellt werde", wie es oldenburgische Landarbeiter formulierten. Die von der Dorfarmut ausgehenden Unruhen waren insgesamt weniger gewaltsam als die Bauernaktionen im Süden. Abgesehen von Holzdiebstählen, Wilderei und einigen wenigen Landbesetzungen war die agrarische Bewegung in Nord- und Nordostdeutschland vor allem eine Petitionsbewegung.

Da die Landarbeiter die Abfassung ihrer Bittschriften zumeist demokratischen oder kommunistischen Politikern anvertrauten, denen die unterbäuerlichen Forderungen apolitisch und unzeitgemäß anmuteten, bieten diese Petitionen oftmals ein verzerrtes, künstlich politisiertes Bild. Berichte spontaner Äußerungen (s. Quelle S. 67) sind realistischer. „Was hilft uns das alles", klagten Einlieger bei einer Wahlveranstaltung im Magdeburgischen, „wir müssen erst Gänseweide haben." Wo wirkliche Anliegen der Dorfarmut in den Petitionen durchscheinen, zielten sie zumeist auf das „allgemeine Teilen", d.h. auf die Aufteilung bzw. Umverteilung dörflichen Landes. So sollten Allmendeaufteilungen, bei denen die Landarbeiter leer ausgegangen waren, revidiert, noch unverteilte Allmenden auf alle Dorfbewohner umgelegt sowie Straßen- und Wegraine genutzt werden. Auch Holz- und Weiderechte wurden eingeklagt, und einige Gruppen ländlicher Lohnarbeiter verfassten detaillierte, tarifvertragähnliche Forderungskataloge. Ein „Antrag der Heuerlinge im Amt Heepen" bei Bielefeld listete zehn Punkte auf, die von einer Mindestgröße der Landpacht, über einen zwölfstündigen Arbeitstag bis zum Versprechen reichten, den Heuerling „in seinen alten Tagen nicht vom Hof zu verstoßen". Die Protestbewegung der Landarbeiter scheiterte an der resoluten Gegenwehr bäuerlicher Besitzer. In Braunschweig, wo die Bauern aus Angst vor den Häuslern „Volkswehren" aufstellten, baten 34 Gemeinden den Herzog um Waffen für den Kampf gegen „die Proletarier". In ganz Nord- und Nordostdeutschland formierten sich Bündnisse zwischen Bauern und den Organen der staatlichen Gewalt.

Insgesamt war die bäuerliche (wenn auch nicht die unterbäuerliche) Revolutionsbewegung des Jahres 1848 sehr erfolgreich. Innerhalb weniger Wochen waren zum Teil seit Jahrzehnten vergeblich angestrebte Ziele verwirklicht worden. Danach flaute die ländliche Protestintensivität relativ schnell wieder ab. Dies verringerte den Druck, dem die alte Ordnung im Frühjahr 1848 von mehreren Seiten (ländliche Bevölkerung, städtische Unterschichten, oppositionelles Bürgertum) ausgesetzt war, eindeutig. Indem die Feudalherren und Regierungen es schafften, die Bauern durch einen Interessensausgleich aus der Front der Oppositionskräfte auszuklinken, war – so Hans-Ulrich Wehler – „die Niederlage der Revolution als Menetekel vorgezeichnet". Der bäuerliche Revolutionär sei zum „Eckpfeiler konservativer Politik" geworden. Eine so kritische Bewertung der bäuerlichen Revolution trägt den vielen Spannungen Rechnung, die es zwischen den Interessen und Grundhaltungen bäuerlicher bzw. unterbäuerlicher Gruppen und den Zielsetzungen demokratischer und radikaler Politiker gab. Im Kampf gegen feudale Vorrechte beschleunigten die Bauern einen Vorgang, den die Regierungen schon lange als „Revolution von oben" betrieben, und handelten damit quasi systemkonform. Wo sich revolutionäre Aktivität nicht mit bäuerlichen Interessen deckte, ließen sich die Bauern auch nicht vor den Karren liberaler oder demokratischer Eliten spannen. Trotz ihrer Unzufriedenheit mit dem sozialen Status quo waren auch die traditionsorientierten und oftmals zutiefst königstreuen Landarmen weit davon entfernt, demokratische Ziele zu unterstützen.

Protestaktionen der unterbäuerlichen Bevölkerung in Brandenburg (Bericht der Gutsverwaltung in Gusow an den Landrat des Kreises Lebus, 26. 3. 1848)
(nach: *Die Revolution 1848/49 in Brandenburg: eine Quellensammlung*, bearb. von Gebhard Falk, Frankfurt a.M. u.a. 1998, Nr. 23)

Die zur arbeitenden Klasse in Gusow und Platkow gehörenden Büdner und Tagelöhner, ungefähr 100 an der Zahl, haben sich gestern und heute zusammengerottet und die öffentliche Ruhe und Ordnung auf eine bedauerliche Weise gestört. Sie kamen auf vorherige Verabredung unter sich abends gegen 10 Uhr in Masse nach dem Rentamte und drangen in mein Geschäftslokal und begehrten unter vielfachen gefährlichen Drohungen allerlei Konzessionen, Herabsetzungen der Landpachtzinsen, Erhöhung des Tagelohns. Ermäßigung der Holz- und Torfpreise usw. …
Jetzt befindet sich die Rotte in einem der hiesigen Krüge (dem Hoffmannschen) und beraten sich über neue Angriffe gegen die hiesigen wohlhabenden Kossäten. Eine Deputation der letztern … bittet um schleunigste Hilfe durch Hersendung eines Militärkommandos, weil die Gemeinde zu schwach ist, den Angriffen mit Erfolg entgegenzutreten.

Nichtsdestoweniger ist die Auffassung vom opportunistischen Seitenwechsel der Bauern seit einiger Zeit ergänzt und partiell revidiert worden. Zum einen wurde darauf hingewiesen, dass die relative Befriedung des Landes nicht allein das Resultat reaktionären Besitzstandsdenkens zufriedengestellter Bauern war. Auch die Erholung der staatlichen Macht nach dem Abschluss der Märzrevolutionen war hier von Bedeutung. Im Rhein-Main-Gebiet wurden die Agrarproteste laut Michael Wettengel nicht durch „Zugeständnisse der Regierungen" beendet, sondern durch „Militärentsendungen". Zum anderen senkte sich nach dem April 1848 keineswegs Stille über das Land. Die Konflikte schwelten weiter. Sie manifestierten sich in Wirtshausstreitereien, Katzenmusiken und einem Strom von Bittschriften, die alle auch nach dem Frühsommer 1848 anhielten. Gleichzeitig durchlief die ländliche Gesellschaft einen Politisierungsprozess: Bauern wurden Zeitungsleser. Lokalstudien belegen einen Zusammenhang von Lektüreverhalten und Unzufriedenheit; ländliche Lesevereine scheinen keine Seltenheit gewesen zu sein. Unvergleichlich zahlreicher waren jedoch die politischen Vereine. In Schlesien, wo die bäuerlichen Forderungen frustriert worden waren, gelang es demokratischen Politikern, 200 miteinander vernetzte „Rustikalvereine" mit mehr als 200 000

Mitgliedern zu gründen. Als die Wahlen zur preußischen Nationalversammlung stattfanden, schickte Schlesien mehr Radikale nach Berlin als alle anderen Provinzen. Auch andernorts schlug ein demokratisches Vereinswesen Wurzeln. Das badische Innenministerium fand es 1849 einfacher, die Gemeinden aufzulisten, in denen es *keine* Volksvereine gab. Im Rhein-Main-Gebiet war die Mehrheit der über 350 demokratischen Vereine in Ortschaften unter 1000 Einwohnern angesiedelt.

Da viele der Vereine in der Mitte und im Südwesten Deutschlands erst gegründet wurden, als die vollständige Grundentlastung bereits gewährt war, engagierten sich ihre Mitglieder vorrangig in der Kommunalpolitik. Dass viele Bauern vor allem im Südwesten der Reichsverfassungskampagne von 1849 (s. Kap. IV, 3, b) Sympathie entgegenbrachten, hing eng mit der Tätigkeit der demokratischen Vereine auf dem Lande zusammen. So gelang es dem demokratischen „Märzverein" im fränkischen Kitzingen und seinen Filialvereinen in den umliegenden Dörfern, ab März 1849 mehrfach Tausende von Menschen zusammenzuführen. Auf diesen Veranstaltungen wurden Resolutionen verfasst und Verfassungseide geschworen. Auch auf den Volksversammlungen von Offenburg (13. 5. 1849) und Reutlingen (27. 5. 1849) wurden nochmals bäuerliche Forderungen erhoben. Zwar beteiligten sich wenige Bauern an der Reichsverfassungskampagne (die in die Erntezeit fiel). Arbeitslose Knechte und Landarbeiter sind jedoch unter den Gefallenen und Verhafteten belegt. Die Behauptung, die ländliche Bevölkerung sei bereits im April 1848 aus der Revolution ausgeschert, greift daher zu kurz. Die stets prekäre Symbiose zwischen den Bauern und der politischen Revolution, die zum guten Teil aus gegenseitigem Trittbrettfahren bestand, hielt ungefähr ein Jahr an. „Die demokratisch-bäuerliche Wahlverwandtschaft endete nicht durch Rückzug der Bauern in einen quasi-natürlichen Konservatismus, sondern stand im Zusammenhang mit dem Prestigeverlust der Demokraten im Frühsommer 1849" (Ch. Dipper).

III. Presse, Vereine, Parlamente: die Institutionalisierung der Revolutionen im Sommer und Herbst 1848

22. 4./2. 5.1848	Aufnahme eines Teils Posens in den Deutschen Bund
3. 5. 1848	Eindringen von Bundestruppen in Jütland
15. 5. 1848	Revolutionäre Unruhen in Wien („Sturmpetition")
18. 5. 1848	Zusammentritt der deutschen Nationalversammlung
22. 5. 1848	Eröffnung der preußischen Nationalversammlung
26. 5. 1848	Einsetzung des Wiener Sicherheitsausschusses
3. 6. 1848	Eröffnung des Slawenkongresses in Prag
12–16. 6. 1848	Prager Aufstand/Niederwerfung durch General Windischgrätz
14./15. 6. 1848	Berliner Zeughaussturm
20. 6. 1848	Rücktritt des preußischen Kabinetts Camphausen
24. 6. 1848	Gagerns „kühner Griff"
22. 7. 1848	Eröffnung des Wiener Reichstags
25. 7. 1848	Österreichischer Sieg bei Custozza
13.–15. 8. 1848	National- und Dombaufest in Köln
21.–23. 8. 1848	Arbeiterunruhen in Wien/"Praterschlacht"
4.– 5. 9. 1848	Malmö-Debatte der Nationalversammlung/„Sistierungsbeschluss"
8. 9. 1848	Rücktritt des preußischen Kabinetts Auerswald-Hansemann
16. 9. 1848	Die Paulskirche akzeptiert den Malmöer Waffenstillstand.
21. 11. 1848	Gründung des Zentralmärzvereins

Die Ereignisse hatten sich überstürzt. Binnen einiger weniger Frühlingswochen war die politische Situation im Deutschen Bund gänzlich revolutioniert worden. Der Sieg der Bewegungspartei über die Kräfte der Beharrung war scheinbar komplett. Die Fürsten schienen kooperationsbereit, die reaktionären Kräfte aus dem Feld geschlagen. Die Revolution geriet nun in ein ruhigeres Fahrwasser. Eine zeitgenössische Karikatur zeichnete die Entwicklung des Jahres 1848 in den sich verändernden Gesichtszügen eines deutschen Revolutionärs nach. Im Frühjahr war er eine grimmig dreinblickende Gestalt mit wildem Vollbart, feurigen Augen und einer Jakobinermütze auf dem Kopf. Im Sommer hatten sich die hohlen Wangen gefüllt. Die Augen blickten ruhig unter schweren Lidern hervor. Der Schnurrbart war gepflegt, und eine bequeme Wollmütze zierte das Haupt. So herausgeputzt konnte der nunmehr respektierliche Revolutionär seine frisch erworbenen Bürgerrechte genießen: Zeitung lesen, im Wirtshaus debattieren, einen Verein gründen, in der Bürgerwehr exerzieren, seine Stimme für die Nationalversammlung abgeben oder sich gar selbst um ein Mandat bewerben. Eingebettet in den breiten Prozess der Bildung einer politischen Öffentlichkeit, der im ersten Abschnitt umrissen wird, tagten die Nationalversammlungen und Parlamente in Frankfurt und den deutschen Hauptstädten. Sie waren das Herzstück des revolutionären Umgestaltungsprozesses zwischen Mai 1848 und der Revolutionswende im Herbst. Dem verfassungsliberalen Politikmodell folgend sollte eine gewählte deutsche Nationalversammlung die Errungenschaften des Frühjahrs konsolidieren und vervollständigen, indem sie Deutschland als Ganzes legal in das konstitutionelle Zeitalter überführte. Diesem Vorgang wird im zweiten Abschnitt nachgegangen. Zuletzt werden die entsprechenden Entwicklungen in den Einzelstaaten dargestellt.

1. Die Bildung einer revolutionären Öffentlichkeit

Die Unzufriedenheit der liberal-nationalen Oppositionsbewegung mit dem vormärzlichen System lässt sich an den im Frühjahr des Revolutionsjahres allgegenwärtigen Märzforderungen ablesen. Die Weigerung der Obrigkeitsstaaten, eine freie Presse, freie Versammlung und freie Vereinigung zu gewähren, hatte die Ausbildung einer politischen Öffentlichkeit wenn nicht verhindert, so doch gestört und verzögert. Die Märzforderungen zeichneten daher vor, wie sich Deutschland 1848 verändern sollte: Die Zahl von Zeitungen, Pamphleten und anderen Druckerzeugnissen schoss nach oben. Überall wurden Versammlungen abgehalten, Feste gefeiert und Vereine gegründet. **Bürgerwehren** und Interessensverbände formierten sich.

Bürgerwehren
Im März 1848 legte der anhaltinische Maler Wilhelm von Kügelgen (1802–67) Palette und Pinsel zur Seite und griff zu wehrhafterem Gerät. Als Mitglied der örtlichen Bürgerwehr schlief er nun „mit geladenem Gewehr". „Wir exerciren jetzt täglich", schrieb er voller Stolz, „und machen in Masse schon allerlei Bewegungen, daß es eine Lust ist." Wie Kügelgen lebten 1848 Tausende deutsche Bürger plötzlich entdeckte martialische Neigungen aus. Der Märzforderung nach „Volksbewaffnung" war überall entsprochen worden. Nach Abzug des Heeres dienten in Berlin bald 20000 Bewaffnete in der Bürgerwehr. In der Rheinprovinz wurden 40000 Gewehre verteilt. Zu Beginn der Revolution war der in die Spätaufklärung und die Befreiungskriege zurückreichende Wunsch nach einem Bürgerheer primär durch ein Gefühl außenpolitischer Bedrohung und das Misstrauen gegenüber den stehenden Fürstenheeren begründet gewesen. Angesichts der unterbürgerlichen Protestaktionen trat jedoch bald ein weiteres Motiv hinzu: das bürgerliche Sicherheitsbedürfnis. Da die „Volksbewaffnung" zumeist sorgfältig auf das Bürgertum eingeschränkt blieb, „mutierten" (U. Frevert) die Bürgerwehren bald von Kämpfern gegen obrigkeitsstaatliche Anmaßung zu Beschützern des neuen Status quo. Indem sie eine durch schwache Polizeikräfte verursachte Sicherheitslücke füllten, gerieten die Bürgerwehren dann in Identitätskonflikte, wenn der Schutz der öffentlichen Ordnung der Verteidigung der Märzerrungenschaften widersprach. Da die Bürgerwehren aus Regierungssicht als Ordnungskräfte versagten und politisch suspekt blieben, wurden sie nach dem Erstarken der Reaktion zunächst entpolitisiert, dann diszipliniert und zuletzt aufgelöst. In einigen Fällen – in Wien im Oktober 1848 und während der Reichsverfassungskampagne – kämpften die Bürgergarden gegen die Linientruppen. Dabei sollten sich die leichten „Siege" des März 1848 jedoch als trügerisch erweisen. Gegen konsequent eingesetzte, zahlenmäßig überlegene und besser ausgerüstete Berufsheere waren die Freiwilligen chancenlos. Mit dem Ende der Revolution kam so auch das „Ende des Volksbewaffnungsgedankens" (R. Pröve). 1849 sah das auch der einst so wackere Kügelgen so. „Ein prächtiger Anblick, in weißen Kürassen und ... auf ungeheuren Rappen", bejubelte er die Ankunft preußischer Truppen. „Die Demokratenchefs kamen zwar an, rissen aber sogleich aus, als sie die Soldaten sahen, und bestellten ihre Leute ab."

All das ermöglichte einem breiten Spektrum der Bevölkerung, sich politisch zu betätigen. Demokraten, Liberale, Konservative, Protestanten, Katholiken, Juden, Frauen, Arbeiter, Handwerker, Bauern, Schutzzöllner, Freihändler, selbst Marinefanatiker nahmen die neuen Möglichkeiten zur Politisierung und Institutionalisierung enthusiastisch wahr. Innerhalb kurzer Zeit hatte sich die karge Wüste der vormärzlichen Öffentlichkeit in ein wimmelndes Dickicht verwandelt. Die neuere Revolutionsforschung hat sich dieses Vorgangs im Rahmen des Paradigmas einer „Kommunikationsrevolution" angenommen. Eine beispiellose „Kommunikationsfreiheit" (W. Siemann) blühte auf. Sie verband Menschen durch Printmedien, freie Versammlung, die Eisenbahn und die aktive Partizipation von Randgruppen und schuf so eine politische Öffentlichkeit.

a) Die befreite Presse

Die Politik der vormärzlichen Regierungen, die Verbreitung von Ideen und Informationen durch Zensur und Verbote zu verhindern, war schon vor Ausbruch der Märzrevolution beinahe zum Papiertiger verkommen. Der partielle Defätismus der Regierungspartei, das Erstarken der Oppositionsbewegung und der technologische Fortschritt (besonders die Erfindung der Schnellpresse) stellten Zensoren und politische Polizei vor zunehmend unlösbare Aufgaben. „Bei der Leichtigkeit und Vervielfältigung der Verkehrsmittel sind solche Verbote illusorisch", stellte der preußische Gesandte in Darmstadt im Oktober 1847 achselzuckend fest. Seit Juli 1847 erschien in Heidelberg die liberale „Deutsche Zeitung"; die Beschlüsse der Offenburger Versammlung badischer Radikaler wurden als Flugschrift verbreitet; im gleichen Jahr öffnete die Berliner „Zeitungshalle" ihre Pforten, wo Leser 600 verschiedene Periodika vorfanden. Nichtsdestoweniger entriegelte erst die Märzrevolution die Schleusentore. Nachdem der Bundestag am 3. 3. 1848 allen Staaten die Abschaffung der Zensur freigestellt hatte, wurde diese Märzforderung binnen weniger Tage fast überall gewährt. Eine quantitative und qualitative Presserevolution war die Folge.

Zunächst einmal wurde 1848/9 viel mehr Zeitungstext gedruckt als jemals zuvor (s. a. Tab. 4). Bestehende Blätter vergrößerten Formate, Seitenzahl und Auflagen. Die „Deutsche Zeitung" hatte im Juli 1847 mit 1500 Abonnenten begonnen. Ein Jahr darauf hatte sich diese Zahl um 266% auf 4000 erhöht. Auch andere etablierte Zeitungen erzielten im Revolutionsjahr Spitzenauflagen. Die seit 1798 bestehende „Kölnische Zeitung" erreichte 17000 Exemplare, Berlins „Vossische Zeitung" gar 24000. Hinzu kamen zahlreiche Neugründungen. Vielerorts wurden im Verlauf der Revolution mehr Blätter gegründet als vorher bestanden hatten. 18 der 30 verschiedenen Zeitungen und Zeitschriften, die 1849 in Frankfurt erschienen, hatte es vor 1848 noch nicht gegeben. Die Situation in Hamburg (18 von 41), Stuttgart (17 von 31), Augsburg (11 von 25) und Königsberg (12 von 20) war ähnlich. In Jena waren sogar alle sieben 1849 dort erscheinenden Periodika Produkte des Revolutionsjahres. In Berlin erhöhte sich die Zahl der politischen Zeitungen zwischen 1847 und 1850 von 116 auf 184. In Österreich waren 1847 nur 79 periodische Blätter (darunter 19 politische Zeitungen) erschienen. Nach der Märzrevolution gab es allein in Wien über 300 periodische Druckschriften (darunter 86 Tageszeitungen). In ganz Deutschland sollen 1849 ca. 1700 Zeitungen herausgegeben worden sein. Obwohl manche dieser Blätter bereits an der zweiten Ausgabe scheiterten und nur den wenigsten dauerhafter Erfolg beschieden war, konnten einige Neugründungen beachtliche Ergebnisse erzielen. Die von Karl Marx redigierte „Neue Rheinische Zeitung" erreichte eine Auflage von 6000, die liberale Berliner „National-Zeitung" hatte zeitweise sogar 12000 Abonnenten.

Die Presseexplosion war vorrangig ein „Phänomen der Städte" (U. Koch). Zudem entstammten die Journalisten überwiegend der bürgerlichen Mittelschicht. 80% der Münchner Journalisten hatten eine Universitätsausbildung. Dies bedeutete jedoch nicht, dass die Leserevolution allein das Stadtbürgertum erfasste. Vielmehr wirkte sich

Tab. 4 Zeitungen, Intelligenz- und Volksblätter in einzelnen deutschen Staaten

	1847	**1849**
Preußen	404	622
Österreich	79	215
Sachsen	153	183
Bayern	110	127
Württemberg	60	67
Baden	63	55
Hessen-Darmstadt	22	34
Hannover	23	32
Hamburg	18	24
Frankfurt a.M.	10	17

(Nach: Siemann: *Die deutsche Revolution von 1848/49*, S.117.)

die Pressefreiheit auf beinahe alle Schichten, Regionen und Milieus aus. Auch fernab der politischen Zentren entwickelte sich ein dichtes Zeitungsnetz. Gerade die demokratische Bewegung war hier besonders aktiv. Die stattliche Zahl demokratischer Zeitungen, die der Historiker Wolfram Siemann allein in Westfalen ausfindig gemacht hat, spricht für sich selbst. Westfälische Demokraten lasen die „Neue Rheinische Zeitung“ (Köln), die „Waage“ (Detmold), das „Westfälische Dampfboot“ und den „Volksfreund“ (beide in Bielefeld), die „Westfälische Volkshalle“ (Münster), die „Westfälische Zeitung“ und den „Volksboten“ (beide in Paderborn), den „Märkischen Boten“ (Lüdenscheid), den „Beobachter an der Lenne“ (Hohenlimburg), das „Deutsche Bürgerblatt“ (Siegen), den „Volksfreund für den Kreis Altena“ (Hagen), das „Hagener Kreisblatt“, den „Märkischen Volksboten“ (Dortmund), den „Wittekind“ (Witten), den „Deutschen Redner für Recht und Freiheit“ (Bochum), den „Hahn“ (Lemgo), den „Freimütigen an der Haar“ (Werl), das „Recklinghäuser Wochenblatt“, das „Iserlohner Bürgerblatt“, die „Essener Volkshalle“ und das Organ des Demokratischen Vereins für Rheinland-Westfalen, den „Rheinisch-westfälischen Kurier“. Diese Blätter wurden nicht nur von Stadtbürgern gelesen, sondern auch von Arbeitern, Handwerkern und der Landbevölkerung. Zusätzlich erhöhten die stark frequentierten städtischen und ländlichen Lesevereine die Zahl der Leser pro Exemplar. Selbst Öhringen mit seinen 3150 Einwohnern verfügte über eine solche Einrichtung, wo fünf verschiedene Zeitungen und Periodika auslagen; die „Museumsgesellschaft“ in Tübingen hielt sogar 34 Titel.

Neben den Zeitungen waren Flugschriften, Pamphlete und Maueranschläge von Bedeutung. Allein in Österreich sollen während der Revolutionsperiode täglich über 20 solcher Druckschriften in Umlauf gebracht worden sein. In Berlin wurden insgesamt etwa 2000 verschiedene Flugschriften und Witzblätter produziert. Der neue Informationsfluss erreichte selbst die Analphabeten (ca. 20% der Bevölkerung im Deutschen Bund) und verband sich hier ganz natürlich mit der revolutionären „Straßenöffentlichkeit“. Menschen versammelten sich in Lesestuben und an Straßenecken, wo Zeitungen vorgelesen wurden. Auch politische Lieder transportierten Meinungen und Nachrichten, die die zahlreichen Gesangsvereine aus vollen Kehlen weiterverbreiteten. Hinzu kamen Karikaturen und Plakate. Schließlich sind auch die beliebten Bilderbogen zu nennen. Mit Auflagen von über 10000 pro Bogen und von Bänkelsängern als schaurigschöne Moritat oder hehre Heldengeschichte zum Vortrag gebracht, erreichten sie ein zahlreiches und aufmerksames Publikum.

Nicht nur die Menge der gedruckten Veröffentlichungen veränderte sich im Revolutionsjahr, sondern auch ihr Inhalt. Als Folge von Zensur und Pressegängelung hatten die deutschen Zeitungen ihren Lesern im Vormärz zumeist nur Banalitäten oder Hofberichterstattung angeboten. 1841 drückte Heinrich Hoffmann von Fallersleben die Frustration der Opposition angesichts dieser faden Lesekost in einer entnervt-bitteren Persiflage aus:

„Wie ist doch die Zeitung interessant
Für unser liebes Vaterland!
Was haben wir heute nicht alles vernommen!
Die Fürstin ist gestern niedergekommen,
Und morgen wird der Herzog kommen,
Hier ist der König heimgekommen,
Dort ist der Kaiser durchgekommen
Bald werden sie alle zusammenkommen
Wie interessant! Wie interessant!
Gott segne das liebe Vaterland!"

1848 brachte einen kompletten Wechsel. Von der Zensur befreit und dem „Ruf der Zeit" folgend wurde die Presse politisch. „Die Bürger Dortmunds haben jetzt zu verlangen, daß ihr Anzeiger ihnen nicht bloß Rat gibt, wie sie am besten Butter und Bücklinge kaufen wollen", erklärte der „Dortmunder Anzeiger" im März 1848, „sondern auch, wie sie am besten für das Wohl der Stadt und des Vaterlandes zu handeln haben." Nachrichten aus Paris, Frankfurt und Wien fanden ebenso Platz in den Gazetten wie Lokalpolitik, Aufrufe, Parlamentsreden und Leserbriefe. So erreichte die „große" Politik auch die Provinz und blieb dort nicht folgenlos. Bereits am 25. 4. 1848 berichtete die Augsburger „Allgemeine Zeitung", dass sich vor Ort ein „kleiner Kreis von Frauen und Jungfrauen" versammelt hatte, um „die deutsche Frauenwelt zu einer großen Sammlung für eine deutsche Flotte aufzufordern". Hier hatte die Berichterstattung der „Allgemeinen Zeitung" über die Erfolge der dänischen Marine innerhalb weniger Tage eine politische Mobilisierung provoziert. Ähnliches ereignete sich in Heilbronn, wo Soldaten politisch aktiv wurden, nachdem sie die Petition der Ulmer Garnison in der Zeitung gelesen hatten. Auch humoristische Veröffentlichungen schlugen jetzt politische Töne an und erzielten Publikumserfolge. Jeder Berliner kannte die Flugschriften „Aujust Buddelmeyers" (des „Dages-Schriftstellers mit'n jroßen Bart"), „Ullo Bohnhammels" (seines Zeichens „Vizejefreiter bei der Börjerwehr") und des „Eckenstehers Nante". Dutzende Karikatur-Journale – darunter so bekannte Titel wie der „Kladderadatsch", die „Fliegenden Blätter" und der „Satyr" – nahmen das Zeitgeschehen auf die Schippe.

Die Presse wurde nicht nur politischer, sie ergriff auch „Partei". Die vormärzliche Stigmatisierung der „Parteiungen" als spaltend und zersetzend hielt dem revolutionären Politisierungsschub nicht stand. Parteien formierten sich und mit ihnen eine Tendenzpresse. Politiker aller Couleur erkannten die Macht des tausendfach gedruckten Wortes. Selbst ein scheinbar so demokratisches Medium wie die Flugschrift wurde in den Dienst beider Extreme gestellt. In einem Pamphlet vom 24. 9. 1848 wandten sich „Die Demokraten Berlin's an das Volk", um zur Verteidigung der „Burg der Freiheit" aufzurufen. Ende November antwortete der reaktionäre Oberstleutnant Gustav von Griesheim (1798–1854), der politische Kopf der gegenrevolutionären Militärpartei in Preußen, mit seiner notorischen Flugschrift „Gegen Demokraten helfen nur Soldaten". Bald verfügte jede politische Gruppierung über ein Sprachrohr in Form eines Presseorgans. Die konstitutionelle Bewegung hatte in der „Deutschen Zeitung" bereits vor Ausbruch der Revolution eine anerkannte Parteizeitung. Für die deutsche Arbeiterbewegung gab Stephan Born seit Juni 1848 in Berlin „Das Volk" heraus, das im Oktober durch „Die Verbrüderung" ersetzt wurde. Für dezidiert republikanisch-demokratische Positionen agitierte Karl Marx' „Neue Rheinische Zeitung". Weitere wichtige Organe der Demokraten waren die „Mannheimer Abendzeitung" und die Berliner „Urwähler-Zeitung". Seit Juni 1848 erschien in Berlin die allgemein „Kreuzzeitung" genannte „Neue Preußische Zeitung". Unter dem Motto „Vorwärts mit Gott für König und Vaterland" war sie stramm konservativ. Der politische Katholizismus fand seit Mai 1848 seinen Fürsprecher in der „Deutschen Volkshalle.

Die Presseexplosion von 1848/9 war zum guten Teil ein Strohfeuer. Noch vor Ende des Jahres 1848 führte die österreichische Regierung die Präventivzensur wieder ein. In anderen Staaten wurde die Pressefreiheit 1849 schrittweise eingeschränkt. Darüber hinaus bereiteten wirtschaftliche Zwänge vielen Zeitungen ein Ende. Nach dem Ende der Revolution war die freche, überbordende Stimmung des März 1848 einem publizistischen Totentanz gewichen. Am 23. 12. 1849 veröffentlichte der Berliner „Kladderadatsch" eine schwermütige Karikatur. Sie zeigte den „Kladderadatsch" mit entblößtem Haupt und gesenktem Blick inmitten der Grabsteine des „Berliner Krakehlers", der „Constitutionellen Zeitung", der „Deutschen Reform" und vieler anderer verblichener Blätter. „Also ist im Strom der Zeiten / Wiederum ein Jahr verflossen, / Und ich steh' an den beschnei'ten / Gräbern meiner Zeitgenossen", klagte der trauernde Spötter. Am 7. 5. 1848, in seiner ersten Nummer, hatte er noch ganz anders geklungen: „Die Zeit ist umgefallen! Der Geist hat der Form ein Bein gestellt! ... Fürsten sind gestürzt, Throne gefallen – Schlösser geschleift – Weiber verheert – Länder gemißbraucht – Juden geschändet – Jungfrauen geplündert – Barrikaden verhöhnt – Kladderadatsch!"

b) Versammlungen und Feste

Die deutschen Märzrevolutionen begannen mit spontanen Volksversammlungen. Auf kurzfristige Einladungen hin kamen mitunter Tausende von Menschen zusammen, debattierten über die Fragen der Zeit, hielten Reden, fassten Beschlüsse, erstellten Forderungskataloge und zogen gemeinsam zu den Orten staatlicher Macht, um ihren Wünschen Nachdruck zu verleihen. Die Reihe dieser basisrevolutionären Großveranstaltungen begann mit der Mannheimer Volksversammlung vom 27. 2. 1848 und setzte sich am 3. 3. in Köln und Wiesbaden, nach dem 6. 3. in den Berliner „Zelten" und am 13. 3. vor dem Wiener Ständehaus fort. Auch nach dem Sieg der Märzbewegung verschwand diese Form massenhafter politischer Mobilisierung keineswegs. Vor allem in den städtischen Zentren und während Phasen politischer Hochspannung – etwa im September 1848 oder zwischen April und Juli 1849 – kam es immer wieder zu Massenaktionen, die auf die Sicherung bzw. Erweiterung der revolutionären Errungenschaften zielten. Allerdings darf man ob der vielen Bäume der spektakulären Großveranstaltungen den dichten Wald der alltäglichen „Versammlungsdemokratie" (W. Siemann) nicht übersehen. Dass Menschen zwanglos zusammenkamen, um politische Dinge frei zu diskutieren, war eine zentrale Komponente des revolutionären Kommunikationsereignisses.

Wichtige Orte für solche Zusammenkünfte waren Plätze, Straßen, Wirtshäuser und Cafés. Vor allem auf den Rathausplätzen fanden immer wieder Versammlungen statt, deren Forderungen den Ratsherren durch Deputationen übermittelt wurden. Dass – wie im badischen Sinsheim – die Rathäuser selbst als öffentliche Versammlungslokale dienten, war hingegen selten. Eine weitere wichtige Rolle spielte das Rathaus als „Nachrichtenbörse" (Th. Mergel). Hier fanden sich interessierte Bürger oft mehrmals am Tage ein, um verlässlich herauszufinden, was es Neues gab. Auch die Straßen dienten als Versammlungsorte. An Straßenecken, wo „Fliegende Buchhändler" ihre Pamphlete verhökerten, im Halbkreis um Maueranschläge stehend oder im „Lindenclub" – Berlins Gegenstück zur „Speaker's Corner" im Londoner Hyde Park – versammelten sich Menschen tagein tagaus. Noch gemütlicher als auf den Rathaustreppen oder den Trottoirs ließ es sich in den Cafés und Wirtshäusern politisieren. Das vorwiegend bürgerliche Café, wo man – je nach Geldbeutel – bei Bohnen- oder Zichorienkaffee räsonnieren konnte, hatte schon im Vormärz wichtige Impulse zur Schaffung einer öffentlichen

Sphäre gegeben. Weniger tantenhaft ging es in den klein- und unterbürgerlichen Wirtshäusern zu. Hier erhitzten geistige Getränke die Gemüter, lösten die Zungen und halfen, klare, durchschlagende Lösungen für komplexe Probleme zu finden. Mit rasender Geschwindigkeit machten Gerüchte die Runde; ebenso schnell wurden Entscheidungen getroffen. Nicht alles, was die Menschen in die Schenken lockte und was dort besprochen wurde, wird den Kriterien eines problemorientierten Diskurses gerecht geworden sein. Die Revolution zog „sicherlich enorme Energie aus einer sehr traditionellen, überwiegend apolitischen Vorliebe des Durchschnittsdeutschen für Geselligkeit, einer oft recht flatterhaften Mischung aus Wirtshausgerede und feuchtfröhlicher Verbrüderung" (K. Wegert). Der Gesamteffekt dieser oftmals ziellosen und zumeist berauschten Geschwätzigkeit war jedoch durchaus politisch. Revolutionäre Ideen wurden hier verbreitet, Katzenmusiken initiiert und Pläne geschmiedet. Die Idee zur Berliner Großdemonstration vom 18. 3. wurde in der Bierkneipe „Kemperhof" und in einem Lokal in der Köpenicker Straße geboren.

Obwohl stärker choreographiert als die Wirtshaus- und Straßenversammlungen waren auch Feste eine charakteristische Manifestierung der Revolutionsöffentlichkeit. Die Ereignisse des Jahres 1848/9 boten den Zeitgenossen reichlich Anlass zu festlicher Prozession. Die Formen und Symbolik des Zeremoniells, das damals zur Anwendung kam, war zum einen der revolutionären Tradition Frankreichs verpflichtet: Freiheitsbäume wurden errichtet; Kokarden und Trikoloren zierten die Festzüge; die Marseillaise erklang. Diese importierten Elemente vermischten sich mit der vormärzlichen Festtradition, Aspekten örtlicher Volkskultur und einer guten Dosis dramaturgischer Improvisation. Die Revolutionsfeiern häuften sich in vier verschiedenen Zeitabschnitten: (1.) Feste anlässlich der revolutionären Errungenschaften im Frühjahr 1848; (2.) Feiern zu Ehren des Reichsverwesers im Spätsommer 1848; (3.) Trauerfeiern für Robert Blum im November 1848; (4.) Feste zur Verabschiedung der Grundrechte und zum Jahrestag der Revolution zwischen Januar und Mai 1849. Im Frühjahr 1848 führten die Siege der Märzbewegung an vielen Orten zu relativ spontanen Feiern. In Rüslingen pflanzten „mehrere Purschen" am 12. 3.die deutsche Trikolore auf einen Freiheitsbaum und sangen bis tief in die Nacht Freiheitslieder. 14 Tage darauf wurde in der Bundesfestung Rastatt die schwarz-rot-goldene Flagge in würdiger Prozession zum Schloss geleitet und unter donnernden Hochrufen gehisst. In Waldshut, wo erst im April gefeiert wurde, hatte man das Fest liebevoll vorbereitet. „Ein imposanter Zug von wenigstens 3000 Menschen bewegte sich durch die Straßen", beobachtete die „Karlsruher Zeitung" am 14. 4.; „... an der Spitze eine Schaar Hauersteiner in alter Tracht und Waffen, mit ihrem Landesbanner, in der Mitte des Zuges wimpelten die deutschen Fahnen, und wohlbesetzte Musikchöre stimmten die Gemüther zu freudiger Begeisterung." Dass sich am Rande selbst so wohl geordneter Feierlichkeiten unterbürgerliche Protestaktionen ereigneten, widersprach einer zentralen Absicht solcher Veranstaltungen, nämlich der „Aufrechterhaltung der (sozialen) Ordnung" (Ch. Tacke).

Die auf die Konsolidierung des Status quo gerichtete Intention dieser Veranstaltungen zeigte sich noch deutlicher in den aufwändigen Feierlichkeiten, die im Sommer zu Ehren des Reichsverwesers abgehalten wurden. In Freiburg wurde die Wahl des **Erzherzogs Johann** (s. Kap. III, 2, b) am 16. 7. mit einem Dankgottesdienst im Freiburger Münster, einem Ball, einem Konzert der Liedertafel und einem Festzug gefeiert. Letztere Prozession war sorgfältig in Abteilungen gegliedert: zuerst die Professoren, dann badische Landesbeamte, danach Vertreter der Stadtverwaltung und schließlich – nach Zünften geordnet – die Bürgerschaft. In Mönchengladbach prozessierten am 7. 8. nach 21 Salutschüssen Kinder, Turner, Männerchöre und Abteilungen der Bürgerwehr durch die Straßen. Danach gab es Turnvorführungen und öffentliche Trinksprüche auf Johann und Friedrich Wilhelm IV. Abends war die Stadt festlich beleuchtet. Den Höhepunkt der sommerlichen Feiern bildete jedoch das dreitägige National- und Dombaufest in Köln, an dem Erzherzog Johann, Friedrich Wilhelm IV. und Heinrich von Gagern teilnahmen. Zwischen dem 13. 8. und 15. 8. lief ein schier endloses Programm mit Militärkapellen, Bürgerwehreinheiten, Gymnasiasten, Gesangsvereinen, Dombaumeistern, Fackelzügen, Armenspeisungen, Festbanketten, Gottesdiensten und einer erneuten Weihe des Doms ab, das in einer öffentlichen Umarmung des Reichsverwesers mit dem preußischen König gipfelte. Da die Arbeiterschaft und die politische Linke auf dieser Festlichkeit weder vertreten waren, noch eine effektive Gegenpropaganda organisieren konnten, galt das Kölner Nationalfest als politischer Erfolg der Kräfte des moderaten Liberalismus.

Erzherzog Johann (1782–1859), der in Florenz geborene Bruder Kaisers Franz I. (1768–1835), entwickelte schon früh eine Leidenschaft für die Alpen. Im Verlauf seiner wenig erfolgreichen militärischen Karriere war er in den Tiroler Aufstand gegen Napoleon verwickelt und sympathisierte auch später mit der deutschen Befreiungsbewegung. Seine volkstümliche Art, seine Ehe mit der Postmeistertochter Anna Plochl und sein Eintreten für die (groß)deutsche Einheit sowie eine österreichisch-preußische Verständigung machten ihn zu einer populären Figur in Metternichs repressivem Staat. Allerdings bot erst die 48er-Revolution Johann die Gelegenheit, sein alpines Exil zu verlassen. Als Stellvertreter des Kaisers eröffnete er am 22. 7. den österreichischen Reichstag. Bereits am 29. 6. war er von der Paulskirche zum deutschen Reichsverweser gewählt worden. Obwohl er in Frankfurt seinen Einfluss auf die österreichische Politik verlor, verharrte der ehrgeizige, aber politisch glücklose Johann zunehmend isoliert bis Dezember 1849 auf seinem machtlosen Posten. Danach kehrte er in seine geliebte Steiermark zurück, wo er als allgemein verehrter Grandseigneur Spitäler eröffnete, Mustergüter betrieb und sich für die Bauern einsetzte.

Das gravitätische Spektakel am Rhein erwies sich jedoch als Schwanengesang der Moderaten: Die weiteren Wellen revolutionärer Feste standen ganz im Zeichen der Linken. Allein in Baden organisierte die demokratische Bewegung im Herbst 23 Trauerfeiern für den in Wien hingerichteten Radikalen Robert Blum. Beflorte Flaggen wurden zu Friedhöfen getragen, Reden gehalten, Lieder gesungen und des Märtyrers gedacht. In Heidelberg, Bruchsal, Rastatt und Wiblingen nahmen über 500 Trauernde an diesen Veranstaltungen teil; in Konstanz lag die Zahl sogar bei über 1000. Die nächste Häufung revolutionärer Feste folgte im Januar 1849, als vielerorts die Verabschiedung des Grundrechtegesetzes durch die Nationalversammlung gefeiert wurde. Die Vorgänge in Kaiserslautern waren typisch für die Feste, die beinahe überall in der Pfalz stattfanden. Am Vormittag marschierte ein Festzug durch die schwarz-rot-gold geschmückte Stadt. Nach dem Mittagessen trafen sich Hunderte von Bürgern in einer Gastwirtschaft, um den künftigen Kaiser der Deutschen zu verfluchen und eine zweite, republikanische Revolution zu fordern. Anschließend zog die Bürgerwehrkapelle durch die Straßen und spielte republikanische Hymnen. Die festlich gestalteten Versammlungen, die von badischen Volksvereinen zwischen März und Mai 1849 abgehalten wurden, waren ebenfalls Demonstrationen demokratischer Überzeugungen. Am 6. 3. 1849 beobachtete die wachsame Königshofener Polizei, dass viele Teilnehmer an der dortigen Versammlung „an ihren Röcken ein ganz rothes Schlüpfchen angeschlüpft" hatten. Auch in Adelsheim (23. 4.) und Offenburg (13. 5.) wurden rote Fahnen und Hutbänder zur Schau getragen.

Schwarz-rot-goldene Trikoloren, Freiheitsbäume, Militärkapellen, Fürstentreffen und rote Fahnen: diese Symbole und Rituale formten die Symbolsprache, die auf den Bühnen der revolutionären Feste verwandt wurde. 1848/9 benutzten zahlreiche Menschen diese Sprache aktiv, und eine noch viel größere Zahl verstand sie oder war zumindest gewillt, sie sich anzuhören. Die politischen Feiern erweisen sich daher als ein wichtiges Kommunikationsforum der revolutionären Öffentlichkeit.

c) Vereine, Verbände und Kongresse

Der Verein – die freie Selbstorganisation formal gleichberechtigter Personen zur Verfolgung eines gewählten Zwecks – hatte der fortschrittsoptimistischen bürgerlichen Bewegung des Vormärz als „Universalformel zur Konfliktlösung" (W. Hardtwig) gegolten. Allerdings hatte das strenge Vereinsrecht im Deutschen Bund eine scharfe Grenze gegenüber jeglicher politischen Betätigung gezogen und Vereine entweder in den Untergrund oder zu unpolitischer Tarnung gezwungen. Wie bei der Presse trat die Märzrevolution, die einen mächtigen Politisierungsschub und das Ende der bisherigen Verbote bewirkte, auch bei den Vereinsgründungen eine Lawine los. Binnen weniger Monate war Deutschland von einem dichtgewebten Netz hunderter politischer Vereine überzogen. Sie brachten Menschen zusammen, formulierten Eingaben, organisierten Rednerabende, stellten Kandidaten auf und führten Wahlkämpfe. Als „Kulminationspunkte" des alltäglichen politischen Lebens vermittelten die Vereine „den lokalen Lebenswelten die 'großen' politischen Ereignisse" und erweiterten dadurch den „Kreis staatsbürgerlicher Aktivität" (M. Wettengel). Da die Vereine in engem Kontakt mit den ihnen geistesverwandten Fraktionen in den Landesparlamenten und der Frankfurter Nationversammlung standen, erfüllten sie zudem eine wichtige Rückkopplungsfunktion. Indem sie sich – nach politischer Ausrichtung getrennt – zunächst regional, dann landesweit zu lockeren Verbänden zusammenschlossen, entstand die Vorform eines nationalen Parteiensystems. Die Struktur, die sich 1848/9 herauskristallisierte, prägte die deutsche Parteiengeschichte bis ins 20. Jahrhundert hinein. Fünf parteipolitische Milieus formten Vereinsnetze: Demokraten, Liberale, Konservative, Katholiken und Arbeiter.

Als „Front der Regierten" (R. Stadelmann) hatten Liberale und Radikale im Vormärz eine scheinbar geeinte Oppositionsbewegung gebildet. Zwar waren die Unterschiede zwischen beiden Gruppierungen bereits vor 1848 aufgebrochen, aber die Märzrevolution bot nochmals eine kurzfristige Basis für gemeinsames Handeln. Dabei half, dass beide Bewegungen dem Ziel eines deutschen Nationalstaats verpflichtet waren. Bald wurde die Spaltung zwischen Liberalen und Demokraten jedoch durch den Konflikt über die künftige Staats*form* (Republik oder konstitutionelle Monarchie) und das stärkere Engagement der Demokraten für die sozialen Anliegen unterbürgerlicher Schichten vertieft. Im Revolutionsjahr gründeten beide Strömungen separate Vereine. Die Demokraten nannten ihre Organisationen „Volksvereine", „Demokratische Vereine" oder (in Sachsen) „Vaterlandsvereine". Auch die „Rustikalvereine" der schlesischen Bauern sind dem demokratischen Milieu zuzurechnen. Vom Prinzip der Volkssouveränität ausgehend agitierten die demokratischen Vereine für die strenge Erfüllung der Märzforderungen, ein Einkammerparlament, eine eng an die Verfassung gebundene Monarchie und oftmals sogar eine deutsche Republik. Zudem nahm die soziale Frage breiten Raum ein. Gefordert wurden: das Recht auf Arbeit, progressive Besteuerung und mitunter auch sozialistische Gesellschaftsreformen. Die Aufrufe zur Gründung solcher Vereine fanden ein lebhaftes Echo. Bereits am 23. 4. 1848 trafen sich in Leipzig 116 Delegierte, die über 11 000 Mitglieder in 43 sächsischen Vaterlandsvereinen vertraten. In Preußen zählte man im Oktober ca. 250 demokratische Vereine.

Anfang April 1848 gründeten einige radikale Mitglieder des Vorparlaments – unter ihnen Hecker, Struve und D'Ester – ein demokratisches Zentralkomitee, um die Wahlen zur Nationalversammlung zugunsten demokratischer Kandidaten zu beeinflussen. Da die Demokraten aus den Wahlen jedoch als Minderheit hervorgingen, wurden schon bald Versuche unternommen, durch eine nationale Koordination der demokratischen Vereine eine außerparlamentarische Machtbasis zu schaffen. Obwohl sich die Errichtung eines Netzes demokratischer Vereine zu diesem Zeitpunkt noch in einer Frühphase befand, kam dem „1. Demokratenkongreß", der zwischen dem 14. und 17. 6. 1848 in Frankfurt tagte, große Bedeutung zu. Unter dem Vorsitz des Publizisten Julius Fröbel (1805–93) legten so prominente Radikale wie Andreas Gottschalk, Ferdinand Freiligrath und Johannes Ronge (1813–87) und 230 weitere Delegierte, die angeblich 89 verschiedene Vereine repräsentierten, hier ein erstes offenes Bekenntnis zur Republik ab. Der Kongress setzte eine Vereinsgründungswelle in Gang und beschloss die Einrichtung eines fünfköpfigen Zentralausschusses der demokratischen Vereine. Obwohl der „2. Demokratenkongreß", der vom 26.10. bis 30.10.1848 in Berlin abgehalten wurde, bereits von 260 Vereinen beschickt wurde, markierte er einen Rückschlag: Die organisatorischen und finanziellen Probleme konnten nicht gelöst werden, und ein Vorpreschen radikaler Delegierter in der sozialen Frage führte zu einer Spaltung der Bewegung in einen radikalen und einen moderaten Flügel. Die gemäßigte Mehrheit der demokratischen Vereine vereinigte sich bald im **Zentralmärzverein**.

Der Zentralmärzverein (ZMV)

Der ZMV wurde am 21. 11. 1848 von Vertretern der Linken in der Frankfurter Nationalversammlung als Reaktion auf den preußischen Staatsstreich (s. Kap. IV, 1, c) gegründet, um einen außerparlamentarischen „Agitationspunkt" (M. Wettengel) zu schaffen. Der ZMV sollte als Dachorganisation aller demokratischen Vereine fungieren und trat für das Prinzip der Volkssouveränität, eine parlamentarische Regierungsform, ein demokratisches Wahlrecht und liberale Grundrechte ein. Da die Frage der Staatsform jedoch offen gelassen wurde, stand der ZMV lediglich für ein linkes Minimalprogramm. Die Vereinigung wuchs rasant. Bis zum März 1849 hatten sich dem ZMV über 1000 Vereine mit über 500 000 Mitgliedern angeschlossen. In 67 (= 85%) der preußischen Städte mit über 9000 Einwohnern gab es ZMV-Filialen. Dieser Erfolg erklärt sich zum Teil aus der lockeren Vereinsstruktur. Der aus Mitgliedern der Nationalversammlung bestehende „Centralverein", dem sich die Zweigvereine anschlossen, hatte keine Weisungsbefugnis. Diese stand allein dem „Kongreß der Vereinsdelegierten" zu, der jedoch nur einmal (6. 5. 1849) tagte. Die Kehrseite einer solch flexiblen Struktur war die Unlenkbarkeit dieser Vorform einer modernen Massenpartei. Die Bandbreite der im ZMV vertretenen Meinungen war zu groß, um Aktionen zu koordinieren, die über die Organisation von Massenpetitionen und Volksversammlungen hinausgingen. Trotz seines langen Festhaltens an einer moderaten Grundposition, wurde der ZMV wegen seiner prinzipiellen Bejahung der Republik und seines Parteicharakters vom Liberalismus konsequent abgelehnt. Am 6. 5. 1849 wandte sich der ZMV schließlich dem Kampf für die Reichsverfassung zu.

Der moderate Liberalismus wähnte sich nach dem März 1848 als Sieger. Märzministerien, Vorparlament, Fünfzigerausschuss, Bundestag und schließlich auch die neugewählten Nationalversammlungen und Landesparlamente: überall dominierten die „Konstitutionellen". Zusammen mit einer aus dem Vormärz stammenden Aversion gegen Parteibildung mag diese *inner*parlamentarische Stärke dazu geführt haben, dass der Aufbau einer *außer*parlamentarischen Vereinsstruktur nur zögerlich vorankam. Als besonders schwierig erwies sich der Versuch einer landesweiten Vernetzung der „Vaterländischen", „Deutschen", „konstitutionell-monarchischen" oder „Bürgervereine", die sich vor allem in Residenzstädten gebildet hatten. In Preußen zählte man im Oktober 1848 etwa 300. Da zahlreiche Konservative, die im gemäßigten Liberalismus das kleinere Übel erkannten, solchen Vereinen beigetreten waren, entwickelten sich häufig Flügelkämpfe, die zu Spaltungen führten. In Sachsen, Nassau und Darmstadt konkurrierten bald konservativ-konstitutionelle mit liberal-konstitutionellen Vereinen. Das Bedürfnis, der demokratischen Vereinsbewegung entgegenzuwirken, führte jedoch immer wieder zu Versuchen, die liberalen Vereine überregional zusammenzuschließen. Ein erster „Konstitutioneller Kongreß" (22.–24. 7. 1848), der Vertreter von 90 Vereinen nach Berlin führte, verlief ergebnislos. Auf Anregung des dortigen Bürgervereins fand vom 3. bis 5. 11. 1848 in Kassel ein weiteres Treffen statt, auf dem der „Nationale Verein" als liberaler Dachverband gegründet wurde. Wie der Zentralmärzverein musste sich auch der „Nationale Verein" organisatorisch auf eine lockere Struktur und programmatisch auf den kleinsten gemeinsamen Nenner – ein Bekenntnis zur Frankfurter Nationalversammlung und ihrer Verteidigung gegen Anarchie und Reaktion – beschränken. Insgesamt blieb die liberale Vereinsbewegung jedoch deutlich hinter dem Erfolg der Demokraten zurück. Auf seinem Höhepunkt hatte der „Nationale Verein" nur ca. 160 assoziierte Vereine. Weite Gebiete – Preußen, Bayern, Württemberg – waren kaum vertreten. Angesichts des Erstarkens der gegenrevolutionären Kräfte gerieten die konstitutionellen Vereine, die auch weiterhin auf Distanz zur demokratischen Bewegung blieben, ins politische Abseits. Im Juni 1849 löste sich der „Nationale Verein" schließlich auf.

Eine eigenständige Vereinsbewegung konservativer Kräfte kam nur in einigen Teilen Deutschlands in Gang. In Südwest- und Mitteldeutschland traten diejenigen, denen das monarchische Prinzip am Herzen lag, zumeist den konstitutionellen oder katholischen Vereinen bei. In Preußen hingegen organisierten sich Konservative seit Mai 1848 in eigenen „Patriotischen" oder „Preußenvereinen". Zu dieser Gruppe gehörte auch der „Verein zur Wahrung der Rechte des Grundbesitzes und zur Aufrechterhaltung des Wohlstandes aller Volksklassen". Dieser junkerliche Interessensverband hielt am 18./19. 8. 1848 das vielbeachtete Berliner „Junkerparlament" ab. Bereits im Juli hatte der reaktionäre Höfling Leopold von Gerlach, ein führendes Mitglied der „Camarilla", sich bemüht, all diese Kräfte durch die Gründung des „Vereins für König und Vaterland" zu bündeln. Solche Versuche einer konservativen Parteibildung kamen allerdings nur langsam voran. Die starke lokale Verankerung der „Preußenvereine" sperrte sich gegen eine überregionale Organisation. Erst im Mai 1849 gelang die Gründung eines „Generalcomitees der verbundenen monarchisch-konservativen Vereine". Nichtsdestoweniger stellte Preußens außerparlamentarischer Konservatismus eine beachtliche politische Kraft dar: Zu den mehr als 300 konservativen Vereinen mit ihren 60 000 Mitgliedern kamen ca. 250 „Militärvereine" (50 000 Mitglieder) und der im Frühjahr 1849 gegründete „konspirativ-freimaurerische" (M. Wettengel) „Treubund für König und Vaterland". Letzterer wurde vom preußischen Innenministerium insgeheim unterstützt und soll allein in Berlin 10 000 Mitglieder gehabt haben. Eine bayerische Parallelentwicklung zur konservativen Vereinsbewegung in Preußen war der „Verein für konstitutionelle Monarchie und religiöse Freiheit", der allein in München über 1600 Mitglieder und insgesamt etwa 60 Zweigvereine aufweisen konnte. Obwohl er sich durch seine stark katholisch Prägung von den „Preußenvereinen" unterschied, war er aufgrund seiner Unterstützung der „angestammten" Obrigkeit dem konservativen Spektrum zuzurechnen.

Die Stellung der katholischen Kirche war bereits im Vormärz zum Politikum geworden. Die Forderung nach Freiheit der Kirche im Staat konkretisierte sich in zwei Hauptstreitpunkten: in der Staatsschule, die der Klerus durch eine „christliche Schule" mit kirchlicher Bestimmungsmacht ersetzen wollte, und in der Ehe. Neben der katholischen Opposition zu Zivilehe und Ehescheidung erwies sich die Mischehenfrage als besonders explosiv und führte zu den „Kölner Wirren", auf deren Höhepunkt die preußischen Behörden den Kölner Erzbischof Klemens von Droste-Vischering (1773–1845) am 20. 11. 1837 inhaftierten. Der Konflikt mit dem (preußischen) Staat schweißte Klerus und Kirchenvolk enger zusammen und gab katholischen Vereinigungen, Publikationen und dem Wallfahrtswesen mächtigen Auftrieb. Das Mobilisierungspotential des politischen Katholizismus ließ sich am Erfolg der Wallfahrt zum „Heiligen Rock" von Trier ablesen, der 1844 mehr als eine halbe Million Pilger anzog. Als Reaktion gegen eine solche, als Aberglauben verworfene, Anhänglichkeit an die römische Kirche entstand unter der Führung des Breslauer Kaplans Johannes Ronge die „Deutschkatholische Bewegung". Der Deutschkatholizismus verstand sich als Rom-unabhängige nationale Gegenkirche und genoss die Unterstützung liberaler und demokratischer Kreise. 1847 verfügte er bereits über 60 000 Anhänger in 250 Gemeinden.

In einer so hochpolitisierten Situation begrüßten katholische Kirchenpolitiker die Chance zur Durchsetzung des kirchlichen Freiheitsanspruchs, die ihnen die Märzrevolution bot. Der erste „Pius-Verein für religiöse Freiheit" wurde am 28. 3. 1848 in Mainz gegründet. Die sich anschließende Gründungswelle erfasste das Rheinland, Nassau, Schlesien, Bayern und Württemberg und vor allem Baden, wo es Ende Oktober rund 400 Lokalvereine mit ca. 100 000 Mitgliedern gab. Die Vereinsbewegung des politischen Katholizismus, die – abgesehen von ihren kirchenpolitischen Kernforderungen – ein durchaus disparates, von stark konservativen Zügen (München) bis zu radikalen Tendenzen (Trier) reichendes Profil aufwies, entwickelte sich zur größten außerparlamentarischen Organisation der Revolutionszeit. Auf dem Mainzer „Katholikentag" (3.–5. 10. 1848) schlossen sich die Pius-Vereine zu einem Dachverband, dem „Katholischen Verein Deutschlands" zusammen. In Zusammenarbeit mit den katholischen Abgeordneten in der Nationalversammlung gelang es der Bewegung, wichtige Verfassungsziele durchzusetzen: die geistliche Aufsicht über den Religionsunterricht wurde garantiert; der Jesuitenorden zugelassen. Die entsprechende Selbstorganisation der Protestanten, die im evangelischen Kirchentag in Wittenberg (21.–23. 9. 1848) gipfelte, erreichte nicht die Bedeutung des politischen Katholizismus.

Wie in Kap. I, 2, b) ausgeführt, war die deutsche Arbeiterschaft zur Mitte des 19. Jahrhunderts durchaus keine homogene Gruppe. Unterschiedliche Lebens-, Lohn- und Rechtsverhältnisse, Traditionen und Identitäten führten zu einer starken Binnengliederung der Arbeiter- und Handwerkerschicht. Im Revolutionsjahr drückte diese Uneinheitlichkeit der Formierung der frühen deutschen Arbeiterbewegung ihren Stempel auf. Auf beiden Seiten wurde der breite sozialreformerische Mittelstrang der Bewegung von Extremen flankiert. Auf dem linken Flügel agierte Marx' und Engels' „Bund der Kommunisten". Trotz ihrer gewaltigen Folgen im späten 19. und 20. Jahrhundert stießen seine theoretisch hoch entwickelten Perspektiven für die radikale Umgestaltung der Klassengesellschaft 1848 noch auf wenig Widerhall. Selbst in Köln, dem Sitz des Bundes und Heimat eines der größten deutschen Arbeitervereine (ca. 5000 Mitglieder) blieben die Kommunisten weitgehend ohne Einfluss. Der Mainzer Arbeiterverein war von Marx als potentielles „provisorisches Zentralkomitee" einer künftigen deutschen Arbeiterverbindung ausersehen. Ein solcher Optimismus schien wenig gerechtfertigt. „Wenn hier einer als Kommunist aufträte", berichtete ein Bundesmitglied am 14. 4. 1848 aus Mainz, „so würde er gewiß zu Tode gesteinigt, obschon diese Rinder auch nicht den verworrensten Begriff von dem, was Kommunismus ist, haben." Das Gegenstück zu dieser sozialrevolutionären Bewegung war eine rückwärts gerichtete, „sozialkonservative" Gesellschaftskonzeption, die sich auf Handwerkerkongressen in Frankfurt und Berlin manifestierte. In dem Interessenskonflikt, der sich auf dem „1. Allgemeinen Deutschen Handwerker- und Gewerbekongreß" in Frankfurt (15. 7.–18. 8. 1848) zwischen Meistern und Gesellen auftat, gewannen erstere bald die Oberhand. Sie begannen eine intensive Lobby-Arbeit, die auf die Wiedereinführung einer zünftigen Regulierung der Gewerbewirtschaft (Abschaffung der Gewerbefreiheit, Beschränkung der Meisterstellen, Strafbesteuerung von Fabriken etc.) zielte. Auch auf dem preußischen Handwerkerkongress, der vom 17.–30. 7. 1848 in Berlin tagte, setzte sich die Meisterfraktion mit ihren zünftig-reaktionären Vorstellungen durch.

Die Gesellen reagierten auf die robuste Interessenspolitik der Meister, indem sie unter Führung des Gewerbelehrers Karl Georg Winkelblech (1810–65) den Frankfurter Handwerkerkongress verließen. Zwischen dem 20. 7. und 20. 9. 1848 organisierten sie einen Gegenkongress, aus dem sich der „Allgemeine deutsche Arbeiter-Congress" entwickelte. Winkelblechs Mischung aus staatssozialistischen und zünftig-vorkapitalistischen Forderungen fand im süd- und südwestdeutschen Handwerk einigen Anklang. Dennoch kam sein „Allgemeiner deutscher Arbeiterverein" nur langsam voran und verschmolz schließlich mit der größten und erfolgreichsten Vereinigung deutscher Arbeitervereine, der „Allgemeinen deutschen Arbeiterverbrüderung". Diese war auf einem von Stephan Born geleiteten „Arbeiterkongreß" gegründet worden, zu dem sich Ende August Vertreter von vier Arbeiterkomitees und 31 Arbeitervereinen in Berlin versammelten. Mit der „Arbeiterverbrüderung" führte Born das sozialreformerische Programm weiter, das er seit April als Präsident des **Berliner Zentralkomités der Arbeiter** verfolgt hatte. Unter dem in Leipzig ansässigen Zentralkomitee entwickelte sich die Arbeiterverbrüderung rasch zum Dachverband der deutschen Arbeitervereine. Nach dem Beitritt der südwestdeutschen Vereine im Frühjahr 1849 waren mehr als 15 000 Mitglieder in etwa 170 Arbeitervereinen durch die Arbeiterverbrüderung miteinander assoziiert. Obwohl sie nur 2% der Handwerker und Arbeiter im Zollverein (s. S. 17–18) zusammenfasste und ihre Organisationsform aufgrund der Autonomie der Ortsvereine locker blieb, entfaltete die Arbeiterverbrüderung eine beachtliche sozialpolitische Tätigkeit. Sie organisierte Petitionen, gab Streikhilfe, entwickelte Tarifentwürfe und veröffentlichte das Korrespondenzblatt „Die Verbrüderung". Politisch standen die Arbeitervereine dem radikalen Flügel der demokratischen Bewegung nah, mit der sie durch zahlreiche Doppelmitgliedschaften eng verbunden waren. Die *außer*parlamentarische Tätigkeit, auf die Borns in den Kammern und legislativen Versammlungen nicht vertretene Arbeiterverbrüderung eingeschränkt war, hatte jedoch keine *anti*parlamentarische Spitze. Vielmehr versuchte sie, die Frankfurter Nationalversammlung für sich zu gewinnen, um ihre Forderungen in die neue Verfassungsordnung einfließen zu lassen. Die Aufrufe der Arbeiterverbrüderung vom Mai 1849, für die Durchsetzung der Reichsverfassung zur Waffe zu greifen, lag in der Logik dieser Strategie. Nach dem Sieg der Gegenrevolution wurde die Arbeiterverbrüderung aufgelöst.

Das dichte Vereinsnetz, das während des Revolutionsjahres in Deutschland geknüpft wurde, war nicht allein den fünf großen politischen Milieus zuzurechnen. Der

Forderungen des Berliner Zentralkomités der Arbeiter am 18. 6. 1848
(nach: Obermann: Flugblätter der Revolution, S. 147f.)

1. Bestimmung des Minimums des Arbeitslohnes und der Arbeitszeit durch Kommissionen von Arbeitern und Meistern oder Arbeitgebern.
2. Verbindung der Arbeiter zur Aufrechterhaltung des festgesetzten Lohnes.
3. Aufhebung der indirekten Steuern, Einführung progressiver Einkommensteuer mit Steuerfreiheit derjenigen, die nur das Nötigste zum Leben haben.
4. Der Staat übernimmt den unentgeltlichen Unterricht und, wo es nötig ist, die unentgeltliche Erziehung der Jugend mit Berücksichtigung ihrer Fähigkeiten.
5. Unentgeltliche Volksbibliotheken.
6. Regelung der Zahl der Lehrlinge, welche ein Meister halten darf, durch Kommissionen von Meistern und Arbeitern.
7. Aufhebung aller für das Reisen der Arbeiter gegebenen Ausnahmegesetze, namentlich der in den Wanderbüchern ausgesprochenen.
8. Herabsetzung der Wählbarkeit für die preußische Kammer auf das 24. Jahr.
9. Beschäftigung der Arbeitslosen in Staatsanstalten, und zwar sorgt der Staat für eine ihren menschlichen Bedürfnissen angemessenen Existenz.
10. Errichtung von Musterwerkstätten durch den Staat und Erweiterung der schon bestehenden öffentlichen Kunstanstalten zur Herausbildung tüchtiger Arbeiter.
11. Der Staat versorgt alle Hilflosen und also auch alle Invaliden der Arbeit.
12. Allgemeine Heimatberechtigung und Freizügigkeit.
13. Schranken gegen Beamtenwillkür in Bezug auf die Arbeitsleute. Dieselben dürfen nur durch das Urteil einer Kommission von ihren Stellen entlassen werden.

Selbstorganisierungs- und Mobilisierungsschub erfasste beinahe alle Lebensbereiche. Alle möglichen Gruppen bemühten das „liberale Zauberwort der freien Assoziation" (H.-U. Wehler) zur Förderung ihrer Anliegen. Weil es sich zum Anwalt zahlloser Interessen machte, entwickelte sich das Vereinswesen zu einem wahrhaft vielstimmigen Chor. 1200 Burschenschafter trafen sich Pfingsten 1848 zu einem zweiten Wartburgfest. Auf dem Hanauer Turntag wurde Anfang April 1848 der „Deutsche Turnerbund" aus der Taufe gehoben, von dem sich bereits vier Monate später der „Demokratische Turnerbund" abspaltete. Am 27. 8. 1848 versammelten sich die Privatdozenten in Frankfurt am Main, um für eine Universitätsreform einzutreten. Ende September erhob ein Pädagogenkongress in Eisenach ähnliche Forderungen hinsichtlich der Gymnasien. Auch die Wirtschaft entfaltete eine beachtliche Vereinsgründungs- und Petitionstätigkeit. Der protektionistische „Allgemeine Deutsche Verein zum Schutze der vaterländischen Arbeit", ein vorrangig von der Metall-, Bergbau- und Textilindustrie getragener Dachverband, organisierte 370000 Unterschriften für seine Eingaben an die Frankfurter Nationalversammlung. Sein Gegenstück, der „Deutsche Verein für Handelsfreiheit", brachte es nur auf 20000 Unterschriften. Die Assoziationswut der Revolutionsperiode trieb auch einige bedenkliche Blüten. Die Dutzenden von Flotten-, Auswanderungs- und Kolonisationsvereine waren eine Reaktion auf die seit langem gehegten deutschen Welt- und Seemachtambitionen sowie den Krieg gegen Dänemark. Der führende Verein dieses Genres, der „Nationalverein für deutsche Auswanderung und Ansiedelung" verfügte immerhin über zwölf Zweigvereine und ein eigenes Vereinsorgan („Der Deutsche Auswanderer"). Am 16. 10. 1848 hielt er in Frankfurt einen gutbesuchten Kongress aller deutschen Auswanderungsvereine ab.

Die Vereinsbewegungen waren nicht nur eine Angelegenheit des städtischen Bürgertums. In vielen Gebieten – in Südwestdeutschland, Unterfranken, Thüringen und Schlesien – erfassten sie auch die ländliche Bevölkerung. Dabei war die Vereinsdichte regional durchaus unterschiedlich. In Norddeutschland und Österreich wurden deutlich weniger Vereine gegründet als in Mittel- und Südwestdeutschland. Über die soziale Zusammensetzung der Vereine lassen sich nur wenige generalisierende Aussagen treffen. Die Mitgliedschaft der Pius-Vereine war äußerst heterogen und umfasste unterbürgerliche Mitglieder, Klein- und Besitzbürger. Ähnliches gilt für die konservativen Vereine, die ihre Klientel vorrangig aus kleinbürgerlichen und handwerklichen Kreisen rekrutierten, aber durchaus auch unterbürgerliche Mitglieder aufwiesen. Demokratische Vereine wiesen eine vorrangig handwerklich-kleingewerbliche Mitgliedschaft auf, während die konstitutionell-liberalen Vereine stärker groß- und bildungsbürgerlich geprägt waren. Letztere blieben zudem in besonders starkem Maße auf die Städte begrenzt. Insgesamt wird man selbst bei Berücksichtigung von Mehrfachmitgliedschaften und der Kurzlebigkeit vieler Vereine von mindestens 800000 Vereinsmitgliedern ausgehen müssen.

d) Revolutionsöffentlichkeit und unterprivilegierte Gruppen: Juden und Frauen

Die Freisetzung des öffentlichen Diskurses und die Vielfalt der Mittel zur Politisierung ermöglichte es im Revolutionsjahr auch den Bevölkerungsgruppen, die bisher durch rechtliche Benachteiligung und traditionelle Rollenzuweisungen daran gehindert worden waren, sich aktiv ins öffentliche Leben einzubringen. Die Revolutionserfahrung zweier solcher Gruppen – Juden und Frauen – soll hier kurz umrissen werden.

Das zentrale Anliegen der jüdischen Minderheit im Vormärz war die rechtliche Gleichstellung. Trotz viel versprechender Ansätze während der napoleonischen Besatzung, waren die Jahrzehnte nach 1815 aus jüdischer Sicht frustrierend gewesen. Die Emanzipation wurde breit diskutiert, kam aber nicht voran. Neben mehreren Wellen antisemitischer Gewalt – z.B. den Hep-Hep-Krawallen (1819) oder den Pogromen von 1830 – wurde die so genannte Judenfrage auch intellektuell problematisiert. Wie sollten Juden in einen vielfach als christlich verstandenen Staat integriert werden, ohne ihre Identität aufzugeben? Selbst wohlmeinende Nichtjuden sahen allein in der Taufe ein Mittel zur Überwindung des als anachronistisch verstandenen Judentums. Hierüber entbrannte auch ein innerjüdischer Konflikt zwischen orthodoxen Bewahrern und denjenigen, die für eine kompromissfähige kulturelle „Amalgamierung" eintraten. Das weit verbreitete antisemitische Ressentiment blieb jedoch ein Hindernis. „Liberale, denen es um die Volksgunst zu tun ist, haben meist Bedenken getragen, sich offen und entschieden für die Juden zu erklären", konnte man im „Brockhaus" von 1844 lesen: „denn populär ist die Sache der Juden nicht." Die jüdische Erfahrung der 1848er-Revolution spiegelt diese Vorgeschichte in dreifacher Hinsicht wider: Die zentralen Motive waren Antisemitismus, Emanzipation und Partizipation.

Der vormärzliche Polizeistaat hatte Pogrome unterdrückt. Während des „freiheitsberauschten" Machtvakuums im März 1848 jedoch schwappte eine abstoßende antisemitische Welle durch Deutschland. In Neckarbischofsheim wurden Juden gezwungen, ihr Ortsbürgerrecht aufzugeben. In Baden wurden die Häuser von Juden ausgeraubt. In Tauberbischofsheim musste das Militär jüdische Häuser sichern, während im westfälischen Peckelsheim Landwehrmänner Juden ausplünderten. Zu Recht fragte die „Allgemeine Zeitung des Judentums" am 25. 3. 1848: „Sind Bürger, die solches tun, zur

Freiheit reif?" Im auffälligen Kontrast zu diesen Gewalttaten stand die Selbstverständlichkeit, mit der die Märzforderung nach rechtlicher Gleichstellung aller Religionsgemeinschaften anerkannt wurde. Im April fand die badische Kammer eine ausführliche Begründung der Emanzipation schlichtweg überflüssig: „Es sind keine Hindernisse mehr zu besiegen; der mächtige Ruf der Zeit hat sie alle mit einem Male darnieder geworfen." Berlins „Spenersche Zeitung" erklärte im Mai, dass die einst so strittige „Judenfrage" nun in die „politische Altertumskammer" gehöre. Juden erhielten das Wahlrecht für die deutsche Nationalversammlung, und nach und nach führten alle Staaten die Gleichstellung der Juden ein. Wie so viele Errungenschaften der Märzrevolution fiel allerdings auch die Judenemanzipation der Reaktion zum Opfer. Noch bevor sich auch die allgemeine Stimmung in den 1850er-Jahren erneut gegen die Gleichstellung der Juden richtete, waren viele Zusagen bereits wieder eingeschränkt worden.

In einer Hinsicht jedoch ereignete sich 1848 etwas fundamental Neues: „Erstmalig und in großer Zahl traten Juden als politisch Handelnde und oft als Führer der allgemeinen politischen Bewegung auf" (R. Rürup). 21 der Berliner Märzgefallenen (d. h. knapp 7% bei einem Bevölkerungsanteil von 2%) waren Juden. Am Vorparlament nahmen sechs Juden teil; in der Paulskirche fanden sich 19 Abgeordnete jüdischer Abstammung (davon elf Getaufte); fünf in der Berliner Nationalversammlung; vier im österreichischen Reichstag. Eine herausragende Rolle spielten Juden in der Wiener Revolution. Die Ärzte Adolf Fischhof und Joseph Goldmark (1819–81) gehörten hier zu den Führern der revolutionären Bewegung. Unter der ersten Deputation, die für die Aufständischen verhandelte, waren vier promovierte Juden. Auch im restlichen Deutschland erlangten Männer jüdischer Herkunft beachtliche Prominenz: so der Sozialist Andreas Gottschalk in Köln; der Arbeiterführer Stephan Born oder Bernhard Wolff (1811–76), der Herausgeber der Berliner „National-Zeitung". In den Bereichen Presse und Publizistik war das jüdische Engagement insgesamt sehr beträchtlich. Der Historiker Jacob Toury sieht in dieser aktiven und weithin akzeptierten Hinwendung (auch orthodoxer) jüdischer Kreise zur allgemeinen Politik eine „innerjüdische Wende". Hierin, wenn schon nicht in der Manifestation antisemitischer Gewalt und in den kurzlebigen Emanzipationserfolgen, mag die umwälzende Bedeutung von 1848/9 für die deutschen Juden gelegen haben.

Juden waren nicht die einzige benachteiligte Bevölkerungsgruppe, die sich 1848 zu Wort meldete. Im Revolutionsjahr traten viele Frauen ans Licht der Öffentlichkeit. 14 von ihnen bezahlten ihr Engagement für die Revolution in den Straßen von Wien und Berlin mit dem Leben. In Köln gab **Mathilde Anneke** eine eigene Frauenzeitung heraus. Emma Herwegh (1817–1904) folgte ihrem Gatten von Abenteuer zu Abenteuer. 1849 schmuggelte Amalie von Struve (1824–62) Pulver zu den Aufständischen. Diese Frauen waren couragiert und charismatisch. Nichtsdestoweniger verwarf Clara Zetkin (1857–1933) das „deutsche Amazonentum von 1848/49". Es sei „mehr Kostüm als Tat" gewesen. Ohne diese Abqualifizierung zu akzeptieren, hat sich die neuere Forschung weniger auf diese Ausnahmefälle konzentriert, als auf die Politisierung der weiblichen Lebenssphäre. Hierdurch und nicht durch die Übernahme „männlicher" Verhaltensweisen reagierten viele deutsche Frauen auf die Revolution. Diese Perspektive ermöglicht es zu zeigen, „dass Frauen wesentlich das äußere Erscheinungsbild und die innere Kontingenz der revolutionären Bewegung prägten" (C. Lipp). Angesichts der Beschränkungen, denen weibliches Handeln unterworfen war, taten Frauen „das Ihrige" für die Revolution.

Diese Partizipation bestand zum einen aus der demonstrativen, öffentlichen Teilnahme von Frauen an politischen Versammlungen. In der Paulskirche waren 200 Sitze für Frauen reserviert; der demokratische Volksverein in Heidelberg stellte eigene Tribünen für weibliche Besucher auf. Auch in Gerichts- und Gemeinderatssälen erschienen nunmehr Frauen. Sie hatten einen festen Platz im Revolutionszeremoniell: Ehrenjungfrauen – oft in weißen Kleidern mit schwarz-rot-goldenen Schärpen – schritten bei Umzügen mit; bei Fahnenweihen überreichten Frauen Bürgerwehreinheiten selbstgestickte Banner. Andererseits wurden traditionell weibliche Tätigkeiten in einen weiteren politischen Zusammenhang eingebunden. Zunächst war dies „eine Sache des Einkaufskorbes" (S. Kienitz). Frauen, die das deutsche Gewerbe durch den Boykott von Importen fördern wollten, veröffentlichten Aufrufe und organisierten sich. Der im April 1848 in Karlsruhe gegründete „Frauenverein zur Unterstützung des deutschen Gewerbefleißes" sammelte zudem Geld für den Bau einer deutschen Flotte. Dies entsprach einem allgemeinen Muster, demzufolge Frauen vor allem in Weisen aktiv wurden, mit denen sie durch eine lange Wohltätigkeitstradition vertraut waren: Handarbeiten, Geldsammlungen und Schmuckgaben. Indem sie politische Veranstaltungen besuchten, Vereine gründeten und ihre Fähigkeiten in den Dienst der nationalen Sache stellten, wurden Frauen zu einem aktiven Bestandteil der bisher Männern vorbehaltenen politischen Öffentlichkeit. Da trotz einiger Einzelstimmen noch keine breite Bewegung zugunsten der rechtlichen Gleichstellung von Frauen in Gang kam, lag hierin die herausragende Bedeutung der Revolutionsperiode für die deutschen Frauen. Umgekehrt sind die Jahre 1848/9 auch gerade deshalb eine so wichtige Periode, weil sie eine politische Öffentlichkeit schufen, die so breit und pulsierend war, dass auch Juden und Frauen öffentlich am politischen Prozess teilnehmen konnten. Die Zusammensetzung, Arbeitsbedingungen und Debatten der verfassungsgebenden Versammlungen, die in Frankfurt, Wien, Berlin und den Hauptstädten des Dritten Deutschland zusammentraten, wurden von dieser Öffentlichkeit zutiefst beeinflusst.

Mathilde Annekes (1817–84) prägendes Erlebnis war die Scheidung von ihrem ersten Mann. Die Benachteiligung, die sie während des Prozesses erfuhr, politisierte die aus einer großbürgerlichen westfälischen Familie stammende junge Frau. Fortan wollte sie publizistisch auf die „geistige und sittliche Erhebung des Weibes" hinwirken. 1839 trat sie noch ganz unverfänglich als Autorin eines religiösen Erbauungsbuches („Des Christen freudiger Aufblick zum himmlischen Vater") hervor. Als Herausgeberin eines „Damenalmanachs" (1843) und der Anthologie „Producte der Rothen Erde" (1844) begab sie sich jedoch schrittweise auf politisches Terrain. Zur gleichen Zeit schloss sie sich einem Debattierkreis an, dem auch der radikale Offizier Fritz Anneke angehörte. 1847 heiratete sie ihn und veröffentlichte die Streitschrift „Das Weib im Konflikt mit den socialen Verhältnissen", in der sie für die Gleichberechtigung der Frau eintrat. Im Revolutionsjahr gab sie (erst mit ihrem Mann, nach dessen Inhaftierung dann allein) die „Neue Kölnische Zeitung" und die „Frauenzeitung" heraus. Als sich Fritz nach seiner Haftentlassung dem pfälzischen Aufstand anschloss, nahm Mathilde mit ihm zusammen am badischen Feldzug teil. Im Juli 1849 flohen beide aus der Festung Rastatt ins amerikanische Exil, wo Mathilde Anneke bald wieder als Journalistin aktiv wurde. Nach einem längeren Aufenthalt in der Schweiz kehrte sie nach Milwaukee zurück, wo sie in den 1860er-Jahren ein Töchter-Institut gründete.

2. Die deutsche Nationalversammlung in Frankfurt, Mai–September 1848

Am 18. 5. 1848 wurde die deutsche Nationalversammlung eröffnet. Nachdem sie dem siebzigjährigen Verdener Stadtrichter Friedrich Lang (1778–1859) im Kaisersaal des Frankfurter Rathauses die Alterpräsidentschaft übertragen hatten, zogen 384 gewählte Abgeordnete zu ihrem Sitzungslokal, der nahe gelegenen Paulskirche. Die Stimmung war euphorisch-optimistisch. Die Stadt war schwarz-rot-gold geschmückt; Glocken läuteten; Salutschüsse donnerten; ein Spalier war gebildet worden, das die Volksvertreter entblößten Hauptes würdig durchschritten. Obwohl die Zentralaufgabe der Nationalversammlung, deren Wahl und Zusammensetzung zunächst skizziert werden, die Abfassung einer deutschen Gesamtverfassung war, wurden die ersten fünf Monate ihrer Tätigkeit von anderen Problemen dominiert. Schon bald bürdete sich das Frankfurter Parlament die zusätzliche Verantwortung einer Exekutive für den zu schaffenden Nationalstaat auf. Ein solches Zentralisierungsprojekt brachte die Nationalversammlung unweigerlich auf Konfrontationskurs mit den Einzelstaaten. Die Spannungen, die sich aus der versuchten Nationalstaatsgründung ergaben, hatten jedoch nicht nur eine innerdeutsche Dimension. Die Nationalitätenkonflikte, die frühzeitig aufbrachen, belasteten das Verhältnis zwischen den Trägern der deutschen Nationalrevolution und anderen Nationen – sowohl innerhalb wie außerhalb der Grenzen des Deutschen Bundes.

a) Wahl, Zusammensetzung, Konstituierung

Das vom Bundestag am 7. 4. 1848 beschlossene Wahlgesetz überantwortete die Organisation der Wahlen zur Nationalversammlung den einzelstaatlichen Regierungen. Dies hatte eine zweifache Bedeutung. Zum einen konnte das Paulskirchen-Parlament dadurch als legitim sanktioniert gelten. Andererseits wurden die Regierungen, die auf der Heidelberger Versammlung, bei der Einberufung des Vorparlaments und bei der Einsetzung des Fünfzigerausschusses übergangen worden waren, hierdurch wieder in den politischen Umgestaltungsprozess integriert. Dies hatte unmittelbare Folgen. Da das Bundeswahlgesetz den Einzelstaaten bei der Einschränkung des Wahlrechts auf *selbständige* (männliche, volljährige) Staatsangehörige und hinsichtlich der Direktheit der Wahl Ermessensspielraum gewährt hatte, unterschieden sich die Rahmenbedingungen der Wahl von Staat zu Staat. In Preußen, Braunschweig, Schleswig-Holstein und Hessen-Darmstadt war die Selbständigkeit so weit definiert, dass lediglich Empfänger staatlicher Almosen und Kostgänger (Arbeiter ohne eigenen Haushalt, die gegen Bezahlung bei fremden Familien wohnten und aßen) ausgeschlossen waren. Von den rund vier Mio. männlichen Preußen über 20 Jahren waren immerhin 3,4 Mio. wahlberechtigt. Am anderen Ende des Spektrums stand Bayern, wo nur diejenigen als selbständig galten, die eine direkte Staatssteuer entrichteten. Konkret hieß das, dass von den ca. 50000 Einwohnern Nürnbergs lediglich 6752 das aktive Wahlrecht besaßen. Auch in Österreich, Württemberg, Hannover und Kurhessen war Unselbständigkeit so weit gefasst, dass Tagelöhnern, Dienstboten und Handwerksgesellen das Wahlrecht versagt wurde. Die ursprünglich geplante Direktwahl fand nur in Württemberg, Kurhessen, Schleswig-Holstein, Frankfurt, Hamburg und Bremen statt. Überall sonst traten Wahlmänner zwischen die Urwähler und die Abgeordneten. Eigentlich waren die einzelstaatlichen Regierungen durch das Wahlgesetz aufgefordert worden, die Wahlen so

Tab. 5: Berufliche Zusammensetzung der Frankfurter Nationalversammlung

(a) geistige und freie Berufe	**233**	***(c) Staatsdiener***	**436**
Rechtsanwälte	106	Hochschullehrer	49
Ärzte	23	Gymnasiallehrer	45
Bibliothekare	3	sonstige Lehrer	30
Verleger, Buchhändler	7	Offiziere	18
Schriftsteller, Journalisten	20	Diplomaten	11
sonstige Akademiker	35	Richter, Staatsanwälte	110
Geistliche	39	höhere Beamte	115
		mittlere Beamte	37
(b) *Wirtschaftsstände*	**99**	Bürgermeister	21
Großgrundbesitzer	43		
Bauern	3	**(d) *ohne Angabe***	**44**
Kaufleute	35		
Fabrikanten	14	**Gesamtzahl**	**812**
Handwerker	4	*davon im Staatsdienst*	436
		davon Akademiker	ca. 600
		davon juristisch geschult	491

(Nach: M. Schwarz: *MdR. Biographisches Handbuch des Reichstags,* Hannover 1965.)

zeitig abzuhalten, dass sich die rund 585 Abgeordneten am 1. 5. 1848 in Frankfurt versammeln konnten. Die Zahl 585 ergab sich aus der Vergabe eines Mandats pro 50000 Seelen, der Einbeziehung Schleswigs, Posens, Ost- und Westpreußens sowie des Wegfalls ca. 70 böhmischer, mährischer und slowenischer Mandate. Angesichts der Schwierigkeiten, die die Organisation einer landesweiten Wahl mit sich brachte, erwies sich diese Frist jedoch als illusorisch. In Preußen schritt man erst am 1. 5. zur Urne, in Österreich dauerte es gar bis zum 3. 5.

Der Wahlakt erwies sich als die Stunde der Honoratioren. Zwar betrieben die politischen Vereine (zumal die demokratischen) vielerorts eine Art Wahlkampf: Flugblätter wurden verteilt, Kandidaten unterstützt, öffentliche Reden gehalten. Das deutsche Parteiensystem befand sich jedoch noch in einem so embryonalen Stadium, dass sich fast überall prominente Einzelpersönlichkeiten durchsetzten. Dies wurde zudem durch das System der Einmannwahlkreise mit Mehrheitswahlrecht gefördert. So wurden die Wahlen von Vertretern der etablierten Besitz- und Bildungsstände – von Grundbesitzern, Akademikern, Beamten, Juristen, Geistlichen – sowie der freien Berufe dominiert. Gerade in Zentren radikaler Strömungen hatten Letztere – oft in der Form von Journalisten und Verlegern – beachtlichen Einfluss. Die berufliche Zusammensetzung der Nationalversammlung (Tab. 5) spiegelte die zentrale Rolle des liberalen, besitz- und bildungsbürgerlichen Establishments wider.

Über die Auswirkungen dieser Dominanz auf das Wahlverhalten kann nur spekuliert werden. Die effektive Wahlbeteiligung scheint uneinheitlich gewesen zu sein. Von rund 7100 wahlberechtigten Leipzigern gaben 5593 ihre Stimme ab; in Nürnberg waren es 4391 von 6752. Das waren jedoch Spitzenwerte. In einem holsteinischen Wahlkreis nahmen nur 7900 von knapp 20000 Berechtigten ihr Wahlrecht wahr. Anderswo soll nur ein Viertel der Wähler zur Urne gegangen sein. Inwieweit der Grad der Wahlenthaltung klassenspezifisch war und als Protest der Unterschichten gewertet wer-

Die Fraktionen der Frankfurter Nationalversammlung 1848/49

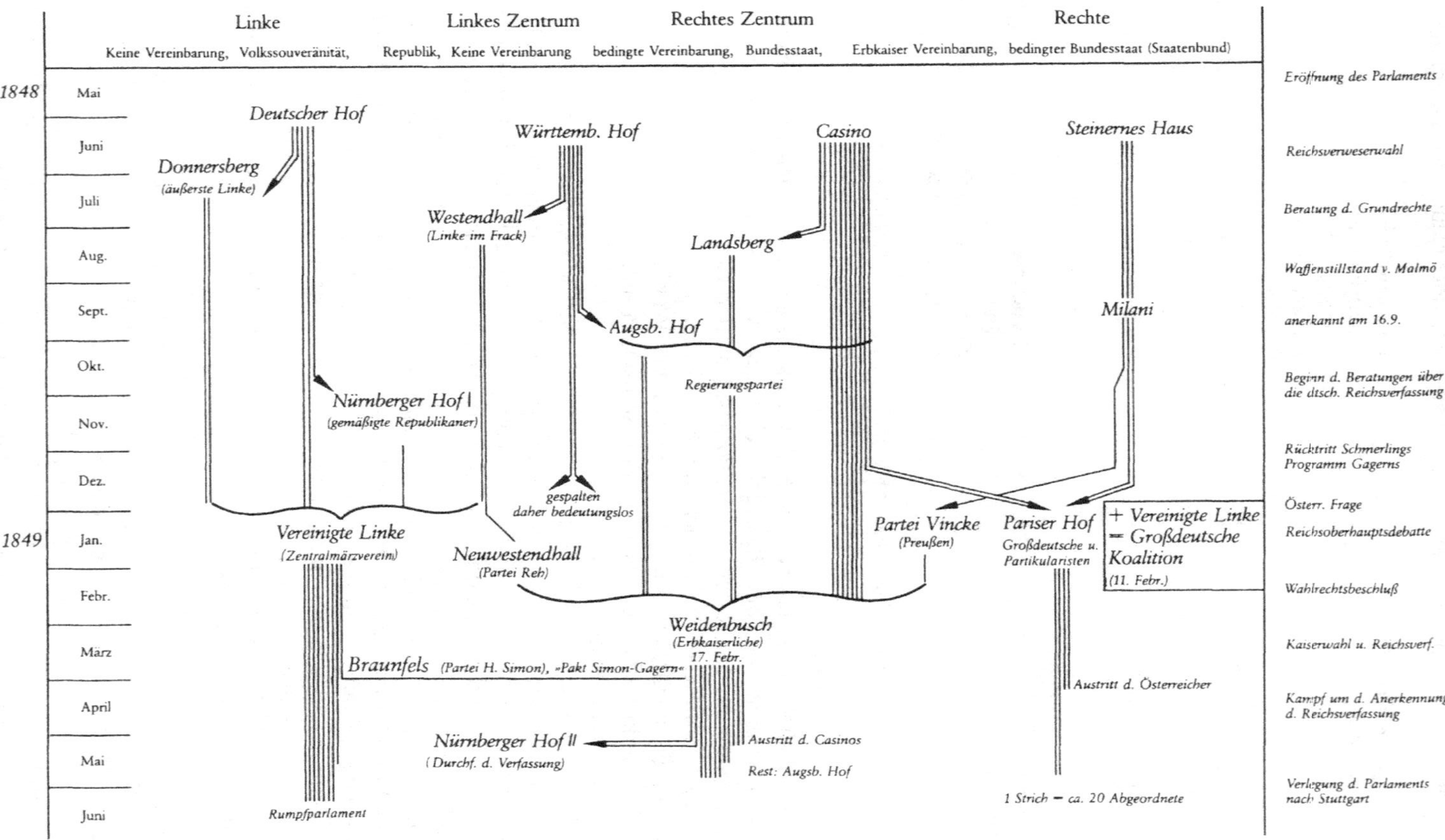

Quelle: Heinrich Lutz: Zwischen Habsburg und Preußen, Deutschland 1815–1866. Berlin (Siedler) 1994, S. 270.

den sollte – wie der Historiker Theodore Hamerow argumentiert hat – lässt sich angesichts des unsicheren Zahlenmaterials schwerlich feststellen. Einige Arbeitervereine riefen aus Enttäuschung über das indirekte Wahlverfahren zum Boykott auf. Angesichts der Erfolge der demokratischen Kandidaten in Sachsen ist jedoch unklar, wie weit diese Aufrufe befolgt wurden.

Wenn auch die Faktoren, die die Wahlen zur Nationalversammlung beeinflusst haben, nicht mit letzter Sicherheit ausgelotet werden können, so ist das Ergebnis jedoch eindeutig – in Bezug auf die gesellschaftliche Struktur der Nationalversammlung ebenso wie hinsichtlich ihres politischen Charakters: „Das Frankfurter Parlament war eine Honoratiorenversammlung, in der die untere Bevölkerungsschicht völlig unzureichend vertreten war", lautet Veit Valentins Urteil. Gesellschaftlich gesehen war das Paulskirchen-Parlament vorrangig ein bürgerliches – nur ca. 18% der Abgeordneten waren adlig – Beamten- und Juristenparlament. Bauern, Handwerker und Arbeiter finden sich kaum auf seinen Bänken. Auch das Wirtschaftsbürgertum war nur schwach vertreten. Wer einen Betrieb oder Laden zu führen hatte, konnte es sich kaum leisten, ein monatelanges Mandat zu übernehmen. Beamte hingegen waren abkömmlich. Sie wurden beurlaubt. Inwieweit sie – und insbesondere die Juristen unter ihnen – sich auch intellektuell vom Staatsdienst befreien konnten, bleibt jedoch Spekulation. Die juristisch geschulten Abgeordneten verdankten „ihre Grundbegriffe und Wertungen über den Staat ihrerseits dem Staat". Als Beamte waren sie nicht unbefangen. „Ob Professor, Richter oder Diplomat: im Dienst des Staats zu stehen bedeutete, abhängig zu sein, hieß, für zu laute Opposition das Amt einzubüßen" (W. Siemann). Diese Überlegung wird zumindest tendenziell durch das berufliche Profil der verschiedenen Fraktionen bestätigt: nur ca. 10% der Mitglieder der rechtsliberalen „Casino"-Fraktion waren Freiberufler; im linken „Donnersberg" betrug die entsprechende Ziffer immerhin 50%.

Die politische Siegerin der Wahlen zur Nationalversammlung war die liberale Mitte. Ausgeschlossen blieben die Extreme. Weder die ultrakonservative Rechte noch die radikal-sozialistische Linke waren in der Paulskirche vertreten. Die wiederholten Wahlerfolge des als Hochverräter geschmähten Friedrich Hecker wurden annulliert. Von links nach rechts gedacht, reichte die Skala der verfassungspolitischen Kernforderungen vom Prinzip der Volkssouveränität und der parlamentarisch-unitarischen Republik, über verschiedene Schattierungen einer mit den Fürsten vereinbarten, konstitutionellen und bundesstaatlichen Monarchie bis zu Erbkaisertum und legitimistischem (= die Rechte der legitimen Fürsten betonendem) Staatenbund. Endpunkte waren die demokratische Linke einerseits und die gemäßigten Konservativen andererseits. Entlang dieser imaginären, vielfach gebrochenen und überlagerten Linie lässt sich eine Taxonomie der in der Nationalversammlung vertretenen politischen Gruppen erstellen, deren Einheiten lockere, nach ihren Versammlungslokalen benannte Fraktionen waren. Die demokratisch-republikanische Linke umfasste ungefähr 15% der Abgeordneten und zerfiel ihrerseits in zwei Fraktionen: Die extreme, plebiszitär orientierte Linke (ca. 7%) – Männer wie der radikale Schriftsteller Arnold Ruge und der Rechtsanwalt Lorenz Brentano (1813–91) – traf sich im Gasthof „Donnersberg". Unter der Führung Robert Blums, Johann von Itzsteins und Jakob Venedeys (1805–71) versammelte die gemäßigte Linke ca. 8% der Abgeordneten im „Deutschen Hof". Am gegenüberliegenden Ende des Spektrums lag das „Café Milani" – die legitimistische, föderalistische Rechte. Sie umfasste rund 6% der Abgeordneten, unter ihnen Joseph von Radowitz, Felix Fürst Lichnowsky (1814–48) und der spätere österreichische Minister Karl Bruck (1798–1860).

Zwischen diesen Flügeln lag ein breites (47%), vielfach gegliedertes Zentrum. Das „linke Zentrum“ begann mit der im September 1848 formierten „Westendhall“ (7%), deren demokratische Mitglieder aus taktischen Gründen bereit waren, die konstitutionelle Monarchie zu tolerieren. Prominentestes Mitglied dieser oftmals als „Linke im Frack“ bespöttelte Fraktion war der Kölner Franz Raveaux. Der „Württemberger Hof“ strebte eine großdeutsche parlamentarische Monarchie an und umfasste rund 6% der Abgeordneten, darunter die Badener Robert Mohl und Karl Mittermaier (1787–1867). Das „rechte Zentrum“ begann mit dem „Augsburger Hof“ (7%), der sich im Dezember 1848 vom „Württemberger Hof“ abspaltete und stärker kleindeutsch-erbkaiserlich ausgerichtet war. Rechts hiervon rangierte der im September gegründete „Landsberg“ (6%), dem der Staatsrechtler Sylvester Jordan und der Schriftsteller Wilhelm Jordan (1819–1904) angehörten. Der „Landsberg“ betonte die Rolle des Parlaments stärker als seine Mutterfraktion, das „Casino“ (21%). Die rechtsliberale „Casino-Partei“ versammelte die bekanntesten Vertreter der konstitutionellen Monarchie: Karl Welcker, Friedrich Daniel Bassermann, Johann Gustav Droysen, Jakob Grimm und viele mehr. Das überwiegend kleindeutsch gesinnte „Casino“ strebte eine starke Exekutive an und wollte dem Parlament eine rein legislative Rolle zuweisen. Weder die Zahlen- und Mehrheitsverhältnisse noch die Fraktionsgliederung waren jedoch so fest gefügt, wie es dieser Überblick suggerieren könnte. Nur wenige Fronten waren endgültig gezogen; um Mehrheiten und Loyalitäten wurde beständig gerungen. Neben politischen Überzeugungen waren landsmannschaftliche, konfessionelle und partikularstaatliche Bindungen von Bedeutung. Ungefähr ein Drittel der üblicherweise anwesenden Abgeordneten – die ca. 150 „Wilden“ oder „Stegreif-Ritter“ – waren keiner Fraktion zuzurechnen. Das Diagramm auf S. 88 zeigt die Veränderungen und Neugruppierungen im Verlauf der rd. einjährigen Sitzungsdauer der Nationalversammlung.

Am 18. 5. 1848 eröffneten die 384 Abgeordneten, die bis dahin in Frankfurt angekommen waren, die Sitzung der ersten deutschen Nationalversammlung. Man tagte in der Paulskirche, die umgebaut und mit dem monumentalen Gemälde einer riesenhaften Germania dekoriert worden war. Der Rundbau, dessen großer Innenraum und Empore Platz für 500 Abgeordnete und 2000 Zuschauer boten, hatte jedoch praktische Nachteile. Es gab keine Büros oder Beratungsräume, und die Gänge zwischen den Sitzreihen waren zu eng. Besprechungen mussten daher oft auf dem Paulsplatz unter freiem Himmel stattfinden; im Sitzungssaal herrschte großes Gedränge. Was das Publikum betraf, war hingegen das Überangebot von Raum problematisch. „Viel zu viele Zuschauer“, klagte der Abgeordnete Robert Mohl, fanden sich auf der Empore ein und sorgten für den „Unfug einer lauten Einmischung … in die Verhandlungen“. Man hätte verhindern müssen, „daß jeder Strolch von der Straße hereinlaufen konnte“. Allerdings war auch das Verhalten der Abgeordneten selbst einem ruhigen Geschäftsgang kaum zuträglich. Das Parlament, so Mohl, „lebte in einer fieberhaft bewegten Atmosphäre, war in sich selbst gespalten, die Parteien standen sich feindlich gegenüber. Daß unter diesen Umständen Ausbrüche lauten Beifalls und Tadels vorkamen, war ganz natürlich.“

Die chaotische Planlosigkeit des ersten Sitzungstags ließ Schlimmes befürchten. Jedoch leisteten die Wahl Heinrich von Gagerns zum Parlamentspräsidenten am 19. 5. 1848 (mit 305 von 397 Stimmen) und die Annahme einer Geschäftsordnung zehn Tage darauf zügige Abhilfe. Noch im Mai wurden Ausschüsse gewählt: der Prioritäts- und Petitionsausschuss (erst 15, dann 30 Mitglieder), der volkswirtschaftliche Ausschuss (30 Mitglieder) und der wichtige Ausschuss für den Entwurf der Reichsverfassung

(30 Mitglieder). Weitere Ausschüsse (u.a. für internationale Fragen, Heerwesen, Kirchen- und Schulangelegenheiten) folgten. Im Verlauf ihres kurzen Bestehens sollte die Paulskirche beachtliche verfassungspolitische, gesetzgeberische und intellektuelle Leistungen vollbringen. Dennoch reifte die Nationalversammlung nicht zu einer zupakkenden, praktisch-handelnden Körperschaft heran. „Sie war eine Hochschule für Politik, zu fachlich klug, zu akademisch wissend, zu philosophisch beredt, um politisches Organ werden zu können" (V. Valentin). Schon im Juni 1848 prophezeite der britische Gesandte in München, dass „die Verwirrung und Vielfalt der Ansichten und Interessen" in der Paulskirche ein „unüberwindbares Hindernis" auf dem Weg zu einer Entscheidungsfindung darstellen würde. Die optimistischen Volksvertreter, die täglich durch das Eingangsportal der Paulskirche schritten, über dem die Inschrift „Es muß sein, denn Gott will!" prangte, hätten solche Unkenrufe jedoch verworfen.

Überseeische Ambitionen – die deutsche Flotte

Ein Beispiel für den überbordenden Tatendrang der Nationalversammlung war die Flottenpolitik, der sich das Parlament bereits eine Woche nach seiner Konstituierung zuwandte. Schon während des Vormärz hatte es eine virulente liberal-nationale Marinebegeisterung gegeben. Georg Herwegh und Ferdinand Freiliggrath ergossen sich in Hymnen auf Deutschlands künftige Seemacht; Friedrich List, Friedrich Ludwig Jahn und Ernst Moritz Arndt schrieben begeistert über Kriegsschiffe. Diese Flotten-Träume waren nicht nur freiheitlich konnotiert, sondern spiegelten auch Hoffnungen auf eine auf Siedlungskolonien und Kolonialhandel gestützte deutsche Weltmacht wider. Während der nationalen Aufbruchsstimmung des Frühjahrs 1848 und angesichts der deutschen Wehrlosigkeit gegen die dänischen Marine entwickelte sich eine wahre Flotteneuphorie. Allerorten gründeten sich Marinekomitees und Flottenvereine; Spendenaufrufe wurden veröffentlicht, Benefizkonzerte veranstaltet. Die Frauen Wiens gaben Schmuck, Würzburger Studenten verzichteten auf einen Trinkabend und schickten 200 Gulden. Flugschriften und Gedichte überschwemmten ein marinetrunkenes Land. Dem wollte sich die Paulskirche nicht verschließen. Nicht nur wurde jede Sitzung mit dem Verlesen der eingegangenen Flottenspenden begonnen, das Parlament schritt auch zur Tat. Schon am 26. 5. wurde ein Marineausschuss formiert. Am 14. 6. begründete Joseph von Radowitz dessen Antrag auf 6 Mio. Talern, indem er auf den dreifachen Zweck der Flotte hinwies: als Schutz gegen seemächtige Feinde und für deutsche Auswanderer, zur Erweiterung des Handels, und als nationales Symbol. Die Errichtung einer Kriegsflotte wurde beinahe einstimmig beschlossen. Fünf Monate später übernahm der flottenbegeisterte Reichshandelsminister Arnold Duckwitz (1802–81) die Marinebehörde. Trotz vieler Widrigkeiten blieben seine Bemühungen nicht gänzlich fruchtlos: Ende 1849 dümpelte eine buntscheckige Flottille aus neun Dampfern, zwei Großseglern und 27 Kanonenbooten auf der Weser. Nach dem Ende der Revolution führte der Deutsche Bund die Flotte noch einige Jahre lustlos weiter, um sie 1852 kurzerhand zu versteigern.

b) Der „kühne Griff" nach der Exekutive

Als Heinrich von Gagern am 24. 6. 1848 ans Rednerpult trat, hatte die Nationalversammlung bereits eine Woche lang über die Einrichtung einer Reichsregierung gestritten. Seine Worte hatten dennoch einen zündenden Effekt: „Ich tue einen kühnen Griff, und ich sage Ihnen: wir müssen die provisorische Zentralgewalt selbst schaffen." An der Spitze dieser Exekutive wollte Gagern den österreichischen Erzherzog Johann sehen, „nicht weil, sondern obgleich er ein Fürst" war. Gagerns Antrag durchschlug einen gordischen Knoten. Vier Tage darauf stimmten die Abgeordneten mit großer Mehrheit für das Gesetz über die Einführung einer provisorischen Zentralgewalt und kündigten darin explizit das Ende des Bundestags an. Damit hatte die Nationalversammlung eine dramatische Entscheidung getroffen: ohne Rekurs auf die einzelstaatlichen Regierungen, aus eigener Souveränität hatte sie ein Organ geschaffen, das in „allen Angelegenheiten, welche die allgemeine Sicherheit und Wohlfahrt des deutschen Bundesstaates" betrafen, die „vollziehende Gewalt" ausüben sollte. Damit war die Paulskirche weit über ihre einzelstaatlich sanktionierte Verfassungsaufgabe hinausgegangen.

Die Schaffung einer dreiköpfigen Bundesexekutive hatte der badische Gesandte Karl Welcker bereits am 18. 4. 1848 im Bundestag beantragt. Nachdem der Fünfzigerausschuss neun Tage darauf ähnlich entschieden hatte, fasste der Bundestag am 3. 5. einen entsprechenden Beschluss. Konflikte zwischen dem Bundestag und dem Fünfzigerausschuss über die Frage, wie die Besetzung der vorgesehenen Exekutivposten zu bestimmen sein sollte, verhinderten jedoch die zügige Ausführung dieses Beschlusses. Am 3. 6. nahm sich schließlich die Nationalversammlung der Angelegenheit an und setzte einen berichterstattenden Ausschuss ein. Obwohl in der Paulskirche weitgehende Einigkeit darüber herrschte, dass eine Reichsexekutive geschaffen werden sollte, gingen die Meinungen über die Form der einzurichtenden Institution weit auseinander. Am 17. 6. begann das Parlament eine Debatte über diese Frage, und die Gegensätze prallten aufeinander. Die Linke forderte die Wahl eines Exekutivausschusses aus der Mitte der Nationalversammlung. Die „Casino-Partei" hielt an der Idee eines Dreierdirektoriums fest und setzte der von der Linken betonten Souveränität des gewählten Parlaments den Gedanken eines Übereinkommens mit den einzelstaatlichen Regierungen entgegen. Am 20. 6. 1848 brachte der Kösliner Bürgermeister Ernst Braun (1798–1859), ein Mitglied des „Casinos", sogar den Antrag ein, die Reichszentralgewalt direkt an den preußischen König zu übertragen, wofür er jedoch nur „schallendes Gelächter" erntete. Aus der Pattsituation zwischen dem Pochen auf die Souveränität des Parlaments und der Sorge um die Rechte der Fürsten wies Gagerns „kühner Griff" einen Ausweg. Die eigenständige Gründung der Zentralgewalt durch das Parlament befriedigte die Linke; die Wahl des populären Erzherzogs versüßte die bittere Pille für die Rechte. Nachdem die Alternativen – Wahl eines Präsidenten oder verpflichtende Zustimmung der Einzelstaaten – niedergestimmt worden waren, fand das Gesetz über die vorläufige Zentralgewalt am 28. 6. 1848 mit 450 zu 100 Stimmen eine große Mehrheit. Tags darauf wählten 436 von 538 Abgeordneten Erzherzog Johann zum Reichsverweser.

Dem Gesetz vom 28. 6. entsprechend bestand die provisorische Zentralgewalt, die bis zum In-Kraft-Treten der Reichsverfassung amtieren sollte, aus dem Reichsverweser und dem von ihm berufenen Reichsministerium. Dieser Exekutive oblagen alle Angelegenheiten, die die Sicherheit und Wohlfahrt ganz Deutschlands betrafen, insbesondere der militärische Oberbefehl sowie die handels- und außenpolitische Vertretung der Nation. Der Reichsverweser selbst trug keine Verantwortung. Seine Anordnungen erhielten nur durch Gegenzeichnung eines Ministers Gültigkeit, der seinerseits der Nationalversammlung gegenüber verantwortlich und zur Auskunft verpflichtet war. Da sich das Parlament zudem ein Mitspracherecht bei der Entscheidung über Krieg und Frieden vorbehielt und die Zentralgewalt von der Mitwirkung an der Verfassungsberatung ausschloss, muss die Stellung der Nationalversammlung als durchaus stark gelten. Die Einzelstaaten wurden hingegen mit der zahnlosen Auflage abgespeist, die Zentralgewalt möge sich „soweit thunlich" mit ihnen „in's Einvernehmen" setzen. Da sich die Staaten im Sommer 1848 jedoch unfähig fühlten, der Paulskirche Widerstand zu leisten, suspendierte der Bundestag auf Anregung Preußens am 12. 7. 1848 seine Tätigkeit und übertrug seine Befugnisse an den Reichsverweser. Durch diesen geschmeidigen Ausfallschritt kam das Bundesorgan seiner Liquidierung zuvor, pfropfte dem einseitigen Entschluss der Nationalversammlung ein Moment der Vereinbarung auf und wahrte die Kontinuität der Verfassungsentwicklung. Die Selbstsuspension war keine Selbstaufhebung, sie war vielmehr „ein Schlag gegen den Souveränitätsanspruch der Nationalversammlung" (E. R. Huber).

Erzherzog Johann war durch eine Deputation offiziell über seine Wahl informiert worden und hatte das Amt am 5. 7. 1848 sogleich und ohne Rücksprache mit der österreichischen Regierung angenommen. Obwohl er als Stellvertreter des Kaisers eng in die Leitung des Habsburgerreichs eingebunden war, brach Johann mit beinahe ungeziemlicher Hast nach Frankfurt auf. Umjubelt zog er in die Stadt ein. Am 12. 7. wurde der Reichsverweser erst vor der Nationalversammlung, dann vor dem Bundestag in sein Amt eingeführt. Drei Tage darauf berief er das Reichsministerium; am 16. 7. brachte er den deutschen Regierungen seinen Amtsantritt per **Erlass** zur Kenntnis. Das politische Profil des ersten Frankfurter Reichskabinetts entsprach der vorherrschenden Kräfteverteilung: es war ein Gremium der Mitte, in dem die rechtsliberale Fraktion überwog. Ministerpräsident wurde der liberal-konservative Standesherr Karl von Leiningen (1804–56), ein Halbbruder der englischen Königin Viktoria (1819–1901), dessen nationales Engagement in den Vormärz zurückreichte. Das Außenministerium übernahm der Hamburger Rechtsanwalt Johann Gustav Heckscher (1797–1865), Innenminister wurde der österreichische Bundestagsgesandte Anton von Schmerling (1805–93). Dem Finanzressort stand der Bankier Hermann von Beckerath (1801–70) vor. Diese drei Minister gehörten der „Casino-Partei" an. Justizminister Robert Mohl und der zum Handelsminister ernannte Bremer Kaufmann Arnold Duckwitz (1802–81) waren hingegen dem linken Zentrum zuzurechnen. Kriegsminister wurde der preußische General Eduard von Peucker (1791–1876).

Erlaß des Reichsverwesers an die deutschen Regierungen, die Übernahme der provisorischen Zentralgewalt betreffend (16. 7. 1848)
(nach: Huber: Dokumente zur deutschen Verfassungsgeschichte. Bd. 1, S. 343)

Die provisorische Centralgewalt kennt genau die Grenzen der ihr ertheilten Rechte und Gewalten, sie wird sich nur inner derselben bewegen, sie wird insbesondere die vollziehende Gewalt nur in Angelegenheiten ausüben, welche die allgemeine Sicherheit und Wohlfahrt des deutschen Bundesstaates betreffen. Die provisorische Centralgewalt erkennt es als ihre Aufgabe, dahin zu wirken, daß die Einheit Deutschlands auf friedlichem Wege erreicht, daß Deutschland nach außen hin stark und unabhängig werde. Sie rechnet, indem sie dieses Ziel anstrebt, auf die thätige, vertrauensvolle Mitwirkung aller deutschen Regierungen, die mit ihr in dem lebendigen Wunsche sich vereinigen, dem deutschen Volke die Segnungen der Freiheit, der Unabhängigkeit und des Friedens zu verschaffen. Die provisorische Centralgewalt wird sich in Beziehung auf die Vollziehungsmaßregeln soweit thunlich mit den Bevollmächtigten der Landesregierungen ins Einvernehmen setzen.

Erzherzog Johanns Erlass vom 16. 7. machte deutlich, dass er die Einigung und Stärkung des (groß)deutschen Bundesstaates als Kernaufgabe der Zentralgewalt betrachtete. Wie prekär die Situation des entstehenden Staatswesens und besonders die seiner der Entwicklung vorausgreifenden Exekutive war, lässt sich jedoch an den Schwierigkeiten ablesen, die zwei wichtige Fragen aufwarfen: die internationale Anerkennung und der militärische Oberbefehl. Die von der Zentralgewalt und der Nationalversammlung angestrebte Anerkennung im Ausland war nicht nur außenpolitisch bedeutsam, sondern sollte zudem die Stellung der Frankfurter Zentrale gegenüber den Einzelstaaten – vor allem Preußen und Österreich – stärken. Am 19. 8. 1848 wurde daher beschlossen, Reichsgesandte im Ausland zu akkreditieren. Gegenüber den auswärtigen Regierungen brachte die Reichsexekutive die vom Parlament mehrheitlich nicht geteilte Kontinuitätsthese vor, derzufolge die Zentralgewalt in der Nachfolge des Bundestags dessen etablierte Rechte wahrnahm. Dieser fragwürdigen Interpretation schlossen sich die entscheidenden auswärtigen Mächte nicht an. Die offizielle Anerkennung der Zentralgewalt wäre einer positiven Stellungnahme gegenüber der nationalstaatlichen Einigung Deutschlands gleichgekommen, und dazu fanden sich die Großmächte im Sommer 1848 nicht bereit.

Dass das zaristische Russland dem revolutionären Deutschland nur wenig Sympathie entgegenbringen würde, stand zu erwarten. Umso größer war die Verbitterung angesichts der Skepsis in Frankreich und Großbritannien. Die Regierung in Paris behandelte den Frankfurter Gesandten Friedrich von Raumer (1781–1873) lediglich als offiziösen Vertreter und machte klar, dass der französische Diplomat Auguste de Tallenay (1795–1863) in Frankfurt keinen offiziellen Status besaß. Auch Viktor von Andrian-Werburg (1813–58) in London gelang es nicht, als offizieller Vertreter des geeinten Deutschlands anerkannt zu werden. Zwar maß Außenminister Palmerston (1784–1865) den Frankfurter Organen genug Bedeutung bei, um mit Lord Cowley (1804–84) einen seiner fähigsten Diplomaten zu entsenden. Allerdings hatte auch er keinen offiziellen Status und er wurde erst im Mai 1851 voll akkreditiert. Als einzige Großmacht erkannten die Vereinigten Staaten das Reich an; in Europa immerhin noch Schweden, die Niederlande, Belgien, die Schweiz, Sardinien, das Königreich beider Sizilien und Griechenland. Insgesamt war das löchrige diplomatische Netz der Zentralgewalt nur wenig tragfähig. Geschwächt wurde es zudem durch die Besetzung der Gesandtenposten mit Abgeordneten (Welcker in Stockholm, Raveaux in Bern, Heckscher in Turin), die wegen ihrer parlamentarischen Aufgaben den diplomatischen Dienst vernachlässigten, und durch das Beharren der Einzelstaaten auf eigene Vertretungen. Entgegen der Aufforderung des Reichsministeriums, bestanden fast alle deutschen Staaten auf der Fortführung ihres selbständigen Vertretungsrechts und torpedierten so die Zentralisierung der Reichsdiplomatie. Wie sehr die Außenpolitik der Frankfurter Zentralorgane von den Entscheidungen der einzelstaatlichen Regierungen abhing, illustrierte der Schleswig-Holstein Konflikt mit schmerzhafter Deutlichkeit.

Wie die Vorgänge in Schleswig (s. S. 95) deutlich machten, hing der Erfolg der Umwandlung des deutschen Staatenbundes in einen Bundesstaat zentral von der Frage ab, wer die militärische Kommandogewalt ausüben sollte. Im Gesetz vom 28. 6. 1848 hatte es dazu lapidar geheißen, dass die provisorische Zentralgewalt „die Oberleitung der gesammten bewaffneten Macht zu übernehmen, und namentlich die Oberbefehlshaber derselben zu ernennen“ habe. Sich dieser Bestimmung zu fügen, hätte für die Einzelstaaten den Verzicht auf die eigene Souveränität in einem Zentralbereich staatlicher Macht bedeutet. Mit dem so genannten Huldigungserlaß, in dem Reichskriegsminister von Peucker den einzelstaatlichen Kriegsministern am 16. 7. 1848 die Kommandogewalt des Reichsverwesers mitteilte, für den 6. 8. 1848 eine Huldigungszeremonie der Truppen anordnete und das Anlegen schwarz-rot-goldener Kokarden an die Uniformen vorschrieb, lag dieses Kernproblem schwarz auf weiß vor. Eine dermaßen zugespitzte Frage erzwang eine klare Antwort.

Der Krieg gegen Dänemark bis zum Waffenstillstand von Malmö
Auf die dänischen Pläne für eine Gesamtverfassung reagierte die deutsche Bewegung in Schleswig und Holstein, indem sie am 18. 3. 1848 eine eigene Volksvertretung sowie Schleswigs Eintritt in den Deutschen Bund forderte. Auf Drängen der eiderdänischen Partei kündigte König Friedrich VII. postwendend die Einverleibung Schleswigs in den dänischen Staat an. Die deutsche „Provisorische Regierung", die sich daraufhin formierte, bemühte sich unverzüglich um preußische Unterstützung. Friedrich Wilhelm IV. hoffte auf eine nationale Führungsrolle und stationierte Truppen in Holstein (nicht jedoch in Schleswig). Auch die Frankfurter Institutionen nahmen sich der Angelegenheit an. Das Vorparlament bezog Schleswig in die Wahlen zur Nationalversammlung ein, und der Bundestag billigte den preußischen Kurs. Zudem beschloss er am 12. 4. die Vertreibung dänischer Truppen aus Schleswig und erkannte die Provisorische Regierung an. Unter dem preußischen General Friedrich v. Wrangel (1784–1877) wurde eine Streitmacht aus preußischen Truppen und dem 10. Bundesarmeekorps aufgestellt. Am 19. 4. begann die dänische Marine mit der Blockade deutscher Häfen. Im Gegenzug drangen Wrangels Truppen in Jütland ein. Ihr Vormarsch wurde jedoch bald durch den diplomatischen Druck Großbritanniens und Russlands gestoppt, die entschlossen waren, eine deutsche Annexionspolitik am Sund, dem „Bosphorus des Norden", zu verhindern. Da diese beiden Mächte eine Annexion Schleswigs als Casus Belli gewertet hätten, wagten weder die Paulskirche noch der Bundestag einen solchen Schritt. Auch die offizielle Erklärung des (bestehenden) Bundeskriegs unterblieb. Obwohl der britische Vermittlungsvorschlag, Schleswig in ein nördliches dänisches Drittel und einen deutschen Südabschnitt zu teilen, nicht nur von deutscher Seite, sondern auch von Dänemark abgelehnt worden war, bekam Preußen Angst vor der eigenen Courage. Wrangels Truppen wurden hinter die Teilungslinie zurückgezogen. Daraufhin erklärte die empörte Paulskirche die Schleswig-Holstein-Frage am 9. 6. zu ihrer eigenen Angelegenheit. Hiervon unbeirrt begann Preußen Waffenstillstandsverhandlungen. Am 26. 8. wurde in Malmö ein Abkommen unterzeichnet, das sich über die von der Zentralgewalt geforderten Bedingungen hinwegsetzte. Der Vertrag gestand die Annullierung der Rechtsakte der Provisorischen Regierung zu und sah den Abzug aller Bundestruppen aus den Herzogtümern sowie die Ernennung eines dänenfreundlichen Verwaltungschefs vor. Der Ratifizierungsvorbehalt der Frankfurter Organe wurde ignoriert. Die Reaktion der nationalen Öffentlichkeit auf Preußens Nachgeben war leidenschaftlich. „Es bereitet sich ein Sturm vor", berichtete Berlins Vertreter in Frankfurt am 1. 9.

Die durch den „Huldigungserlaß" versinnbildlichte Politik scheiterte, und ihr Scheitern markierte den Beginn der partikularstaatlichen Gegenrevolution. Nur die Kleinstaaten und kleineren Mittelstaaten hielten die vorgeschriebene Huldigungsparade ab. In Bayern wurde das Hoch gleichzeitig auf König und Reichsverweser ausgebracht. In Hannover wurde die Zeremonie abgesagt. Der österreichische Kriegsminister protestierte gegen den Erlass und erreichte, dass sich Erzherzog Johann von der Politik seines Kriegsministers distanzierte. In Preußen erhob sich lebhafter Protest, und die Parade unterblieb. Auch nachdem der erste Versuch der Zentralgewalt, ihren Anspruch auf den militärischen Oberbefehl durchzusetzen, gescheitert war, blieb die Frage der künftigen Wehrverfassung ein Zankapfel. Preußens unversöhnliche Haltung erzwang eine Modifizierung des ersten, stark unitaristischen Entwurfs. Die Frage konnte bis zum Schluss nicht gelöst werden. Selbst in der Endfassung der Reichsverfassung vom 28. 3. 1849 blieb die Regelung der Wehrverfassung einem künftigen „besonderen Reichsgesetz" (Art. 3 § 16) vorbehalten.

Die Unfähigkeit der Zentralgewalt, ihre diplomatischen und militärpolitischen Ziele zu verwirklichen, bestätigt das bekannte Bild einer kraftlosen, potemkinschen Regierung, „deren Macht an der Tür des Sitzungszimmers endete" (H. Schulze). Schon die

Zeitgenossen kamen zu diesem Urteil: „Wir befinden uns hier in einem traurigen Zustand", klagte Lord Cowley in einem Brief an seinen Kollegen in Wien. „Eine Kammer, die gleichzeitig verfassungsgebend und exekutiv sein will – eine Regierung mit nichts zu regieren. Ein Reichsverweser ohne Reich. Was für eine Kinderei!" In einem Brief an Palmerston beschrieb er „einen Außenminister ohne Diplomaten, mit denen er korrespondieren könnte; einen Innenminister, der nicht einmal in Frankfurt über Macht verfügt; einen Finanzminister ohne Schatzamt, dem er vorstehen könnte; einen Justizminister ohne Gesetze ... So ist der Zustand der Frankfurter Regierung. Wenn man noch berücksichtigt, dass weder der Erzherzog noch irgendein Regierungsmitglied ein Gehalt beziehen, ist das Bild komplett." Die Kritik des Diplomaten war durchaus zutreffend. Cowley hätte noch hinzufügen können, dass die zur Finanzierung der Zentralgewalt erhobenen Matrikularbeiträge der Einzelstaaten sehr unvollständig eingingen und der Vorrang der Reichsgesetzgebung über das jeweilige Landesrecht kaum durchgesetzt werden konnte. Dennoch ist Cowleys Portrait der Zentralgewalt nicht vollständig. Weitestgehend unfähig, ihre zentralisierende Politik gegen die Einzelstaaten durchzusetzen, ging die Frankfurter Exekutive dennoch effektiv gegen Unruhen von links vor. Im Juli 1848 intervenierten in der Bundesfestung Mainz stationierte Reichstruppen in Wiesbaden und Frankfurt-Sachsenhausen; im Herbst wurden Reichskontingente in Frankfurt, Altenburg und Meiningen eingesetzt. Am 3. 10. 1848 verfügte die Zentralgewalt schließlich die Überwachung des Vereinswesen und legte die Fundamente für eine zentrale politische Polizei – ein Projekt, das viele Staaten beflissen unterstützten. Die Zentralgewalt war mehr als bloßes Schattenboxen. Vielmehr zeigten die Möglichkeiten und Grenzen dieser Institution die Grundproblematik des Frankfurter Projekts einer revolutionären Nationalstaatsgründung auf.

c) Probleme der Staatsgründung im Zeichen des Nationalismus

Der tschechisch-britische Sozialwissenschaftler Ernest Gellner (1925–95) hat Nationalismus als das politische Prinzip definiert, das die Deckungsgleichheit von nationaler und politischer Einheit fordert. Indem sich die Frankfurter Volksvertreter anschickten, der deutschen Nation eine gemeinsame Verfassung und Regierung, mithin einen geeinten Nationalstaat zu geben, versuchten sie, dieses politische Prinzip in die Tat umzusetzen. Im Falle der deutschen Revolution von 1848 erwies sich dies als leichter gesungen als getan. Was der 1848 beinahe achtzigjährige Ernst Moritz Arndt, nunmehr Abgeordneter für den Wahlkreis Solingen, hierzu eine Generation vorher gedichtet hatte, galt vielen seiner Kollegen auch weiterhin als heilige Pflicht. Die brennende Frage „Was ist des Deutschen Vaterland?" hatten Arndt und nach ihm zahllose Männerkehlen mit dem linguistischen Argument beantwortet: „Soweit die deutsche Zunge klingt / Und Gott im Himmel Lieder singt / Das soll es sein! / Das, wackerer Deutscher, nenne Dein!" Diese Vorgehensweise war schon in Arndts Lied problematisch, das die Schweizer, Tiroler und Österreicher unbekümmert eingemeindet hatte; doch mangelte es an Alternativen. Als Richtschnur dafür, wo die Grenzen der deutsche Nation lagen, die es mit einem eigenen Staatswesen auszustatten galt, stand außer dem Deutschen Bund wenig mehr als das kulturell-historische Nationskonzept zur Verfügung, das seit 1813 auf so mannigfache Weise gestiftet worden war: eine Orientierungshilfe, deren Vagheit nur wenige davon abhielt, leidenschaftlich für sie einzutreten. Das sollte sich als unheilvoll erweisen.

Abgesehen von einigen Vetretern der föderalistischen Rechten herrschte in der Paulskirche Einigkeit darüber, dass der bisherige staatliche Rahmen der deutschen Nation – der viel geschmähte Deutsche Bund – durch einen fest gefügten Nationalstaat ersetzt werden musste. Nur so konnte nach innen Freiheit und Verfassungsstaatlichkeit garantiert werden. Nur so konnte Deutschland, in den Worten des Reichsverwesers, „nach außen hin stark und unabhängig" sein. Der außen- und sicherheitspolitischen Komponente kam 1848 besondere Bedeutung zu, denn aller „Völkerfrühlings"-Rhetorik zum Trotz herrschte eine weit verbreitete Kriegsfurcht. Gerade vom französischen „Erbfeind" und dem reaktionären Zarenreich wurde Schlimmes erwartet. „Vielleicht in wenigen Tagen stehen französische Heere an unseren Grenzmarken, während Russland die seinigen im Norden zusammenzieht", hatte es im Aufruf zur Mannheimer Volksversammlung vom 27. 2. 1848 geheißen. Angesichts solcher Ängste schien die „Volksbewaffnung" dringend geboten. Versuche seitens der Fürsten, vor allem des preußischen Königs, an den Geist von 1813 zu appellieren und das Bedrohungsgefühl in königstreue Vaterlandsliebe umzumünzen, misslangen jedoch. Anders als gegen Napoleon oder während der Rheinkrise ließ sich 1848 die Verknüpfung von außenpolitischem Druck und verfassungpolitischer Reform nicht mehr auflösen. Zur „patriotischen Verteidigung der Throne und zur Verteidigung des Volkes nach Innen und Außen", argumentierte Karl Welcker am 26. 2. 1848 im badischen Landtag, sei eine nationale „Einigung" unabdingbar. Diese könne nur durch „Wahrheit, Volksbewaffnung und Nationalsprache" hervorgebracht werden.

Die Umwandlung des Deutschen Bundes in einen geeinten Bundesstaat unter solchen Vorzeichen war in zweifacher Hinsicht problematisch. Zum einen war die internationale Ordnung Europas auf dem Wiener Kongress um ein lockeres, nur zur Defensive befähigtes deutsches Staatsgebilde herum konstruiert worden. Die Begründung eines fest gefügten, zur Machtpolitik befähigten deutschen Bundesstaats in seinem Zentrum musste die Mächtearchitektur Europas tiefgreifend verändern. Dies berührte fundamentale Sicherheitsinteressen der Nachbarstaaten. Zum anderen war der Deutsche Bund das Produkt vornationaler Staatsraison und daher nicht ohne weiteres in einen homogenen Nationalstaat umzukrempeln.

Im Hinblick auf die Rolle des Deutschen Bundes im europäischen Mächtesystem hatte der damalige britische Botschafter in Wien, Frederick Lamb (1782–1853), die Interessen der Flügelmächte 1832 prägnant zusammengefasst: Deutschland sollte „stark, einig, monarchisch und föderal sein; unter diesen Bedingungen, selbst zur Aggression unfähig und dieselbe aus dem Osten und aus dem Westen zurückschlagend, wird es zum Eckstein des europäischen Friedens." Mit dieser nützlich-dienenden Rolle konnte sich die Paulskirche schwerlich begnügen. „Empfinden wir, daß vierzig Millionen Menschen im Herzschilde Europa's eine Weltmacht seyn müssen, sind, so sie es wollen", hatte Droysen den Bundestag im April aufgefordert. Wenn solche Großsprecherei auch verfrüht gewesen sein mochte, im Kern wurde Droysens Grundgedanke im Ausland geteilt – dort jedoch mit einiger Sorge. „Der Fürst oder Präsident, der auf solche Art über die nationalen Kräfte von 40 Mio. Deutschen gebieten würde, wäre einer der machtvollsten Potentaten Europas", kommentierte die Londoner *Times* bereits im März 1848. „Es ist offensichtlich, dass ein solcher Wandel eine völlige Revolution in der Mächtebalance bedeuten würde." Aufgrund dieser Überlegungen reagierten die europäischen Mächte skeptisch auf den Frankfurter Versuch einer Nationalstaatsgründung. Russland, Frankreich und Grossbritannien verweigerten der Zentralgewalt die offizielle

Anerkennung und unterhielten weiterhin diplomatische Beziehungen zu den deutschen Einzelstaaten. Dennoch ist die deutsche Nationalrevolution nicht an der Opposition des Auslands gescheitert. Zwar wurden die Bemühungen der Paulskirche nicht gefördert, aber die europäischen Mächte haben zu keinem Zeitpunkt direkt gegen die versuchte Nationalstaatsgründung interveniert oder eine solche Intervention auch nur angedroht. Zudem war die Haltung des Auslands keineswegs so einheitlich und kategorisch ablehnend, wie es die ältere Forschung behauptet hat. Gerade die britische Außenpolitik war einer auf liberalen Konstitutionalismus und engeren Zusammenschluss abzielenden Reform des Deutschen Bundes gegenüber durchaus positiv eingestellt. Diese Sympathien musste die Paulskirche erst einmal verspielen.

Die Frage, über die sich die deutsche Nationalrevolution mit Europa verfeindete, war die nach den Grenzen des künftigen deutschen Reichs. 1848 stellte sich schnell heraus, dass die nationale Einheit – das linguistisch-historisch-kulturelle Nationskonzept – und die bisherige politische Einheit – der Deutsche Bund – nicht deckungsgleich waren. Die Föderation, die auf dem Wiener Kongress kunstvoll zusammengezimmert worden war, ließ sich nicht ohne weiteres in einen Nationalstaat umwandeln. Mit den Königen der Niederlande und Dänemarks herrschten nicht-deutsche Monarchen über die Bundesstaaten Holstein, Limburg und Luxemburg. Als Herzog von Schleswig war der dänische König zudem Landesherr einer deutschen Bevölkerungsmehrheit außerhalb des Bundes. Auch die deutschen Großmächte Preußen und Österreich verfügten über weite Gebiete jenseits der Bundesgrenzen. In den preußischen Ostprovinzen lebten verschiedene nationale Gruppen. In Westpreußen lag der Anteil der polnischen Bevölkerung bei ca. einem Drittel (knapp 300000); in Posen waren die Deutschen in der Minderheit: über 70% (rd. 520000) der Einwohner waren Polen. Der Großteil des Habsburgerreichs lag außerhalb der Bundesgrenzen und hatte nur kleine deutsche Bevölkerungseinsprengsel. Aber auch innerhalb der Bundesgrenzen war die Lage keineswegs eindeutig. Als Untertanen des österreichischen Kaisers oder der Könige von Preußen, Dänemark oder der Niederlande lebten Tschechen, Italiener, Polen, Dänen und Niederländer im Deutschen Bund. Die Politik der Paulskirche angesichts dieser Gemengelage war nicht zimperlich. Man bestand auf die bisherigen Grenzen und beschloss bei Gebieten, die als vorwiegend deutsch galten, auch dann die Miteinbeziehung, wenn sie außerhalb der Bundesgrenzen lagen. Neben dem „Klang der deutschen Zunge" wurde dieses Verfahren mit allerlei historischen und geographischen Argumenten gerechtfertigt. Das „Riegelwerk der Karpathen" war unverzichtbar, das „Bollwerk von Tirol" ebenso, und Böhmen galt plötzlich als „das Haupt und die Stirne Deutschlands". Diese Politik des „im-Zweifel-für-das-Reich", die auf ein „Großdeutschland der Paulskirche" (G. Wollstein) abzuzielen schien, führte in fünf Regionen zu Konflikten: in Böhmen, in Limburg, in Südtirol, in Posen und in Schleswig.

Als Teil des österreichischen Kaiserstaats und des Alten Reiches gehörte das Königreich Böhmen (mit Mähren) trotz seiner tschechischen Bevölkerungsmehrheit zum Deutschen Bund. Da jedoch kein Vertreter der böhmischen oder mährischen Stände am Vorparlament teilgenommen hatte, lud der Fünfzigerausschuss den angesehenen Prager Historiker František Palacký (1798–1876) ein, an der Vorbereitung der Nationalversammlung mitzuwirken. Palackýs berühmte Antwort vom 11. 4. 1848 machte jedoch deutlich, dass der tschechische Nationalismus der Eingliederung Böhmens in einen deutschen Nationalstaat entgegenstand. Er sei kein Deutscher, sondern „Böhme slawischen Stammes", erklärte der Historiker. Innerhalb eines deutschen Reichs sei die Autonomie der Tschechen bedroht, daher befürwortete er den habsburgischen „Völkerverein", der die kleinen Nationen beschütze. Die Wahlen zur Paulskirche wurden vom tschechischen Nationalausschuss boykottiert, so dass bis Ende Juni 1848 nur 29 der 68 böhmischen und mährischen Wahlkreise Abgeordnete nach Frankfurt entsandt hatten. Dies änderte jedoch nichts an der Überzeugung der Paulskirche, dass Böhmen und Mähren zum Reich gehörten. Immerhin reagierte man auf die Besorgnisse der „nicht deutsch redenden Volksstämme Deutschlands", indem der Minderheitenschutz öffentlich garantiert wurde. Allerdings ergänzte man diese Zusicherung durch die scharfe Erklärung, dass kein Fußbreit deutschen Gebiets aufgegeben werden dürfe. Diese Doktrin führte zum Konflikt über die niederländische Provinz Limburg, die seit 1839 Mitglied des Deutschen Bundes war und zwei Abgeordnete in die Paulskirche entsandte. Der lockere Charakter des Bundes hatte eine solche Doppelmitgliedschaft erlaubt. Der in Frankfurt geplanten Aufnahme Limburgs in ein deutsches Reich jedoch widersetzte sich die niederländische Regierung und sie wurde darin von Frankreich und England unterstützt. Angesichts so machtvoller Opposition agierte die Zentralgewalt vorsichtig. Die Nationalversammlung erklärte am 19. 7. 1848 die staatsrechtliche Verbindung Limburgs mit den Niederlanden jedoch für unzulässig. Zwar konnten die Parlamentarier solche Erklärungen nicht in die Realität umsetzen, aber im Porzellanladen der internationalen Politik blieb derartig elefantenhaftes Benehmen nicht folgenlos. Schon am 5. 8. 1848 berichtete der preußische Gesandte in London, dass der konservative Abgeordnete Benjamin Disraeli (1804–81) im britischen Unterhaus eine scharf anti-deutsche Interpellation zur Limburg-Frage eingebracht hatte.

Wie im tschechischen Fall hörte auch in Südtirol und Posen die Sympathie der Frankfurter Volksvertreter für den Freiheitskampf anderer Nationen dort auf, wo sie Zugeständnisse gefordert hätte. Am 12. 8. 1848 wies die Nationalversammlung einen Antrag von fünf Abgeordneten aus Trient und Rovereto ab, demzufolge diese überwiegend italienisch besiedelten Bezirke der Grafschaft Tirol aus dem deutschen Bund ausgeschieden wären. „Ich sage nur: beati possidentes; wir besitzen Südtirol und somit behalten wir es; das ist mein Völkerrecht", erklärte der österreichische Abgeordnete Franz Kohlparzer (1798–1855). Dabei blieb es, und auch vom „deutschen Hafen Triest" mochte man sich nicht trennen. Die Posen-Frage brachte noch hässlichere Äußerungen hervor. Aller weithin beschworenen freiheitlichen Begeisterung für die polnische Sache zum Trotz hatte der Bundestag am 22. 4./2. 5.1848 auf Antrag Preußens zusammen mit den Provinzen Ost- und Westpreußen einen Teil der Provinz Posen in den Deutschen Bund eingegliedert. Frankreich hatte damals gegen diese „vierte Teilung Polens" protestiert, und auch die extreme Linke in der Paulskirche war empört. Am 24. 7. 1848 stellten 16 Abgeordnete – unter ihnen Arnold Ruge und Lorenz Brentano – den Antrag, die Eingliederung Posens aufzuheben und die zwölf deutsch-posenschen Abgeordneten aus der Nationalversammlung auszuschließen. Noch das Vorparlament hatte Polens Schicksal mehrheitlich als „schmachvolles Unrecht" gegeißelt und die Mitwirkung an der „Wiederherstellung Polens" als „heilige Pflicht des deutschen Volkes" bezeichnet. Im Juli hatte sich der Zeitgeist gewandelt, und im Verlaufe der **Posen-Debatte** wurden Töne laut, die den polnisch-britischen Historiker Lewis Namier (1888–1960) später dazu veranlassten, hier eine Vorform nationalsozialistischer Expansionspolitik sehen zu wollen. Der Antrag wurde mit 342 zu 31 Stimmen abgelehnt. Posen blieb beim Reich.

Aus der Rede Carl Friedrich Wilhelm Jordans (1819–1904), Abgeordneter für Freienwalde/ Brandenburg in der Posen-Debatte (25. 7. 1848)
(nach: Wigard, *Stenographische Berichte*, Sp. 1145–8)

Wer da sagt, wir sollen diese deutschen Bewohner von Posen den Polen hingeben und unter polnische Regierung stellen, den halte ich für einen Volksverräther. (Bravo!) ... Ich sage, die Politik, die uns zuruft: gebt Polen frei, es koste, was es wolle, ist eine kurzsichtige, eine selbstvergessene Politik, eine Politik der Schwäche, eine Politik der Furcht, eine Politik der Feigheit. Es ist hohe Zeit für uns, endlich einmal zu erwachen, aus jener träumerischen Selbstvergessenheit, in der wir schwärmten für alle möglichen Nationalitäten ... zu erwachen zu einem gesunden *Volksegoismus*, um das Wort einmal gerade heraus zu sagen, welcher Wohlfahrt und Ehre des Vaterlandes in allen Fragen oben anstellt. ... Nein, ich gebe es ohne Winkelzüge zu: Unser Recht ist kein anderes, als das Recht des Stärkeren, das Recht der Eroberung. Ja, wir haben erobert. Die Deutschen haben polnische Länder erobert, aber diese Eroberungen sind auf einem Wege geschehen, daß sie nicht mehr zurückgegeben werden können. ... Ich behaupte also, die deutschen Eroberungen in Polen waren eine Nathurnotwendigkeit. Das Recht der Geschichte ist ein anderes, als das der Compendien. Es kennt nur Naturgesetze, und eins derselben sagt, daß ein Volksthum durch seine bloße Existenz noch kein Recht hat auf politische Selbständigkeit, sondern erst durch die Kraft sich als Staat unter anderen zu behaupten. ... Es war lediglich der Polen eigene Schuld, wenn sie ihr Land in deutschen Hände kommen ließen ...

So kontrovers die Eingliederung Böhmens, Limburgs, Südtirols und Posens auch war, keiner der von der Paulskirche aufgegriffenen Nationalitätenkonflikte erwies sich als so folgenreich wie die Frage, ob Schleswig ein Bestandteil des dänischen Gesamtstaats oder des Deutschen Reichs werden sollte. Wie bereits geschildert, war es über dieses Anliegen, das deutschen wie dänischen Nationalisten gleichermaßen am Herzen lag, noch vor Eröffnung der Nationalversammlung zum Krieg gekommen. Auf deutscher Seite vermengten sich hier mehrere Motive zu einer berauschenden und explosiven Mixtur: Nationalstolz, Kriegsbegeisterung, Seemachtambitionen und zunehmend auch Hass auf den dänischen Feind. Die schleswig-holsteinische Krise wurde zur Schicksalsfrage der deutschen Nationalrevolution und ihrer Frankfurter Institutionen, denn in ihr schnitten sich „fünf Dimensionen, die sich teilweise in ihrem Konfliktpotential deckten und zusätzlich verstärkten" (W. Siemann).

Zunächst ist festzustellen, dass die Auswirkungen des Schleswig-Holstein-Konflikts im Ausland verheerend waren. Eine Mischung aus machtpolitischem Eigeninteresse und Sympathie für den dänischen Außenseiter veranlasste die Regierungen in London, Paris, St. Petersburg und Stockholm dazu, das deutsche Vorgehen einzudämmen. Das revolutionäre Deutschland und besonders seine Frankfurter Zentrale erschienen als machtversessen, verantwortungslos und fanatisch. Notfalls mussten sie militärisch zur Raison gebracht werden. Palmerston reagierte mit sarkastischer Verbitterung auf die Unnachgiebigkeit der Paulskirche. „Ich habe Sie schlicht zu instruieren", schrieb er im August an Cowley, „dieser Regierung und einzelnen Mitgliedern der Versammlung mitzuteilen, dass, wenn ein allgemeiner europäischer Krieg ihr Ziel sein sollte, sie auf dem besten Weg sind, es zu erreichen." Die Reaktion in den übrigen europäischen Hauptstädten war ähnlich. Zweitens demonstrierte die Schleswig-Holstein-Frage die Machtlosigkeit der Frankfurter Organe gegenüber den Einzelstaaten und vor allem gegenüber Preußen. Glühende Rhetorik konnte nicht darüber hinwegtäuschen, dass die preußischen Truppen allein dem Befehl aus Berlin Gehorsam leisteten. Indem die Nationalversammlung am 5. 9. 1848 mit knapper Mehrheit (238 gegen 221 Stimmen) beschloss, die Ausführung des Malmöer Waffenstillstands auszusetzen („sistieren"), votierte sie für die Weiterführung des Krieges. Dieser vor allem von der parlamentarischen Linken errungene Abstimmungssieg wirft – drittens – ein bezeichnendes Licht auf das Verhältnis der Nationalversammlung zur Gesamtentwicklung der Revolution. Anders als in Posen und Südtirol verwarf die Linke im Falle Schleswigs die durch den englischen Teilungsplan berücksichtigten Rechte der dänischen Minderheit. Es galt, den Nationalkrieg fortzuführen, um die Revolution vor dem „Versickern in gemäßigten Bahnen" (H.-G. Kraume) zu bewahren. Viertens brachte diese revolutionäre Schrittmacher-Funktion das Parlament in Konflikt mit der Zentralgewalt, die für eine Ratifikation des Malmöer Abkommens eintrat. Allerdings war der Triumph der Nationalversammlung, deren Sistierungsbeschluss das Kabinett Leiningen stürzte, nur von kurzer Dauer. Dahlmann, der mit der Regierungsbildung beauftragte Wortführer der Anti-Malmö-Koalition, scheiterte. Die Gegensätze innerhalb der negativen Sistierungsmehrheit machten ein Regierungsprogramm unmöglich. Unter gewaltigem internationalen Druck gab die Paulskirche nach. Am 16. 9. akzeptierte sie den Waffenstillstand mit 257 zu 236 Stimmen und ermöglichte dem bisherigen Innenminister von Schmerling, das Reichskabinett zu leiten. Dieser Entschluss führte – fünftens – zu einem dramatischen Wandel im Verhältnis der Nationalversammlung zur Öffentlichkeit. Eine zweite revolutionäre Welle erhob sich. Sie fand die Nationalversammlung und die Zentralgewalt, die Errungenschaften der Märzrevolution, auf Seiten ihrer Gegner.

3. Die politische Entwicklung in den deutschen Einzelstaaten

Deutschland hatte das Revolutionsjahr als Staatenbund begonnen, und obwohl die Paulskirche dessen Umwandlung in einen Bundesstaat in Angriff genommen hatte, blieb die politische Realität multipolar. Überwölbt und beeinflusst von der in Frankfurt verorteten Nationalrevolution, ereigneten sich zahlreiche einzelstaatliche Umgestaltungsprozesse. Im Habsburgerreich führte der Weg zur liberalen Verfassungsstaatlichkeit in ein schier undurchdringliches Dickicht miteinander verschlungener Probleme: Krieg, Nationalitätenkonflikte, hauptstädtischer Radikalismus, Autonomiebestrebungen und soziale Spannungen. In Preußen mussten die moderaten Märzministerien erleben, wie sie – eingekeilt zwischen Berlins radikalen außerparlamentarischen Kräften, einer zunehmend extremen Nationalversammlung und der früh erstarkenden Gegenrevolution – stetig Macht und Manövrierraum verloren. Das so genannte Dritte Deutschland bot ein facettenreiches Panorama unterschiedlicher Reformprozesse, das sich merklich von der Revolutionserfahrung der bisher verfassungslosen deutschen Großmächte unterschied.

a) Das Habsburgerreich

Am 22. 7. 1848 eröffnete Erzherzog Johann, seit Mitte Juni offizieller Vertreter des Kaisers, den österreichischen Reichstag. Die 383 nach allgemeinem, indirektem Wahlrecht bestimmten Abgeordneten vertraten bis auf Ungarn und Lombardo-Venetien alle Länder der Donaumonarchie. Die Versammlung war ein Mikrokosmos der sprachlichen und nationalen Vielfalt des Kaiserstaats. Zeitgenossen bestaunten das exotisch anmutende Spektakel, das sich ihnen bot: „Pumphosen, pelzverbrämte Kalpaks, Barette und Konföderatkas, steirische und tirolische Lodenröcke und Spitzhüte, griechische Popen- und katholische Bishofsgewänder hoben sich zahlreich aus der revolutionsmodischen Garderobe, den Legionsstürmern und Waffenröcken der reichshauptstädtischen und provinziellen Garden heraus. Andere trugen breitkrämpige Hüte, ursprünglich weiß gewesene, aber nun in unbeschreiblicher Färbung schillernde Leinenkittel oder braune, zottige Schafspelze, sehr verschwenderisch um die Beine schlotternde leinene Hosen und eisenbeschlagene Schuhe oder Stiefel." 190 Deputierte waren Slawen. Dazu kamen Ruthenen, Rumänen und Italiener. Entsprechend ihrem Anteil an der Gesamtbevölkerung befanden sich die Deutschen in der Minderheit. Das Sozialprofil dieser Multinationalversammlung unterschied sich merklich von der Paulskirche. Adel und Klerus waren spärlich vertreten. 92 Abgeordnete, ein Viertel der Deputierten, waren Bauern und kleine Grundbesitzer. Dazu kam das durch Ärzte, Juristen und Professoren repräsentierte Bürgertum. Das Wirken dieser Versammlung ist vor dem Hintergrund der Unruhen und Revolutionen zu sehen, die den Kaiserstaat seit dem Frühjahr erschüttert hatten.

In Wien hatte sich die Situation nach Veröffentlichung der Pillersdorf'schen Verfassung vom 25. 4. 1848 (s. S. 47) keineswegs beruhigt. Die Linke war vom Inhalt dieses Staatsgrundgesetzes enttäuscht und sah im kaiserlichen Oktroi einen staatsstreichartigen Verrat am Vereinbarungsprinzip. Zudem fühlte sie sich durch die schwache Amtsführung des Regierungschefs Karl Ludwig Graf Ficquelmont (1777–1857) zur Aktion ermutigt. In der Nacht auf den 4. 5. drangen „Volksgesandte" – eine Gruppe von Studenten und Nationalgardisten – in Ficquelmonts Haus ein und nötigten ihn zum Rücktritt. Auch die Ernennung des liberalen Innenministers Pillersdorf zu seinem Nachfolger glättete die Wogen nicht. Am 9. 5. vereinigten sich die Nationalgarde und die Akademische Legion zu einem „Politischen Zentralkomitee", das sich die Forderungen nach einem Einkammer-Parlament, demokratischem Wahlrecht und der Einberufung einer verfassungsgebenden Nationalversammlung aufs das Banner schrieb. Sechs Tage später brach die zweite Wiener Revolution los. Den bewaffneten Aufständischen, die während dieser „Sturmpetition" die Hofburg umringten, fühlte sich Pillersdorf nicht gewachsen. Schon am 16. 5. wurden alle Forderungen des Zentralkomitees zugestanden. Allein die Flucht des Hofes trübte den Sieg der Radikalen. Denn am 17. 5. war die kaiserliche Familie nach Innsbruck abgereist, das bald zum Nervenzentrum der gegenrevolutionären Partei wurde. Hierfür war das kaiserliche Manifest vom 20. 5. ein erster Beleg. Da ihn eine „anarchische Faction" in Wien bedrängt hatte, sei der Kaiser nach Tirol gereist und wolle erst nach Auflösung der Akademischen Legion zurückkehren. Als die in Wien verbliebene Regierung ein entsprechendes Dekret erließ, brachen am 26. 5. erneut Kämpfe aus. Unter dem Vorsitz Adolf Fischhofs bildete sich der „Ausschuß der Bürger, Studenten und Garden für Sicherheit, Ordnung und Wahrung der Volksrechte". Mit der Legion und der Nationalgarde verfügte dieses hundertköpfige Gremium über wirksame Machtmittel und agierte als revolutionäre Nebenregierung. Anfang Juli zwang der Ausschuss den in Wien residierenden Erzherzog Johann, das Ministerium Pillersdorf zu entlassen. Chef der neuen liberal-demokratischen Regierung wurde der bisherige Außenminister Johann von Wessenberg (1773–1858), Justizminister Alexander Bach (1813–93), ein Mitglied des Sicherheitsausschusses. So dominant die Radikalen in Wien erschienen, ihre Macht reichte kaum über die Stadt hinaus und auch innerhalb der Stadtgrenzen blieb die Situation explosiv. Im Verlauf des Sommers erwies es sich als zunehmend schwieriger, das Arbeitslosenheer, das durch kommunale Erdarbeiten beschäftigt worden war, zu kontrollieren. Als Ende August die Löhne gekürzt wurden, schlug die soziale Spannung in offene Rebellion um. In der so genannten Praterschlacht, die 18 Tote und knapp 300 Verletzte kostete, unterdrückten die Nationalgarden den Arbeiteraufruhr.

Die Macht der kaiserlichen Regierung war nicht nur in Wien herausgefordert worden. Allerdings hatte sich in einigen Ländern der Donaumonarchie, in denen Revolutionäre im Frühjahr das Heft an sich gerissen hatten, das Blatt im Sommer bereits wieder gewendet. Am 8. 4. 1848 hatte die Wiener Regierung eine böhmische Repräsentativverfassung mit eigenen Zentralbehörden zugestanden. Auf dieser Grundlage strebte der aus tschechischen Liberalen und Notabeln zusammengesetzte böhmische Nationalausschuss die Bildung einer unabhängigen Nationalregierung an. Ähnliche Ziele wurden auf dem Prager Slawenkongress laut, der Anfang Juni mehrere hundert Vertreter aller slawischen Volksgruppen zusammenführte. Als Mittel gegen eine deutsche oder magyarische Bevormundung forderte der Kongress eine föderale Staatsreform. Den böhmischen Autonomiebestrebungen wurde jedoch ein blutiges Ende bereitet. Am 1. 6. 1848 verwarfen die Wiener Regierung und der Kaiser die Errichtung einer provisorischen Regierung für Böhmen. Knapp zwei Wochen darauf brach in Prag ein Aufstand der Linken für die Weiterführung der Revolution los, den General Alfred Fürst Windischgrätz (1787–1862) durch die Bombardierung der Stadt am 16. 6. blutig niederrang. 400 Tote waren der Preis für die „Befriedung" der Stadt. Der danach verhängte Belagerungszustand erlaubte es Windischgrätz, hart gegen die radikale Bewegung vorzugehen. Binnen kurzem erstreckte sich seine Militärdiktatur über das ganze Land. Auch in der Lombardei, wo General Joseph Graf Radetzky (1766–1858) zunächst zurückgedrängt worden war, witterte die Militärpartei Morgenluft. Nach dem Scheitern der piemontesischen Attacke, errang Radetzky einen entscheidenden Sieg bei Custozza. Als der greise General am 6. 8. 1848 in Mailand einzog, war die kaiserliche Herrschaft in der Lombardei wiederhergestellt. Die Eroberung Venetiens sollte jedoch noch ein weiteres Jahr dauern.

Während sich in Galizien, wo der besonnene Gouverneur Franz Graf Stadion einen moderaten Reformkurs steuerte, die gesamtstaatliche Loyalität festigte, begab sich Ungarn auf den Weg in die nationale Unabhängigkeit. In den wenigen Wochen zwischen Kossuths Rede vor dem ungarischen Parlament (3. 3. 1848) und der Verabschiedung der „Aprilgesetze" (11. 4. 1848) hatte sich ein autonomer, konstitutioneller ungarischer Staat formiert, dessen einzige staatsrechtliche Verbindung mit den österreichischen Ländern in der kaiserlich-königlichen Person des Monarchen bestand. Die Regierung des ungarischen Ministerpräsidenten Lajos Graf Batthyány (1806–49) fand sich jedoch bald an zwei Fronten in Konflikte verstrickt. Innerhalb Ungarns erwies sich das Verhältnis zu den nichtmagyarischen Minderheiten – Serben, Rumänen und vor allem Kroaten – als Kernproblem. In der Auseinandersetzung mit der kaiserlichen Regierung wurde die Minderheitenfrage zu Ungarns Achillesferse, denn Wien verstand es, die Aspirationen dieser Gruppen geschickt zu instrumentalisieren. Josip von Jellačić (1801–59), der kroatische Statthalter („Banus"), war ein besonders gefährlicher Gegner der ungarischen Nationalregierung und genoss kaiserliches Wohlwollen. Gestärkt durch die Erfolge in Italien nahm die Wiener Regierung im August Ungarn ins Visier. In einem königlichen Schreiben vom 31. 8. 1848 wurde das frühere Zugeständnis ungarischer Unabhängigkeit in Fragen der Außen-, Kriegs- und Finanzpolitik widerrufen. In die dadurch verursachte ungarischen Regierungskrise platzte die Nachricht, dass Truppen unter Jellačić am 17. 9. ins Land eingefallen waren.

Inmitten dieser verworrenen und aufgepeitschten Situation tagte seit Juli 1848 der Wiener Reichstag, der in der Ausarbeitung einer liberalen Reichsverfassung seine vornehmste Aufgabe erblickte. Ein dreißigköpfiger Verfassungsausschuss, in dem alle Kronländer mit je drei Abgeordneten vertreten waren, wurde formiert. Ausführliche Kataloge staatsbürgerlicher Grundrechte standen zur Diskussion. Beherrscht wurde die Wiener Sitzungsphase des Reichstags jedoch von den langwierigen Debatten über die in Kap. II, 4, b) behandelte Frage der Ablösung bäuerlicher Frondienste, die Hans Kudlich am 26. 7. 1848 auf die Tagesordnung gesetzt hatte. Ein weiterer Erfolg des Reichstags – neben der epochalen Entscheidung zur Grundentlastung – war die Rückkehr des Hofs. Obwohl der bemitleidenswerte Kaiser Ferdinand jedes Mal, wenn das Thema angesprochen wurde, die Beherrschung verlor, konnte sich die Hofpartei den Aufforderungen des Reichstags nicht länger verschließen. Am 12. 8. 1848 zog die kaiserliche Familie in Wien ein, aber schon zu diesem Zeitpunkt waren Vorbereitungen getroffen worden, Ferdinand für den Fall weiterer radikaler Forderungen in das von Windischgrätz kontrollierte Olmütz zu bringen. Gewalt und Konflikt, nicht Versöhnung und gesetzliche Fortentwicklung zeichneten sich ab.

b) Preußen

Friedrich Wilhelm IV. liebte Gedenktage. Die feierliche Eröffnung der preußischen Nationalversammlung im „Weißen Saal" des Berliner Stadtschlosses fand daher nicht zufällig am 22. 5. 1848 statt. Auf den Tag genau 33 Jahre zuvor hatte Friedrich Wilhelm III. sein wichtigstes Verfassungsversprechen gegeben. Nun war es an seinem Sohn, das königliche Wort einzulösen. Die feierliche Stimmung war – äußerlich zumindest – ungetrübt. Dabei war nicht unbedingt zu erwarten gewesen, dass die Urwahlen für die preußische Nationalversammlung, die am 1. 5. 1848 zeitgleich mit den Wahlen zur deutschen Nationalversammlung stattfanden, ohne Zwischenfälle ablaufen würden. Noch am 20. 4. hatten Berliner Demokraten eine Großdemonstration gegen das indirekte Wahlverfahren geplant. Das Vorhaben war jedoch am entschlossenen Widerstand der liberalen Mitte gescheitert, die sich – in Gestalt der Berliner Bürgerwehr – resolut vor die angegriffene Märzregierung Ludolf Camphausens stellte. Eine „Vollendung der Revolution", wie sie der „Demokratische Klub" anstrebte, war unerwünscht. Die Metamorphose der Bürgerwehr von der Beschützerin der Märzerrungenschaften zur Ordnungskraft war in vollem Gange. Gustav Schlöffel (1828–49), einer der lautesten demokratischen Agitatoren, wurde wegen „Aufhetzung des Volkes" für sechs Monate auf der Festung Magdeburg inhaftiert. Allerdings ging auch aus einem indirekten und wohlbewachten Wahlvorgang eine Nationalversammlung hervor, die sich sozial wie politisch deutlich von ihrem Frankfurter Pendant unterschied.

Die berufliche Zusammensetzung der preußischen Nationalversammlung (Tab. 6) zeigt, dass der kleinbürgerliche Mittelstand und die unterbürgerlichen Schichten hier stärker vertreten waren als in der Paulskirche. Die prominenten Persönlichkeiten der vormärzlichen Opposition hatten zumeist Mandate für das Frankfurter Parlament errungen; somit eröffneten sich in Berlin Chancen für einen weiteren Personenkreis. Mehr als 10% der Abgeordneten waren Bauern. Selbst Häusler und Landarbeiter waren gewählt worden. Rund 40 Deputierte (rd. 10%) repräsentierten das Wirtschaftsbürgertum. Auch Handwerker, Geistliche und Lehrer waren relativ zahlreich vertreten. Arbeiter hingegen fehlten. Auch die freiberufliche Intelligenz – Rechtsanwälte, Journalisten – hatte nur wenige Repräsentanten in der Nationalversammlung. Wie in Frankfurt bildete auch in Berlin der juristisch geschulte Staatsdienst den eigentlichen Kern der Versammlung: Justiz- und Verwaltungsbeamte, Kreisrichter, Staatsanwälte. Politisch betrachtet war die Versammlung, die in der Berliner Singakademie tagte, radikaler als das Paulskirchenparlament. Eine wirklich konservative Fraktion fehlte. Der „Rechten" (ca. 120 Mandate), die inhaltlich in etwa dem Frankfurter „Casino" entsprach, mangelte es an politischem Talent. Ihr Wortführer, der dröge Greifswalder Professor Eduard Baumstark (1807–89) hielt nicht, was sein Name versprach. Das „rechte Zentrum" (ca. 40 Mandate) unter der Führung des Eisenbahnunternehmers Hans Viktor von Unruh (1806–86) versammelte demokratische Liberale, die sich für das parlamentarische Prinzip einsetzten. Das zumeist nach seinem Führer, dem Ökonomen Karl Rodbertus (1805–75), benannte linke Zentrum (ca. 90 Mandate) steuerte einen demokratischeren Kurs. Der „ungekrönte König des Parlaments" (Th. Nipperdey) war jedoch der Obertribunalrat Benedikt Waldeck (1802–70), ein katholischer Westfale und überzeugter Demokrat. Als Führungspersönlichkeit der entschiedenen Linken (ca. 120 Mandate) stand er einer breit gefächerten Fraktion vor, die von gemäßigten Demokraten bis zu radikalen Republikanern reichte.

Die preußische Nationalversammlung war nicht nur sozial vielfältiger und politisch radikaler als die Paulskirche. Mit der Vereinbarung einer preußischen Verfassung hatte sie auch eine bescheidener zugeschnittene Aufgabe. Zudem sah sie sich mit einer mächtigen Regierungsmaschinerie konfrontiert und tagte inmitten einer gärenden Metropole. Als verfassungspolitisches Kernproblem schälte sich bald der Gegensatz zwischen Krone und Regierung einerseits und der Parlamentsmehrheit andererseits heraus. Die linke Mehrheit sah die Nationalversammlung als ein konstituierendes Organ, als demokratisch legitimiert durch die Verfassungssouveränität des Volkes, als Produkt der segensreichen Märztage. Krone und Regierung hingegen bestanden auf den Prinzipien der Rechtskontinuität und der Vereinbarung. Die Nationalversammlung sei durch den König und den Vereinigten Landtag legitimiert und habe die künftige Verfassung mit der Krone zu vereinbaren. Dementsprechend legte die Regierung der Nationalversammlung bereits am ersten Sitzungstag einen Verfassungsentwurf vor, der sich an der belgischen Verfassung und der französischen Charte von 1814 orientierte. Da die „Anerkennung der Revolution" für viele Berliner zu einem „Glaubensartikel" (G. Richter) geworden war, verfolgten die radikalen, außerparlamentarischen Kräfte in der Hauptstadt die Entwicklung der Krise mit leidenschaftlichem Interesse. Am 8. 6. 1848 legte der Abgeordnete Julius Berends (1817–91) Feuer an die Lunte des Pulverfasses, indem er beantragte, die Versammlung möge „in Anerkennung der Revolution" erklären, „daß die Kämpfer des 18. und 19. März sich wohl ums Vaterland verdient gemacht" hätten. Camphausen, der dem Parlament erst eine Woche zuvor dargelegt hatte, dass es nicht auf der Revolution allein beruhe, widersetzte sich diesem Antrag. Am 9. 6. errang er einen Abstimmungssieg in Form eines wortreichen Kompromisses. Dass der als reaktionärer „Kartätschenprinz" verfemte Bruder des Königs just am selben Tag aus dem englischen Exil zurückkehrte, steigerte das Misstrauen der Berliner Bevölkerung noch. Schon Wochen vorher hatten Gerüchte über seine Heimreise zu Unmutsbekundungen geführt. Am 9. 6. begab sich Prinz Wilhelm, der einen Sitz für die Nationalversammlung errungen hatte, in die Singakademie, hielt eine kurze Rede, übertrug seinem Stellvertreter das Mandat und reiste – von den draußen versammelten Studenten ausgepfiffen – nach Potsdam ab. Die Bevölkerung reagierte gereizt.

Tab. 6 Berufliche Zusammensetzung der Berliner Nationalversammlung:

Staatsdiener (insgesamt)	**186**
Verwaltungsbeamte	73
Justizbeamte	87
Lehrberufe (5 Hochschullehrer)	26
Geistliche	**51**
Freiberufler (insgesamt)	**17**
Rechtsanwälte	5
Ärzte	12
Wirtschaftsbürgertum	**39**
Landwirte	**73**
Bauern, unterbäuerliche Schichten	46
Großgrundbesitzer	27
Handwerker	**18**
Sonstige, ohne Berufsangabe	**11**
Gesamt	**395**

(Nach: M. Botzenhart: Deutscher Parlamentarismus, S. 517.)

Die „straßenpolitische" Situation in Berlin war seit längerem brisant. Katzenmusiken störten die Nachtruhe, und die „Rehberger" – 700 in den Rehbergen tätige Erdarbeiter – stellten ein ständiges Bedrohungspotential dar. Sobald der Ruf „Rehberger raus! Die Freiheit ist in Gefahr" erscholl, marschierten die Männer rote Fahnen schwingend in die Stadt und gebärdeten sich als Bürgerschreck. Die Kanalarbeiter vom Plötzensee und vom Köpenicker Feld standen ihnen kaum nach. Schon am 30. 3. kehrten daher auf Ersuchen der Bürgerwehr und unter „Lebehoch von allen Seiten" zwei Linienregimenter zum Wachdienst in die Stadt zurück. Da die Arbeiter eine vollständige Volksbewaffnung forderten, rückte das Zeughaus ins Zentrum des Interesses. Zugleich florierte die republikanische, sozialistische und anti-dynastische Agitation: Klubs wurden gegründet, Flugschriften verteilt. Die Wirtshausdebatten wurden hitziger. Abgeordnete der Nationalversammlung und Außenminister Heinrich von Arnim (1791–1859) wurden tätlich angegriffen. Immer wieder drangen Menschen in die Singakademie ein. Am 14. 6. kam es zum Eklat. Nachdem sich eine größere Volksmenge auf dem Schlossplatz ausgetobt hatte, stürmte sie das unzulänglich bewachte Zeughaus. Beträchtlicher Sachschaden wurde angerichtet, und etwa 2000 Zündnadelgewehre fielen in die Hände der Aufständischen. Gerüchte gingen um. Die Republik sei ausgerufen und der König auf der Flucht. Schließlich bereitete eine eilends herbeibeorderte Einheit Soldaten dem planlosen Treiben ein Ende. Nichtsdestoweniger lehnte die linke Parlamentsmehrheit am nächsten Tag den von der Regierung befürworteten bewaffneten Schutz der Nationalversammlung ab, da diese unter dem Schutz der Bevölkerung stehe. Diese Abstimmungsniederlage verursachte eine Regierungskrise, die am 20. 6. zum Sturz des Kabinetts Camphausen führte. Um die Chancen für eine erfolgreichere Zusammenarbeit mit der Nationalversammlung zu verbessern, erhielt die neue, von Ministerpräsident Rudolf von Auerswald (1759–1866) und Finanzminister David Hansemann geführte Regierung einen liberaleren Zuschnitt. Drei prominente Mitglieder der Nationalversammlung – unter ihnen Karl Rodbertus – übernahmen Ministerämter. Dennoch war das Verhältnis zwischen Regierung und Parlament auch nach dem 20. 6. keineswegs konfliktfrei. Die Auseinandersetzung kreiste um zwei eminent wichtige Fragen: die Verfassungspolitik der Nationalversammlung und die damit verbundene Frage der Kontrolle über die staatlichen Machtorgane.

Anders als die Paulskirche kam die Berliner Nationalversammlung mit ihrer Zentralaufgabe zügig voran. Der Regierungsentwurf einer preußischen Verfassung wurde sofort an eine parlamentarische Verfassungskommission unter dem Vorsitz Benedikt Waldecks verwiesen, die erstaunlich schnell arbeitete. Bereits am 26. 7. 1848 legte sie ihren Gegenentwurf, die so genannte „Charte Waldeck" vor. Ob dieses Dokument als „äußerst radikal" eingestuft werden sollte, wie es noch Otto Hintze (1861–1940) getan hat, mag heute bezweifelt werden. Sicher ist jedoch, dass die „Charte Waldeck" damals auf den empörten Widerstand nicht nur der reaktionären Hofpartei, sondern auch der gemäßigten Konservativen stieß. Ein Mitspracherecht des Parlaments in Fragen der Außenpolitik, ein lediglich aufschiebendes Vetorecht des Monarchen, die Ausweitung persönlicher Freiheitsrechte, eine demokratisch strukturierte Miliz, die Abschaffung aller gutsherrlichen Vorrechte, die Umwandlung der Ersten Kammer in eine Repräsentation der Kommunalverbände, parlamentarische Kontrolle der Regierung: die erstarkende konservative Gegenrevolution schmähte all diese entschieden liberalen Regelungen als republikanische Exzesse. Am 31. 7. verschärfte der „Schweidnitzer Zwischenfall" die bereits angespannte Situation noch beträchtlich. Dort hatte die Weigerung des Festungskommandanten, der Bürgerwehr zu genehmigen, ihre Exerzierübungen durch Trommelschlag anzukündigen, zu Protesten geführt. Eine nach Beendigung der Unruhen hinzugekommene Militäreinheit eröffnete das Feuer und tötete 14 Bürger. Die Nationalversammlung sah in diesem Gewaltakt einen „Probefall der Gegenrevolution" (E. R. Huber) und reagierte leidenschaftlich. Am 9. 8. beschloss sie, die beteiligten Truppenteile aus dem niederschlesischen Schweidnitz zu entfernen. Zudem wies sie den Kriegsminister an, den Offizieren das Fernbleiben von „reaktionären Bestrebungen" und die Mitwirkung an der „Verwirklichung eines konstitutionellen Rechtszustandes" zu befehlen. Obwohl diese Beschlüsse eindeutig in das königliche Vorrecht der militärischen Kommandogewalt eingriffen, wagte es das Kabinett Auerswald-Hansemann angesichts der erregten öffentlichen Meinung nicht, sich den Anträgen zu widersetzen. Dies kostete sie das Vertrauen des Königs, der nur wenige Wochen zuvor den Huldigungserlass des Reichskriegsministers empört zurückgewiesen hatte. Am 2. 9. verweigerte die Regierung jedoch die Durchführung des Beschlusses zur Anweisung des Kriegsministers mit der Begründung, der Nationalversammlung stehe die Kompetenz zum Erlass eines Regierungsakts nicht zu. Als das Parlament daraufhin seinen Anti-Reaktions-Beschluss mit großer Mehrheit bestätigte, erklärte das Kabinett Auerswald-Hansemann am 8. 9. seinen Rücktritt. Binnen eines Vierteljahres waren zwei preußische Regierungen an der Nationalversammlung gescheitert. Preußen schien auf dem Weg zum Parlamentarismus.

Obwohl diese revolutionären Scheintriumphe bereits im September starke gegenrevolutionäre Kräfte hervorriefen, wagte Friedrich Wilhelm IV. es noch nicht, sein reaktionäres Kampfprogramm offen in die Tat umzusetzen. Stattdessen wurde ein Beamtenkabinett berufen. Als Ministerpräsident und Kriegsminister leitete der reformerisch gesinnte General Ernst von Pfuel (1779–1866), ein Mitglied der Nationalversammlung, die Regierungsgeschäfte. Allerdings erwies sich Pfuels Hoffnung, das Parlament durch seinen Anti-Reaktions-Erlass vom 23. 9. 1848 milde stimmen zu können, als trügerisch. Vielmehr lief die Nationalversammlung im September und Oktober zu parlamentarisch-demokratischer Hochform auf. Abgeschafft wurden das gutsherrliche Jagdrecht auf fremdem Boden, der königliche Titelzusatz „von Gottes Gnaden", der Adel, der Gebrauch adliger Titel sowie Orden und Auszeichnungen. Ein solches Trommelfeuer von Schlägen ins Gesicht des monarchischen Systems machte Pfuels Verständigungspolitik schlechterdings unmöglich. Allerdings isolierte sich die Nationalversammlung nicht nur durch den Graben, den sie so zwischen sich und der Regierung aushob. Gleichzeitig tat sich eine Kluft zwischen dem Parlament und den radikalen Kräften der Berliner Straßenpolitik auf. Durch das Bürgerwehrgesetz vom 13. 10. 1848 institutionalisierte die Nationalversammlung diesen Wehrverband der bürgerlichen Mitte und wandte sich damit gegen die irregulären fliegenden Verbände des radikaldemokratischen Lagers. Neben dem politischen Missmut, den dieser Schritt verursachte, häuften sich im Herbst erneut Arbeiterunruhen. Die Lage verschärfte sich. Der unverwüstliche Berliner Volksmund hatte auch hierzu ein Bonmot bereit. Als die Nationalversammlung in diesen Tagen von der Singakademie in das Schauspielhaus am Gendarmenmarkt umzog, ging folgendes ominöse Witzwort um: „Das Singspiel ist zu Ende, das Drama beginnt."

c) Die Staaten des Dritten Deutschlands

Auch die verfassungspolitische Entwicklung in den Staaten des Dritten Deutschlands zeitigte im Verlauf des Revolutionsjahres beachtliche Veränderungen. Generell galt jedoch, dass der Übergang von ständischen Vertretungen zu modernen repräsentativen Systemen in den mittleren und kleineren deutschen Staaten zögerlicher und unter bewusster Wahrung bestehender Rechtsnormen vonstatten ging. Die bereits vorhandenen konstitutionellen und parlamentarischen Strukturen wirkten hier als Stoßdämpfer und sorgten dafür, dass die politische Entwicklung insgesamt weniger dramatisch verlief. Nur in wenigen Staaten wurden im Frühjahr und Sommer neue Kammern oder gar Nationalversammlungen gewählt. Nachdem die Gewährung der Märzforderungen der revolutionären Bewegung vielerorts den Wind aus den Segeln genommen hatte, wurden die Anliegen einer neuen Zeit zumeist in den alten Landtagen debattiert.

In Bayern etwa oblag es der bestehenden Ständeversammlung, den wichtigsten Reformversprechen Gesetzeskraft zu verleihen. Nach verrichteter Arbeit wurde sie am 30. 5. 1848 verabschiedet. Neuwahlen fanden erst im Dezember statt. Dennoch ereigneten sich – von einigen Katzenmusiken, Volksversammlungen und Bierpreiskrawallen abgesehen – vor allem in Altbayern kaum Unruhen. Noch vor Ende des Jahres wurde das Märzministerium im konservativen Sinne umgestaltet. In Württemberg wurde den liberalen Forderungen noch von den am 13. 3. 1848 einberufenen Ständen entsprochen. Dennoch fanden im Mai Neuwahlen statt, bei denen – trotz Anwendung des Zensuswahlrechts von 1819 – die liberalen und radikaldemokratischen Kräfte einen klaren Sieg errangen. Da König Wilhelm den neuen Landtag jedoch erst zum 20. 9. 1848 einberief und das Land weitgehend ruhig blieb, wurden 1848 keinen weiteren Reformen mehr in Angriff genommen. Auch Baden erhielt keine verfassungsgebende Versammlung. Hier waren Liberalität und Reformgeist so fest verankert, dass der Rahmen des politischen Systems zunächst keiner radikalen Veränderung bedurfte. Die Revolution in Baden war „keine Bewegung von Außenseitern, sondern eine Bewegung von Etablierten" (P. Nolte). Der hessen-darmstädtische Ministerpräsident Karl Heinrich Jaup (1781–1860), ein Mitglied der „Casino-Partei", führte zunächst eine Reihe überfälliger Reformen durch. Danach parierte er die Forderungen der radikalen Partei, indem er die Kammer am 7. 8. 1848 vertagte. Das neue Wahlgesetz ließ über ein Jahr auf sich warten. Die kurhessische Kammer wurde erst am 29. 11. 1848 gewählt. Das Gros der Reformgesetzgebung war jedoch bereits durch die alte, am 13. 3. 1848 einberufene Ständeversammlung verabschiedet worden. Der Beginn der Revision der Frankfurter Stadtverfassung verzögerte sich bis in den Oktober.

Im Königreich Sachsen schien es angesichts der lebhaften republikanischen Agitation ratsam, auf Zeit zu spielen. Die alten Kammern traten erst am 18. 5. 1848 zusammen. Bis zur Verabschiedung des neuen Wahlgesetzes gingen weitere sechs Monate ins Land. Die Dezember-Wahlen produzierten nichtsdestoweniger eine demokratische Mehrheit, die einen langwierigen Konflikt mit der Regierung begann. Bertram Stüve, dem führenden Minister des hannoverschen Märzministeriums, gelang im September eine Verfassungsrevision, deren Hauptpunkte die Rückkehr zur Verfassung von 1833 (am 5. 9. 1848) sowie ein weitgefasstes Wahlrecht (am 25. 10. 1848) waren. Die neuen Kammern traten am 1. 2. 1849 zusammen. Im Herzogtum Braunschweig gingen die Dinge einen ähnlich ruhigen Gang. Nachdem die Ständeversammlung am 11. 9. 1848 ein neues Wahlgesetz verabschiedet hatte, versammelte sich der Landtag am 18. 12. 1848. In Hamburg hatte der Senat auf öffentlichen Druck am 13. 3. 1848 eine überaus gemächliche Rats- und Bürgerdeputation zur Beratung eventuell notwendiger Reformen eingesetzt. Nach monatelangem, ergebnislosem Palaver riss den demokratischen Vereinen der Hansestadt schließlich der Geduldsfaden. Auf einer Demonstration am 17. 8. 1848 wurde dem Senat die Einberufung einer konstituierenden Körperschaft abgerungen. Die nach allgemeinem und gleichem Wahlrecht bestimmte „Konstituante" trat jedoch erst im Dezember zusammen, begann ihre Debatten im neuen Jahr und vollendete ihren Verfassungsentwurf im Juli 1849, nur wenige Wochen vor dem Einmarsch preußischer Truppen. Auch in Mecklenburg, wo der Märzbewegung keine absolute Monarchie, sondern ein altständischer Feudalstaat gegenüberstand, brauchte alles seine Zeit. Erst am 3. 8. 1849 verabschiedete der im Oktober 1848 eröffnete verfassungsvereinbarende Landtag der Großherzogtümer Mecklenburg-Schwerin und Mecklenburg-Strelitz das neue Staatsgrundgesetz. Es kam jedoch nie voll zur Anwendung und wurde schließlich durch den „Freienwalder Schiedsspruch" vom 11. 9. 1850 kassiert.

Nicht alle deutschen Kleinstaaten verzichteten im Frühling und Sommer 1848 auf die Wahl einer verfassungsgebenden Versammlung. Allerdings spiegelten die Ausnahmen zu dieser Regel kaum die Revolutionserfahrung Frankfurts, Wiens oder Berlins wider. Im Herzogtum Nassau wurde am 1. 5. 1848 nach indirektem, allgemeinem, gleichem Männerwahlrecht ein neuer Landtag gewählt. Die heiß umkämpften Verfassungsfragen in der Wiesbadener Kammer fanden vor dem Hintergrund der Radikalisierung der außerparlamentarischen Sicherheitsausschüsse statt, die sich im ganzen Land gebildet hatten. Als die verschreckte liberale Mehrheitspartei im Juli ein herzogliches Vetorecht genehmigte, brach ein Aufstand der Radikalen los. Ministerpräsident Hergenhahn, auch er ein Mitglied des „Casinos", bat die Zentralgewalt um Hilfe. Auf Befehl des Reichsverwesers rückten am 18. 7. 1848 österreichische und preußische Truppen in Nassau ein und erzwangen eine Phase ruhigerer Entwicklung. Weniger dramatisch ging es im Großherzogtum Oldenburg zu, wo bisher ein „anständiger, phlegmatischer Absolutismus" (V. Valentin) geherrscht hatte. Am 10. 3. 1848 ordnete Großherzog Paul Friedrich August (1829–53) die Bildung eines Verfassungsausschusses an. Der am 17. 8. 1848 gemäß der Ausschussvorlage gewählte konstituierende Landtag stritt zäh für eine Reduzierung der staatlichen Aufwendungen für den Hof, zeigte sich beim fürstlichen Veto jedoch konziliant. Am 18. 2. 1849 wurde ein oldenburgisches Staatsgrundgesetz ausgefertigt, das ein Einkammerparlament und ein breites Wahlrecht vorsah. In Bremen trat am 19. 4. 1848 eine konstituierende Bürgerschaft zusammen, die mit dem Senat binnen Jahresfrist eine Verfassung vereinbarte. Die bereits am 8. 4. 1848 verkündete Lübecker Verfassung wurde im Verlauf des Jahres von einer neugewählten Bürgerschaft revidiert. Die am 2. 6. 1848 zusammengetretene Versammlung schloss ihre Verfassungsberatungen am 30. 12. 1848 ab. Da die beiden Herzogtümer von Anhalt-Dessau und Anhalt-Köthen verfassungslos waren, sah sich Herzog Leopold IV. Friedrich (1817–71) bald unter Druck, eine konstituierende Versammlung einzuberufen. Ende Juli trat schließlich der dessauisch-köthener Gesamtlandtag zusammen, der drei Monate darauf eine entschieden progressive Verfassung verabschiedete.

Die Buntheit dieser Schlaglichter der verfassungspolitischen Entwicklung im Dritten Deutschland verweist auf die Bedeutung lokaler Faktoren. Sie führten dazu, dass sich der allgemeinrevolutionäre Impuls – bei allen Gemeinsamkeiten – in so mannigfachen Formen ausdrückte. All dies Lokalkolorit darf jedoch nicht darüber hinwegtäuschen, dass über das Gesamtschicksal des revolutionären Prozesses anderswo entschieden wurde. Die demokratische Hochburg, die Dessau-Köthen geworden war, konnte der Revolutionswende nicht standhalten, die sich im Herbst in Frankfurt, Wien und Berlin ereignete.

IV. Revolutionswende, Reichsverfassung und Ende, September 1848 – Juli 1849

16.–18. 9. 1848	Septemberaufstand in Frankfurt
21.–25. 9. 1848	Zweiter badischer Aufstand
6./7. 10. 1848	Volksaufstand in Wien/Flucht des Kaisers nach Olmütz
30./31. 10. 1848	Kapitulation der Wiener Aufständischen
1. 11. 1848	Bildung des preußischen Ministeriums Brandenburg
9. 11. 1848	Staatsstreich in Preußen; Hinrichtung Robert Blums in Wien
2. 12. 1848	Abdankung Kaiser Ferdinands I. (Nachfolger: Franz Joseph)
5. 12. 1848	Auflösung der preußischen Nationalversamlung/Verfassungsoktroi
23. 1. 1849	Preußische Zirkularnote an die deutschen Regierungen
4. 3. 1849	Auflösung des österreichischen Reichstags/Verfassungsoktroi
27. 3. 1849	Verabschiedung der Reichsverfassung
28. 3. 1849	Wahl Friedrich Wilhelms IV. zum Kaiser der Deutschen
14. 4. 1848	Kollektivannahme der Reichsverfassung durch 28 deutsche Staaten
26. 4. 1849	Auflösung der Zweiten Preußischen Kammer
4. 5. 1849	Beschluss der Paulskirche zur Durchsetzung der Reichsverfassung
5.–9. 5. 1849	Eroberung Dresdens durch preußisch-sächsische Truppen
17. 5. 1849	Bildung der Revolutionsregierung in der Pfalz
19. 5. 1849	Beginn des dritten badischen Aufstands
18. 6. 1849	Auflösung des Rumpfparlaments
23. 7. 1849	Kapitulation der Festung Rastatt

Während der Revolutionswende im Herbst 1848 veränderte sich die politische Großwetterlage in Deutschland entscheidend zugunsten der gegenrevolutionären Kräfte. Dennoch sahen sie sich auch nach ihren militärischen und verfassungspolitischen Siegen in Frankfurt, Wien und Berlin mit Resultaten und Formen revolutionärer Politik konfrontiert, die sie nur unter Aufbietung massiver Gewalt überwinden konnten. Im Zentrum der Geschehnisse nach der Revolutionswende stand das Verfassungwerk der Frankfurter Nationalversammlung, in dem sich die wandelnden politischen Konstellationen der Monate zwischen Oktober 1848 und März 1849 abbildeten. Daher ist zunächst nach dessen Entstehungsbedingungen und Inhalten zu fragen. Abschließend wird auf den außerparlamentarischen Kampf um die Reichsverfassung eingegangen, der nach Verabschiedung der Konstitution zwischen der Nationalversammlung, den Fürsten und den Trägern der Reichsverfassungskampagne entbrannte.

1. Die Revolutionswende im Herbst 1848

Das Schicksal der deutschen Revolutionen wendete sich innerhalb weniger, dramatischer Wochen. Im Verlauf des Sommers war die Unzufriedenheit der radikalen Kräfte mit der neuen Ordnung beständig angestiegen. Ihre Handlungsbereitschaft wuchs. Der Herbst brachte schließlich den Höhepunkt und die Wende des Revolutionsjahres. Seit

Mitte September eskalierte ein zweiter revolutionärer Impuls. Eine Welle radikaler Erhebungen fegte durch die drei politischen Nervenzentren Deutschlands: Frankfurt, Wien, Berlin. Die leichten Siege des Frühlings waren jedoch im Herbst nicht mehr zu erringen. Die im März erfolgreiche Koalition oppositioneller Kräfte war zerfallen. Neue Rahmenbedingungen hatten veränderte Mehrheiten und eine andere Machtverteilung geschaffen. Zudem waren die konservativ-antirevolutionären Kräfte über den Sommer nicht müßig gewesen. Sie hatten sich formiert und den Gegenschlag vorbereitet. Als die Paulskirche gegen Ende des Jahres endlich die Beratung zentraler Verfassungsfragen begann, hatte sich das politische Klima in Deutschland gänzlich gewandelt.

a) September 1848: die Zweite Revolution in Frankfurt und Baden

Die Gegner des im Frühjahr 1848 etablierten politischen Status quo fanden sich nicht nur im Lager der konservativen Verteidiger des vormärzlichen Systems. Auch die Kräfte des Radikalismus fühlten sich nach der Niederwerfung des Hecker-Aufstands (s. Kap. II, 1, b) und den Wahlen zur Paulskirche vom revolutionären Umgestaltungsprozess ausgeschlossen. Das vorherrschende Politikmodell einer liberal-konservativen Vereinbarung ignorierte – so empfanden es die Radikalen – die „wahren" Bedürfnisse des Volkes: Republik und Sozialrevolution. Trotz allen Debattierens bewirkte die Nationalversammlung keine wirkliche Umgestaltung. „Sie bürsten und sie bürsten, / Die Fürsten bleiben Fürsten, / Die Mohren bleiben Mohren / Trotz aller Professoren", spottete der radikale Dichter Georg Herwegh im Herbst 1848. Außerhalb der Parlamente, in den Straßen und selbst auf dem flachen Land verbreitete sich Groll gegen das schleppende Tempo des sozialen Wandels und Misstrauen gegenüber den neuen gutbürgerlich-liberalen Regierungen. Dazu kam eine wachsende Politisierung durch Vereine und Zorn über erste gegenrevolutionäre Erfolge. In Prag (13.–17. 6.), Paris (24.–26. 6.), Sachsenhausen (6.–7. 7.), Nassau (18.–25. 7.) und Wien (21.–23. 8.) hatten Truppen und Bürgermilizen Volks- und Arbeiteraufstände unterdrückt. Entgegen den Wünschen der Revolutionäre unterzeichnete Preußen am 26. 8. 1848 den Waffenstillstand von Malmö (siehe Kap. III, 2, b). Im September erreichte die Spannung einen kritischen Punkt und begann, sich in Demonstrationen und Volksversammlungen zu entladen. Vom Schwarzwald bis nach Mecklenburg protestierten Bauern gegen die zögerliche Aufhebung der Feudallasten. Am 7. 9. demonstrierten in Köln 4000 Menschen gegen den Malmöer Waffenstillstand. Vier Tage später ereignete sich auf dem Kölner Neumarkt eine Konfrontation mit dem Militär, bei der mehrere Bürger verletzt wurden. Daraufhin wählte eine empörte Volksversammlung einen radikalen „Sicherheitsausschuß". Auf einer Volksversammlung in Worringen am Rhein wurde am 17. 9. eine „soziale Republik" gefordert und ein Appell an die Nationalversammlung verfasst, der die Abgeordneten zum Widerstand gegen Preußen aufrief. Mitten in diese angespannte Situation platzte am 16. 9. die Nachricht, dass die Paulskirche den Waffenstillstand doch noch bestätigt hatte.

Frankfurt galt im September 1848 als Hochburg des Radikalismus. Mindestens fünf radikale Vereine waren hier ansässig. Es gab eine lebhafte, oppositionelle Presselandschaft, aus der die „Frankfurter Allgemeine Arbeiter-Zeitung" sowie die aufreizenden Flugblätter des August Strittschen Verlags herausragten. Bereits Anfang Juli hatten radikale Kräfte im linksmainischen Sachsenhausen rebelliert. Die Kehrtwende der Nationalversammlung schlug wie eine Bombe ein. Bittere Enttäuschung über den nationalen

Rede des Abgeordneten Ludwig Simon (1819–72), Fraktion „Donnersberg", auf der Volksversammlung auf der Frankfurter Pfingstweide (17. 9. 1848)
(nach: Karl Obermann (Hrsg.): Einheit und Freiheit, Berlin 1950, S. 553 ff.)

Die Früchte der deutschen Revolution fallen nacheinander verwelkt vom Baume der Geschichte ab. ... Wer kann gegenwärtig die Lieder „Was ist des Deutschen Vaterland?" und „Schleswig-Holstein meerumschlungen", welche man so oft hinter Schüssel und Flasche gesungen, noch anhören, ohne daß ihm die Scham hochrot in die Wangen steigt? ...
Die vereinigten Richtungen der Linken werden noch an diesem Abend über ihr Verhalten Beratung halten: Wenn ein Austritt beliebt wird, so bin ich wahrlich nicht der letzte.
Ich bin unserer erfolglosen Verhandlungen längst überdrüssig. Sollen aber einzelne austreten und nach Hause reisen? (Stimmen: Nein! Nein!) Der Austritt weniger kann aus persönlicher Langeweile erfolgen, ist aber offenbar kein politischer Akt von erheblichem Eindruck. Diesem nach wendet euch an die Linke, wie ihr beschlossen habt, und tragt derselben eure Wünsche vor. Vielleicht wird mancher dadurch zu entschiedener Gesinnung bewogen werden.
Was hat aber das Volk zu tun? Es hat den Beschluß der Linken abzuwarten und sich vor Unordnungen, wie sie gestern vorgefallen, zu hüten. ... Solche Exzesse können zu nichts führen. Ich warne vor Unüberlegtheit, vor Unvorsichtigkeit und Voreiligkeit.

Verrat Preußens und die Komplizenschaft der Paulskirche sowie die Sorge, dass sich eine konterrevolutionäre Verschwörung ankündigte, vermischten sich zu einem explosiven Cocktail. Noch am 16. 9. kam es zu ersten Ausschreitungen. Tags darauf versammelten sich mehr als 10000 Menschen, unter ihnen linke Abgeordnete der Nationalversammlung, auf der Pfingstweide. Dort wurden die 258 Abgeordneten, die für den Waffenstillstand gestimmt hatten, als „Verräter des deutschen Volks, der deutschen Freiheit und Ehre" gescholten. Gleichzeitig wurde die linke Parlamentsminderheit aufgefordert, sich außerhalb der Paulskirche als wahre Nationalrepräsentation zu konstituieren. Gegen Abend beschloss ein radikaler Kern für den nächsten Tag eine bewaffnete Volksversammlung. Aufgrund der Unzuverlässigkeit der Bürgerwehr entschloss sich Reichsinnenminister Schmerling auf Ersuchen des Senats, noch in derselben Nacht zum Schutz des Parlaments Truppen nach Frankfurt zu beordern.

In den frühen Morgenstunden marschierten preußische und österreichische Truppen in der Stadt ein. Angesichts der Provokation, als die die Bevölkerung die Ankunft des Militärs empfand, blieb Ludwig Simons Mahnung zur Vorsicht (s. Quelle) wirkungslos. Nach Zusammenstößen auf dem Paulsplatz stob die Menge auseinander und errichtete systematisch über 40 Barrikaden. Am Nachmittag begannen die Truppen mit der Attacke. Die in einer Feuerpause einsetzenden Waffenstillstandsverhandlungen scheiterten an der unnachgiebigen Haltung Schmerlings, der wusste, dass Artillerie im Anmarsch war. Diese brachte die Entscheidung. Erst wurde die Barrikade an der Löwenapotheke sturmreif geschossen, danach bemächtigten sich die Truppen der Altstadt. Auf Seiten der Aufständischen zählte man 33 Tote; beim Militär belief sich die Zahl der Toten und Verwundeten auf 62. Stärker noch als durch den Aufstand selbst, wurde die radikale Linke durch die Ermordung zweier prominenter Abgeordneter diskreditiert, die sich am Rande der Kämpfe ereignete. Felix Fürst Lichnowsky und General Hans von Auerswald (1792–1848), beide Mitglieder des „Casinos", hatten sich auf einen Erkundungsritt begeben. Am Friedberger Tor wurden sie erkannt, und ein Mob begann die Jagd auf die beiden. Auerswald wurde sofort erschlagen. Lichnowsky gelang es, sich in einen Keller zu flüchten. Er wurde jedoch aufgespürt und so schwer verletzt, dass er noch am selben Abend starb. Die Empörung über diese Gräueltat und der Schock, den der Frankfurter Volksaufstand verursachte, bewirkten einen Rechtsruck. Die parlamentarische Linke fand sich isoliert. Die Reichsregierung ergriff resolute Abwehrmaßnahmen. Am 18. 9. verhängte der Reichsverweser in Frankfurt den Belagerungszustand und löste alle Vereine auf. Zudem beschloss die Zentralgewalt, „zur schnellen und kräftigen Unterdrückung anarchischer Bewegungen und Aufstände" an fünf Standorten jeweils 13 000 Mann zu stationieren. Noch im September begannen das Reichsministerium und die einzelstaatlichen Regierungen die Überwachung des Vereinswesens und der Presse.

Im Rückblick ist es schwierig zu beurteilen, ob die Maßnahmen der Zentralgewalt übertrieben oder effektiv waren. Jedenfalls wurden die Unruhen und Aufstände im Herbst 1848 relativ schnell unterdrückt. In Köln, wo eine Volksversammlung am 20. 9. den Beschluss der Versammlung auf der Frankfurter Pfingstweide wiederholt hatte, wurden am 25. 9. Barrikaden errichtet. Da sich jedoch niemand die Mühe machte, sie anzugreifen, gingen die kölnischen Kämpfer schließlich unverrichteter Dinge nach Hause. Am nächsten Morgen trugen städtische Bedienstete die Barrikaden ab. Nichtsdestoweniger verhängte der Ortskommandant den Belagerungszustand, löste die Bürgerwehr auf und suspendierte die Presse-, Versammlungs- und Vereinigungsfreiheit. Die Reichsinterventionen in Sachsen-Altenburg und Sachsen-Meiningen im Oktober stießen auf ähnlich geringen Widerstand. Allein in Baden, wo die Führer des Hecker-Aufstands auch aus dem Exil eine radikale Bewegung in Gang gehalten hatten, riefen die Frankfurter Vorgänge ein bedeutenderes Echo hervor. In der irrigen Annahme, der September-Aufstand sei erfolgreich gewesen, überschritt Gustav von Struve die Schweizer Grenze und rief am 21. 9. in Lörrach die Republik aus. Er versprach eine tief greifende soziale Umgestaltung und machte auch vor der heiligen Kuh des Eigentums nicht halt: Grundlasten und Abgaben würden beendet, Zölle herabgesetzt werden. Kirchen- und Staatsbesitz sollten auf die Gemeinden übergehen, und das Eisenbahnfahren würde künftig kostenlos sein. Nachdem er im badischen Oberland regen Zulauf gefunden hatte, zog Struve am 24. 9. nach Staufen und beschlagnahmte die Stadtkasse. Kurz darauf trafen allerdings Linientruppen ein, die dem zweiten badischen Aufstand ein blutiges Ende bereiteten. Bei Struve, der in Gefangenschaft geriet, wurden Pläne für Aufstände in Berlin, Cannstadt, Kassel und Wien gefunden. Mit diesem Schreckensszenario eines revolutionären Flächenbrandes war das Propaganda-Arsenal der Gegenrevolution komplett. Die zweite Revolution spielte direkt in die Hände ihrer Gegner.

b) Revolution und Gegenrevolution in Österreich

Der brodelnde Kessel der Wiener Politik kam auch nach der Rückkehr des Hofes nicht zur Ruhe. Vielmehr verschärften sich die Konflikte zwischen dem Bürgertum und dem Radikalismus des „sogenannten Volks" (H. Lutz). Nach Krawallen im September verhärteten sich die Fronten. Der Demokratische Klub und die studentische „Aula" traten auf die Seite der Arbeiter, während die bürgerliche Nationalgarde ins Regierungslager driftete. Am 14. 9. 1848 unterdrückten Linientruppen und Nationalgarde gemeinsam radikale Ausschreitungen. Tags darauf wurde der „Monarchisch-Konstitutionelle Verein" gegründet. Binnen 48 Stunden warb er 6000 konservative Mitglieder an, die sich stolz mit dem kaiserlichen Schwarz-Gelb schmückten. Auch die Gegenseite organisierte sich. Anstelle des aufgelösten Sicherheitsausschusses wurde unter Führung des radikalen Philologen Karl Tausenau (1808–73) eine Gegenregierung in Form des „Zentralkomitees der radikalen Vereine" ins Leben gerufen. Wien glich einem Pulverfass.

Die Lunte wurde in Ungarn angesteckt. Nur wenige Tage nachdem kroatische Grenztruppen unter Jellačić ihren Marsch auf Budapest begonnen hatten, war der ungarische Vizekönig („Palatin") Stephan (1817–67) außer Landes geflohen. Am 25. 9. 1848 ernannte die Wiener Regierung Franz Graf Lamberg (1791–1848) zum Kommissar für Ungarn und beauftragte ihn, zwischen der ungarischen Armee und Jellačić' Truppen zu vermitteln. Diese Verletzung ihrer Autonomie wollten die ungarischen Nationalisten nicht hinnehmen. Ein von Kossuth geleiteter Ausschuss übernahm die Regierungsgewalt in Budapest. Der bedauernswerte Lamberg begab sich dennoch in die ungarische Hauptstadt, wo er noch am Tag seiner Ankunft (28. 9.) von einer fanatisierten Menge ermordet wurde. Daraufhin löste der Kaiser am 3. 10. den ungarischen Reichstag auf und ernannte Jellačić zu seinem bevollmächtigten Stellvertreter in Ungarn. Um diesen Dekreten Achtung zu verschaffen, ordnete Kriegsminister Ferdinand Graf Baillet de Latour (1780–1848) die Entsendung aller verfügbaren Truppen nach Ungarn an. Die Regimenter in den Provinzen leisteten dem Befehl Gehorsam. In der Hauptstadt trat der Abmarschbefehl am 6. 10. einen Volksaufstand los.

Die zweite Wiener Revolution begann mit der Meuterei eines in der Stadt stationierten Grenadierregiments, das sich weigerte, gegen die Ungarn auszurücken. Der Widerstand griff schnell auf andere Einheiten, Sektionen der Nationalgarde und die breite Bevölkerung über. „Die Wiener Demokraten wußten, daß der mit Hilfe der kroatischen Grenzer gegen Ungarn geplante Staatsstreich auch ihnen galt" (W. Häusler) und kämpften mit rasendem Zorn. Die loyale Nationalgarde und das kaisertreue Regiment „Nassau" wurden zurückgedrängt, und bald beherrschen die Aufständischen weite Teile der Stadt. Die Menge stürmte das Kriegsministerium und bemächtigte sich des Grafen Latour. Nach schweren Misshandlungen wurde der achtundsechzigjährige Minister schließlich an einer Laterne gelyncht. Im Zeughaus fanden die Aufständischen ein reiches Waffenarsenal vor, so dass die Revolutionsarmee bald auf 100 000 Kämpfer anschwoll. Die Regierungstruppen zogen sich ganz aus der Hauptstadt zurück. Am 7. 10. floh der Hof ins mährische Olmütz, wo sich Fürst Windischgrätz, der für eine Eroberung Wiens plädierte, gegen den Verständigungskurs Ministerpräsident Wessenbergs durchsetzte. Unterstützt von seinem politischen Ratgeber, **Felix Fürst zu Schwarzenberg**, bereitete der zum Oberbefehlshaber aller österreichischen Truppen außerhalb Italiens ernannte Windischgrätz die Einschließung der Stadt vor.

Wien wurde indessen von der radikalen Partei kontrolliert. Ihr Regime beruhte auf zahlreichen Gremien und Institutionen. Der österreichische Reichstag blieb in der Stadt, schrumpfte jedoch zu einem linken Rumpfparlament zusammen. Noch radikaler waren der als Exekutive fungierende Sicherheitsausschuss, der wiederbegründete Gemeinderat und der Studentenausschuss. Die militärische Macht des revolutionären Wien bestand aus den ungeformten Nationalgarden und Bürgermilizen sowie der neuen, besoldeten Mobilgarde. So gelang es einer radikalen Minorität der Wiener Bevölkerung, kurzfristig eine revolutionäre Diktatur aufzubauen. Im grellen Schein dieses radikalen Strohfeuers leuchteten einige bemerkenswerte Dinge auf. Die Koalition von Arbeitern und Akademikern produzierte einen zukunftsweisenden sozialrevolutionären Diskurs. Erwogen wurden: eine Begrenzung des Arbeitstags, ein Minimallohn, Krankenversicherung, Gemeinschaftskassen, Profitbeteiligung der Arbeiter und Erwerbsgenossenschaften. Auch die Presselandschaft blühte auf. Wiener Zeitungsleser hatten die Wahl zwischen dem „Radikalen", der „Wiener Gassenzeitung", dem „Wiener Krakehler", der „Wiener Katzenmusik", dem „Satan", dem „Reisenden Teufel", dem „Ohnehose", der „Roten Mütze" und vielen anderen radikalen Publikationen.

Felix Fürst zu Schwarzenberg (1800–52), ein jüngerer Sohn einer in Böhmen begüterten Magnatenfamilie, wählte zunächst die Offizierskarriere, wechselte aber 1824 in die diplomatische Laufbahn. Nach jahrelangem, gelangweiltem Dienst in Russland, Portugal, England und an verschiedenen italienischen Höfen riss ihn das Revolutionsjahr aus seiner zynisch-passiven Geisteshaltung und spornte ihn zu einer beachtlichen Energieleistung an. Nachdem er an der italienischen Front verwundet worden und bei der Reichstagswahl durchgefallen war, fungierte er als Verbindungsmann zwischen Radetzky und dem Hof. Für das Amt des Chefs einer gegenrevolutionären Regierung war der waghalsige, hochintelligente, kaltblütige und berechnende Schwager des Feldmarschalls Windischgrätz eine Idealbesetzung. Als österreichischer Ministerpräsident und Außenminister (von 21. 11. 1848 bis zu seinem plötzlichen Tod) setzte sich Schwarzenberg erfolgreich für das dynastische System im österreichischen Kaiserstaat und die Wiedererrichtung seiner Stellung in Deutschland ein.

Die Temperatur im Treibhaus der hauptstädtischen Revolution stieg. Die Provinzen jedoch ließ das kalt. Abgesehen von der Steiermark stießen die Versuche, die Landbevölkerung zu mobilisieren, überall auf taube Ohren. Aktive Unterstützung erhielt Wien nur aus Frankfurt. Reichsministerpräsident Schmerling hatte erkannt, dass es Windischgrätz und Schwarzenberg nicht nur um die Unterdrückung des Wiener Radikalismus ging, sondern auch um die Beendigung der liberalen Märzbewegung. Auf Schmerlings Anraten entsandte der Reichsverweser am 12. 10. Karl Welcker und den oldenburgischen Bevollmächtigten Johann Ludwig Mosle (1794–1877) als Reichskommissare in einer „Mission des Friedens und der Versöhnung" nach Wien und Olmütz. Mit ihrer vom Reichsverweser ausgestellten Vollmacht, allen österreichischen Militär- und Zivilbehörden Weisungen zu erteilen, war es jedoch nicht weit her. Windischgrätz und Wessenberg verbaten sich jede Einmischung. Da Welcker und Mosle es nicht wagten, sich ins beinahe völlig umzingelte Wien zu begeben, reisten sie schließlich unverrichteter Dinge wieder ab. Andere zeigten mehr Mut. Nachdem ein Antrag der Linken, die deutsche Nationalversammlung möge sich mit der Wiener Erhebung solidarisch erklären, keine Mehrheit gefunden hatte, verfassten 65 linke Abgeordnete eine eigene Sympathieerklärung. Am 17. 10. trafen vier Abgeordnete der Paulskirche, unter ihnen Julius Fröbel und Robert Blum, in der österreichischen Hauptstadt ein, um diese Adresse zu überbringen. Blum, der sich mit dieser Reise der extremen Linken annäherte, begann seine Mission – in Anspielung auf den ermordeten Kriegsminister – mit der abstoßenden Bemerkung, dass noch viel „Latourisieren" notwendig sei, um der Revolution zum Sieg zu verhelfen. Solche Hetze sollte sich binnen weniger Tage blutig rächen.

Zunächst verhängte Windischgrätz den Belagerungszustand über Wien. Zwei Tage darauf, am 22. 10. 1848, wurde die Vertagung des Reichstags und seine Verlegung in die mährische Bischofsresidenz Kremsier angeordnet. Der Rumpfreichstag erklärte das entsprechende kaiserliche Dekret jedoch für verfassungwidrig und setzte seine Arbeit fort. Verworfen wurde auch das Ultimatum, in dem Windischgrätz Wiens revolutionäre Institutionen zur Kapitulation aufgefordert hatte. Die Einnahme der Stadt begann am 26. 10. Am 28. 10 bereitete ein Bombardement den Sturm auf die Innenstadt vor. Ihre erste Kapitulationserklärung brachen die revolutionären Korps, nachdem sich die Nachricht vom Anmarsch einer ungarischen Entsatzarmee verbreitet hatte. Mit der Niederlage der Ungarn bei Schwechat (30. 10.) war das Schicksal Wiens besiegelt. Am 31. 10. rückten Windischgrätz' und Jellačić' kroatische und tschechische Regimenter in die Innenstadt ein. Die Kämpfe waren blutig und wurden mit großer Härte geführt. Die nationale Fremdheit zwischen Regierungstruppen und Verteidigern verhinderte jegliche Fraternisierung. 1198 Soldaten fielen; auf Seiten der Revolutionäre wurden schätzungsweise vier- bis sechstausend Menschen verwundet oder getötet.

Am 1. 11. 1848 war Wien fest in der Hand der Gegenrevolution. Vom Turm des Stephansdoms wehte die kaiserlich schwarz-gelbe Flagge; das revolutionäre Schwarz-Rot-Gold war aus dem Stadtbild verschwunden. Der neue Ministerpräsident Schwarzenberg begab sich persönlich zur Sitzung des Rumpfreichstags, ließ dessen Portal von außen abschließen, steckte den Schlüssel in die Tasche und soll bemerkt haben: „Es gibt keinen Reichstag mehr." Insgesamt ging die Gegenrevolution jedoch weniger pomadig vor. Binnen 14 Tagen wurden 1600 Personen verhaftet. Die Rädelsführer der Revolution – Stadtkommandant Cäsar Wenzel Messenhauer (1813–48) sowie die Journalisten August Becher (1803–48) und Herrmann Jellinek (1812–48) wurden standrechtlich erschossen. Den tiefsten Eindruck machte jedoch der Fall Robert Blums. Zwar hatte er durch seine aufhetzenden Schriften und die aktive Teilnahme an den Kämpfen das seit der Ausrufung des Belagerungszustands herrschende Kriegsrecht zweifellos gebrochen, aber zahlreiche andere, die ähnlich oder stärker belastet waren, wurden nicht so hart bestraft. Zudem genoss der Abgeordnete Blum aufgrund eines Reichsgesetzes vom 29./30. 9. 1848 parlamentarische Immunität und durfte ohne Zustimmung der Nationalversammlung nicht verhaftet, geschweige denn hingerichtet werden. Windischgrätz, der politische Verwicklungen fürchtete, war denn auch geneigt gewesen, Blum abzuschieben. Schwarzenberg hingegen scherte sich nicht um die leidenschaftlichen Proteste der Paulskirche. Er wollte eine dramatische politische Geste und forcierte die Aburteilung des führenden Demokraten. Die Exekution Blums am Morgen des 9. 11. 1848 schickte eine finstere Warnung nach Frankfurt. Nicht nur in Österreich, sondern auch in Deutschland sollte der Status quo ante wiederhergestellt werden.

Der Sieg über die Wiener Revolutionäre katapultierte Österreich jedoch nicht sofort ins vorkonstitutionelle Zeitalter zurück. Mit Franz Graf Stadion, Karl Bruck und Alexander Bach traten Männer in Schwarzenbergs Ministerium ein, die nicht ohne weiteres dem reaktionären Lager zuzurechnen waren. Bereits am 19. 10. 1848 hatte ein kaiserliches Manifest die Wahrung der eingeräumten Rechte, die Gültigkeit der vom Reichstag vor dem 6. 10. gefassten Beschlüsse und die Vollendung des Verfassungswerks versprochen. Der aus Wien verlegte Reichstag wurde nicht etwa auseinander gejagt, sondern nahm am 22. 11. 1848 in Kremsier seine Beratungen wieder auf. Die Regierung Schwarzenberg ließ es sogar zu, dass mit dem Lemberger Advokaten Franz Smolka (1810–99) ein Kandidat der Linken zum Parlamentspräsidenten gewählt wurde. Auch die Proklamation, mit der sich der neue Kaiser Franz Joseph (1830–1916) im Dezember an seine Untertanen richtete, schien Verständigungsbereitschaft zu signalisieren. Der junge Monarch war fest entschlossen, den „Glanz der Krone ungetrübt zu erhalten", erklärte sich aber bereit, „Unsere Rechte mit den Vertretern Unserer Völker zu teilen." Schwarzenberg hatte jedoch keineswegs vor, die föderalistischen Tendenzen hinzunehmen, die der Reichstag an den Tag legte. Schon die vom Ministerpräsidenten betriebene Erhebung des jungen Erzherzogs Franz Joseph, der am 2. 12. 1848 an die Stelle seines regierungsunfähigen kaiserlichen Onkels trat, war ein Schritt in Richtung auf einen modernisierten, zentralistischen und dynastischen Gesamtstaat. Während Ferdinand seit Mai 1848 als „konstitutioneller Kaiser" tituliert wurde, herrschte sein achtzehnjähriger Neffe sogleich wieder „von Gottes Gnaden". Schwarzenbergs weithin beachtete „Kremsierer Erklärung" vom 27. 11. 1848, in der er die Unverzichtbarkeit der staatlichen Einheit Österreichs betonte, schlug in die gleiche Kerbe.

Als sich der Kremsierer Reichstag im neuen Jahr endlich anschickte, konkrete Verfassungsberatungen zu beginnen, ging alles sehr schnell. Kaum dass die Versammlung einen umfangreichen Grundrechte- und Reformkatalog – u. a. Abschaffung des Adels und der Todesstrafe, Trennung von Staat und Kirche, öffentliche Gerichtsverfahren, Unverletzlichkeit der Wohnung, Vereins- und Versammlungsrecht – vorgelegt hatte, wurde sie am 4. 3. 1849 kurzerhand aufgelöst. Am selben Tag wurde eine zentralistisch-gesamtstaatliche Verfassung oktroyiert, die dem Monarchen eine starke Rolle einräumte und die Macht des Parlaments deutlich beschnitt. Zwar wurden die Führer der Linken scharf verfolgt – Kudlich und Goldmark flohen ins Exil; Fischhof wurde inhaftiert –, aber das trübte die gute Stimmung nur wenig. Die Gegenrevolution und ihre Verfassung kamen gut an. An der Börse stiegen die Staatseffekten um 5%, und Wien erstrahlte in freiwilliger Festbeleuchtung.

c) Preußens „wohlüberlegte, wohlvorbereitete Restauration"

Die plötzliche Bekehrung zu den Prinzipien eines liberalen und konstitutionellen Systems, die Friedrich Wilhelm IV. im März 1848 durchlebt hatte, wich schon bald einem hasserfüllten Ekel vor der Realität der neuen Politikformen. Bereits im Frühsommer drückte er diese Geisteshaltung Camphausen gegenüber in ebenso freimütiger wie unappetitlicher Weise aus: „Ich wiederhole zum Schluß, daß die Eiterbeule von Berlin operiert werden muß. Je eher je besser", schrieb er dem Ministerpräsidenten am 18. 6. 1848. „Jeder Tag ist unwiederbringlich verlohren, weil es das Ansehen der Regierungen antastet, und meine Stellung zugrunde richtet." Das, was der preußische General Edwin von Manteuffel (1809–85), ein Mitglied der reaktionären „Camarilla", Anfang Juli als eine „wohlüberlegte, wohlvorbereitete Restauration" bezeichnete, bahnte sich schon frühzeitig an. Zwar konnte die neuere Forschung zeigen, dass der preußische Staatsstreich vom Herbst 1848 nicht so kaltblütig und zielstrebig durchgeplant war, wie es ältere Studien dargestellt hatten. Mit einem so wankelmütigen Protagonisten wie dem Preußenkönig war es unvermeidlich, dass die Ereignisse einem verschlungeneren Pfad folgten. Nichtsdestoweniger ist erstaunlich, wie sehr die tatsächlichen Vorgänge im November und Dezember sich mit den gegenrevolutionären Programmen deckten, die der König bereits am 11. und 15. 9. 1848 zu Papier brachte (s. Quelle).

Im Oktober 1848 stieg die politische Temperatur in Berlin auf den Siedepunkt. Am 12. 10. zerstörten Köpenicker Arbeiter in einem Akt unüberlegter Maschinenstürmerei die für die Kanalarbeiten notwendige Dampfpumpe. Als daraufhin Entlassungen vorgenommen wurden, brachen am 16. 10. gewaltsame Unruhen aus. Arbeiter, zum Teil unterstützt von Mitgliedern der von Auflösung bedrohten „Fliegenden Korps", zogen durch die Straßen, ließen die Republik hochleben und errichteten Barrikaden. Die Bürgerwehr reagierte mit Härte. Sie eröffnete das Feuer und stürmte die Barrikaden. Elf Arbeiter und ein Bürgerwehrmann fanden den Tod. Auf beiden Seiten wuchs der Hass. „Schlagt die Bürgerwehr! Schlagt die Hunde tot!", wurde gebrüllt. Im Gegenzug verweigerte die Bürgerwehr eine Pietätsgeste, als die gefallenen Arbeiter tags darauf vom Köpenicker Feld getragen wurden. Obwohl linke Abgeordnete der Nationalversammlung an der als Versöhnungsakt geplanten Beerdigungsfeier am 20. 10. teilnahmen, war der Riss zwischen der bürgerlich-liberalen Mitte und den radikalen Kräften nicht mehr zu kitten – sehr zur Genugtuung der Gegenrevolution. Man fühlte, dass Dramatisches bevorstand. „Ullo Bohnhammel", die satirische Kunstfigur einer beliebten Flugblattserie, brachte diese Vorahnung auf einen Berlinerischen Nenner: „Det neue Stück, die Revlution, / Is jetzt beim dritten Akte schon, / Der zweete ward damit geschlossen, / Det man zwölf Menschen doot geschossen."

Denkschrift Friedrich Wilhelms IV. (15. 9. 1848)
(nach: Fenske: Quellen zur deutschen Revolution von 1848–49, S. 161 ff.)

Die Einsicht , die ich von den Dingen habe, lehrt mich unwidersprechlich, daß dies die letzte Stunde ist, um den Thron, Preußen Teutschland, ja den Begriff der von Gott eingesetzten Obrigkeit in Europa zu retten. Jetzt oder nie! ...
Kraft dieser Erkenntniß bin ich entschlossen, nicht von meinem Ministerium ein System anzunehmen, sondern nur solche Minister zu nehmen, die nach meinen Überzeugungen u. Entschlüssen handeln wollen. ...
Der 1. Akt des neuen Kabinetts ist die Kgl. Botschaft, welche den Beschluß der Versammlung vom 7. [= die Wiederholung des Anti-Reaktions-Beschlusses, FLM] annulliert. Das ist der entscheidende Schritt. Durch ihn sind die Würfel geworfen. Er bedingt die *entschlossene Vorbereitung* auf 2 Eventualitäten.

1. Die Versammlung gibt nach. Dann wird dieselbe nach Brandenburg verlegt, die Verfassungsänderungen vorbereitet und die ... Gesetze gegen die „Unordnungen und Unleidlichkeiten" vorgelegt.
2. Die Versammlung widersteht der kgl. Botschaft. Dann *wird dieselbe sofort aufgelöst.* Die Folge ist fast ohne Zweifel die eigene Permanenzerklärung der Versammlung. Darauf bin *ich* vorbereitet durch das Konzentrieren von 30000 Mann um Berlin. Dieselben schreiten ein nach einem zum Teil festgestellten Plan. Gibt Gott den Sieg, so schlag ich vor, 'sogleich eine neue Versammlung nach einem neuen Wahlgesetz zu berufen', aber nicht nach Berlin.

Trotz dieses Aderlasses beruhigte sich die Lage nicht mehr. Weiter angeheizt wurde sie durch zwei radikale Gremien, die sich in diesen Tagen – von der preußischen Regierung unbehelligt – an der Spree versammelten. Am 26. 10. 1848 begann der „Zweite Demokratenkongreß". Vertreter von mehr als 250 Vereinen berieten, wie ein Sturz der Paulskirche und Neuwahlen zu bewerkstelligen seien. Das radikale „Gegenparlament" tagte am 27. 10. 1848. Es sollte die linken Abgeordneten aller deutschen Parlamente vereinen und widmete sich vorrangig der Frage, wie man die Wiener Revolutionäre unterstützen könne. In der Nationalversammlung beantragte der Abgeordnete Waldeck am 31. 10. 1848 erfolglos, dass Preußen alle Mittel zur Verteidigung der Wiener Volksfreiheit aufbieten solle. Dieses abenteuerliche Ansinnen wurde durch eine tausendköpfige „Sturmpetition" unterstützt. Zum Schutz des Parlaments marschierte die Bürgerwehr auf, und einmal mehr brachen Kämpfe aus. Der beinahe siebzigjährige Ministerpräsident Pfuel, der an der Sitzung teilgenommen hatte, konnte das Schauspielhaus nur unter dem Schutz zweier Abgeordneter verlassen und musste sich danach völlig erschöpft in der Wohnung eines seiner Begleiter ausruhen. Größer noch als seine Erschöpfung wird vermutlich seine Erleichterung gewesen sein, denn bereits am 28. 10. 1848 hatte er intern seinen Rücktritt erklärt. Am 1. 11. 1848 gab der konservative General Friedrich Wilhelm Graf von Brandenburg (1792–1850) seine Ernennung zum Regierungschef bekannt. Der Vorhang hob sich für den dritten Akt.

Von nun an ging es Schlag auf Schlag: Am 2. 11 sprach die Nationalversammlung Brandenburg das Misstrauen aus und bat um Einsetzung eines populäreren Kabinetts. Als sich der König anschickte, nach Anhörung der Abgeordneten wortlos zu gehen, rief ihm der Abgeordnete Jacoby den berühmten Satz nach: „Das ist das Unglück der Könige, daß sie die Wahrheit nicht hören wollen!" Eine Woche darauf verlas Brandenburg vor der Nationalversammlung die königliche Anordnung, das Parlament in die märkische Provinzstadt Brandenburg zu verlegen und auf den 27. 11. 1848 zu vertagen. Empört erklärte die Mehrheit der Abgeordneten den Befehl für gesetzwidrig und beschloss, weiter in Berlin zu beraten. Am nächsten Tag trat die Nationalversammlung wieder im Schauspielhaus zusammen. Allerdings hatten Gespräche zwischen dem Präsidenten der Nationalversammlung und dem Kommandanten der Bürgerwehr ergeben, dass allenfalls passiver Widerstand geleistet werden konnte. Gegen 14.00 Uhr rückten 13 000 Soldaten unter dem reaktionären General Friedrich von Wrangel (1784–1877), der am 13. 9. 1848 wohlweislich zum Oberkommandierenden für das Berliner Umland ernannt worden war, in die Hauptstadt ein. Am 12. 11. wurde der Belagerungszustand verhängt. Alle politischen Vereine und die Bürgerwehr wurden aufgelöst, die Versammlungsfreiheit eingeschränkt, oppositionelle Blätter unterdrückt, alle Zivilpersonen entwaffnet. Nirgendwo wurde ernsthafter Widerstand geleistet. Im revolutionsmüden Berlin musste kein einziger Schuss abgefeuert werden. Die Nationalversammlung, vom Militär von Saal zu Saal gescheucht, bediente sich am 15. 11. ihrer letzten Waffe. 227 im Mielentz'schen Saal versammelte Abgeordnete beschlossen einstimmig einen Steuerverweigerungsaufruf, der die Regierung finanziell lähmen sollte. Dieses letzte Aufbäumen der Kammer verpuffte wirkungslos. Ähnlich erging es den Schlichtungsversuchen der Frankfurter Institutionen. Weder die zahlreichen Emissäre (Max und Heinrich von Gagern, August Hergenhahn, Eduard Simson), noch die Beschlüsse der Paulskirche oder ein Aufruf des Reichsverwesers konnten Friedrich Wilhelm IV. von seinem Kurs abbringen. „Nun bin ich wieder ehrlich", hatte er seiner Frau Mitte November angekündigt. Dabei blieb es.

Zwar fanden sich am 27. 11. 1848 über 150 Abgeordnete in Brandenburg ein, aber die Zeit der preußischen Nationalversammlung war abgelaufen. Am 5. 12. 1848 vollendete der König den am 9. 11. begonnenen Staatsstreich, indem er die Auflösung der Nationalversammlung verfügte. Am gleichen Tag oktroyierte er eine Verfassung. Dieser zweite Schritt war innerhalb der Regierungspartei keineswegs unumstritten gewesen. Letztlich hatten sich jedoch Brandenburg und Innenminister Otto von Manteuffel (1805–82) gegen die verfassungsfeindliche „Camarilla" und den skeptischen Monarchen durchgesetzt. Hierbei mögen die Überlegung, dass die preußische Krise nur durch eine Versöhnungsgeste beendet werden konnte, sowie das Kalkül, einer Auflösung Preußens in dem in Frankfurt geplanten Reich durch eine gesamtpreußische Verfassungsidentität entgegenzuwirken, eine entscheidende Rolle gespielt haben. Der Inhalt der oktroyierten Verfassung verblüffte viele Zeitgenossen. Der britische Außenminister Palmerston schalt sie als „Extrem der Demokratie" und prophezeite dem preußischen Gesandten, dass „aus einer solchen Verfassung nichts Gutes erwachsen könne". Wenn auch diese Reaktion mehr über Palmerston als über die preußische Verfassung aussagt, so ist doch festzuhalten, dass Letztere unerwartet liberal ausgefallen war. Die Verfassung, die mit „Wir Friedrich Wilhelm, von Gottes Gnaden" begann, sich danach jedoch ironischerweise an der „Charte Waldeck" orientierte, sah das allgemeine, gleiche Wahlrecht sowie das Prinzip der Ministerverantwortlichkeit vor. Die Parlamentsvorlage vom Juli war jedoch in wichtigen Punkten verändert worden: Das Veto des Königs war absolut, die Krone verfügte über weitreichende Notstandsrechte, die Steuererhebung bedurfte keiner jährlichen Zustimmung des Parlaments und zahlreiche Grundrechte entfielen. Dass dieser Oktroi insgesamt weniger Kompromiss als politischer Schachzug war, verriet Art. 112, der eine Verfassungsrevision ankündigte. Allgemein wurde eine konservative Umgestaltung erwartet.

Nichtsdestoweniger fand das Vorgehen des Königs eine freundliche Aufnahme. Die Börse reagierte mit einer Hausse. Landauf, landab gab man sich wieder ganz monarchisch. Die mit allem Pomp gefeierte Silberhochzeit des Königspaares am 29. 11. 1848 wurde zum Anlass endloser Ehrerweisungen, festtäglicher Gedichte und untertänigster Deputationen. Zur gleichen Zeit überschwemmten moderat liberale und konservative Verbindungen in einer veritablen „Adresskampagne" Monarchen und Kabinett mit zahllosen Glückwunschschreiben und Loyalitätsbekundungen. All dies ermöglichte es den Machthabern in Berlin, sich nicht allein der Peitsche des Belagerungszustandes mit seinen Passkontrollen, Ausweisungen und politischen Prozessen zu bedienen. Auch ein wenig Zuckerbrot wurde verfüttert. Die Theater und Parks öffneten wieder ihre Tore, und der traditionelle Weihnachtsmarkt wurde genehmigt.

Die Berliner nahmen diese Gesten gerne an, ließen sich aber politisch nicht beirren. In den Wahlen für die Zweite Kammer, die im Januar 1849 gemäß Art. 67 der oktroyierten Verfassung abgehalten wurden, stimmte die Hauptstadt oppositionell. Insgesamt war die Kammer, die der König am 26. 2. 1849 eröffnete, jedoch weniger radikal als es Kritiker des allgemeinen, gleichen Wahlrechts befürchtet hatten. Trotz der starken oppositionellen Fraktion setzte sich bei der Wahl des Kammerpräsidenten der Kandidat der Rechten, Wilhelm Grabow (1802–74), mit 171 zu 158 Stimmen durch. Ähnlich knapp, aber politisch bedeutender war die Abstimmung über die Frage, wie die Kammer zum Verfassungsoktroi Stellung nehmen solle. Mit 172 zu 161 Stimmen wurde folgende Anerkennungsformel beschlossen: „Durchdrungen von dem Verlangen nach der Wiederkehr eines öffentlichen Rechtszustands hat das preußische Volk die Feststellung desselben durch die Verfassung vom 5. 12. v. J. dankbar anerkannt." Schon im Dezember war Friedrich Wilhelms tiefe Abneigung gegen die Verfassung so weit abgeklungen, dass sie ihm nur noch „ein wenig Bauch-Weh" verursachte. Solch zahme Kammer-Erklärungen konnten dem königlichen Wohlbefinden nur weiter zuträglich sein. Dass es dennoch innerhalb weniger Wochen zu einem zweiten preußischen Staatsstreich kam, erklärt sich aus der Entwicklung der Frankfurter Reichsverfassung.

2. Reichsverfassung und Kaiserwahl

Die Frankfurter Nationalversammlung stand vor der gewaltigen Aufgabe, auf dem Wege der Verfassungsgebung einen geeinten, freien deutschen Nationalstaat zu begründen. Das Prisma dieser Zielsetzung bündelte zahlreiche, zum Teil widersprüchliche Interessen und Grundüberzeugungen, die es miteinander zu versöhnen galt. Freiheitsrechte des Einzelnen, demokratische Partizipations- und Gleichheitsforderungen, soziale Frage, einzelstaatliche Macht- und Unabhängigkeitsansprüche und dynastische Rechte: all dies musste bei der Konstruktion von Verfassungsorganen und ihrer Einpassung in eine bundesstaatliche Architektur berücksichtigt werden. Gleichzeitig galt es, die Grenzen des künftigen Reichs zu ziehen und eine leistungsfähige Exekutive zu schaffen. Unter dem Druck der erstarkenden Gegenrevolution und in einem immer enger werdenden, durch Fraktionskämpfe zerklüfteten Handlungsspielraum gelang es den Frankfurter Parlamentariern, ein beeindruckendes, ausgewogenes Staatsgrundgesetz zu erstellen, das seiner Zeit weit voraus war. Obwohl dieses begeisternde Projekt schon vor seiner Fertigstellung kaum noch Chancen auf Verwirklichung hatte, ist festzuhalten: „Es lag nicht an der Qualität dieses parlamentarisch errungenen Wurfes, daß er 1849 scheiterte" (W. Siemann).

a) Die Frankfurter Grundrechte

Die Sitzung des Reichsministeriums am 23.12.1848 brachte eine herbe Enttäuschung für die Männer der Paulskirche. Es war unübersehbar, dass sich die politische Großwetterlage dramatisch verändert hatte. Auf dieser Sitzung berichteten die Vertreter der Einzelstaaten bei der Zentralgewalt über die Haltung ihrer Regierungen zur beabsichtigten Verabschiedung des Grundrechtskatalogs, an dem die Nationalversammlung seit Ende Mai gearbeitet hatte. Die Reaktionen waren uneinheitlich. Zahlreiche Mittel- und Kleinstaaten erklärten sich kooperationsbereit, aber die Skepsis gerade der größeren Einzelstaaten verhieß nichts Gutes. Österreich, Preußen, Bayern und Hannover weigerten sich, die unverzügliche Verkündigung des Grundrechte-Gesetzes zuzusichern. Auch Luxemburg, Limburg, Oldenburg, Hamburg, Bremen und Lübeck meldeten Bedenken an. Obwohl die Verweigerung der landesrechtlichen Publikation, die rein deklaratorischen Charakter hatte, *de jure* folgenlos blieb, wussten alle Beteiligten, dass die Zentralgewalt *de facto* unfähig war, die Verbindlichkeit der Grundrechte zu erzwingen. Zwar hatte die Verabschiedung des Grundrechtekatalogs eine Welle von Festen und Demonstrationen demokratischer Gruppen zur Folge, aber dies macht lediglich das Dilemma des Frankfurter Projekts deutlich. Der Grundgedanke einer legalen Verfassungsvereinbarung mit den Staaten war im Scheitern begriffen, während sich nur diejenigen Kräfte für den Inhalt der Verfassung einsetzten, gegen die auf Ersuchen der Zentralgewalt in den Straßen der Frankfurter Altstadt im September 1848 Artillerie eingesetzt worden war.

Die Entscheidung der Nationalversammlung, ihr Verfassungwerk mit der Erstellung eines umfangreichen Katalogs deutscher Bürgerrechte zu beginnen, ist vielfach als politisch fatal, als Beleg der Weltfremdheit eines theorieversessenen Professoren-Parlaments kritisiert worden. Anstatt die machtpolitisch relevanten Fragen der Verfassungsorganisation anzupacken, bevor sich die einzelstaatlichen Regierungen vom Schock der Märzereignisse erholt hatten, wandte sich die Nationalversammlung der Aufgabe zu, den Schutz der Freiheitsrechte des Einzelnen vor staatlicher Gewalt rechtlich zu fixieren. Hinzu kam, dass sich die Verabschiedung der Grundrechte trotz der optimistischen Hoffnung des Ausschusssprechers Beseler, auf diesem Gebiet sei „kaum Abweichung der Ansichten" zu erwarten, monatelang hinzog. Bereits am 26. 5. 1848 hatte der Verfassungsausschuss die Beratung der Grundrechte in Angriff genommen. Am 19. 6. wurde dessen Entwurf der Nationalversammlung vorgelegt, die sich in endlosen Debatten über sozial-, wirtschafts-, schul- und kirchenrechtliche Fragen verstrickte. So stritt man etwa am 21. 7. darüber, ob deutsche Auswanderer lediglich „unter dem Schutz" oder gar „unter dem Schutze und der Fürsorge" des Reichs stehen sollten. Erst am 20. 12. 1848 verabschiedete das Parlament den Grundrechtsteil der Verfassung. Tags darauf wurde beschlossen, dieses Gesetz gesondert und unverzüglich in Kraft zu setzen. Ungeachtet der einzelstaatlichen Einwände fertigte der Reichsverweser das „Gesetz betreffend die Grundrechte des deutschen Volkes" noch am 27. 12. 1848 aus.

Ernst Rudolf Huber hat dieses Vorgehen im Rückblick scharf kritisiert: „In ihrem Bestreben, die Freiheit zu sichern, bevor noch die Einheit gewonnen war, gab die Frankfurter Nationalversammlung die Freiheit und Einheit zugleich aus der Hand." Tatsächlich hatte so mancher Zeitgenosse das Verfassungswerk zu diesem Zeitpunkt schon aufgegeben. „Der Reichstag wird seine lächerliche Verfassung für Deutschland in ein paar Wochen abschließen", prophezeite der britische Botschafter in Wien am 4. 12. 1848. „Nachdem er seine Arbeit getan hat wird er verscheiden, und seine Verfassung wird ihm wahrscheinlich in die Nichtigkeit folgen." So angebracht die Kritik am unterentwickelten machtpolitischen Gespür der Nationalversammlung auch sein mag, so darf sie doch weder den Grund verdecken, warum sich die Frankfurter Parlamentarier zu diesem Vorgehen entschlossen, noch die Tatsache, dass ihr Grundrechte-Katalog eine beachtliche Leistung darstellte. Die Idee, Freiheitsrechte zu kodifizieren, gehörte seit der amerikanischen Unabhängigkeitserklärung (1776) und der französischen *„Déclaration des droits de l'homme et du citoyen"* (1789) zum Kanon westlichen Verfassungsdenkens. Die Staatsgrundgesetze der süddeutschen Verfassungsstaaten beinhalteten ausführliche Grundrechtskataloge, und die liberale Opposition im Vormärz strebte beharrlich den Ausbau und die Erweiterung solcher Garantien an. Die Zentralität dieses Anliegens wurde durch die Märzforderungen einmal mehr unter Beweis gestellt. In der zuversichtlichen Annahme, einen dauerhaften Sieg über den Obrigkeitsstaat errungen zu haben, widmete sich der Verfassungsausschuss daher der Festschreibung freiheitlicher Grundrechte. Dabei ist ferner zu berücksichtigen, dass zahlreiche Vertreter des vormärzlichen Liberalismus schmerzhafte Erfahrungen mit der polizeistaatlichen Praxis der Jahre vor 1848 gemacht hatten. Die **Grundrechte** – wie beispielsweise die Freiheit der Person oder die Pressefreiheit – sahen sie daher nicht als weltfremde Theorie, sondern als handfeste Politik (s. Quelle).

Die Grundrechte des deutschen Volkes
(nach: R. Schuster (Hrsg.): *Deutsche Verfassungen*, München 1992, S. 109ff.)

Artikel III § 138 [Freiheit der Person]: Die Freiheit der Person ist unverletzlich. Die Verhaftung einer Person soll, außer im Falle der Ergreifung auf frischer Tat, nur geschehen in Kraft eines richterlichen, mit Gründen versehenen Befehls. Dieser Befehl muß im Augenblicke der Verhaftung oder innerhalb der nächsten vierundzwanzig Stunden dem Verhafteten zugestellt werden. Die Polizeibehörde muß jeden, den sie in Verwahrung genommen hat, im Laufe des folgendes Tages entweder freilassen oder der richterlichen Behörde übergeben. ...
Artikel IV § 143 [Meinungs- und Pressefreiheit]: Jeder Deutsche hat das Recht, durch Wort, Schrift, Druck und bildliche Darstellung seine Meinung frei zu äußern.
Die Pressefreiheit darf unter keinen Umständen und in keiner Weise durch vorbeugende Maßregeln, namentlich Zensur, Konzessionen, Sicherheitsbestellungen, Staatsauflagen, Beschränkungen der Druckereien oder des Buchhandels, Postverbote oder andere Hemmungen des freien Verkehrs beschränkt, suspendiert oder aufgehoben werden.

Innerhalb des dreißigköpfigen Verfassungsausschusses machten sich vor allem Friedrich Dahlmann, Robert Mohl, Eugen Megerle von Mühlfeldt (1810–68), Johann Droysen und Georg Beseler um das Grundrechte-Gesetz verdient. Das politische Profil dieser Gruppe – bis auf Mohl („Württemberger/Augsburger Hof") gehörten alle Ausschussmitglieder entweder dem konservativen „Café Milani" oder dem rechtsliberalen „Casino" an – spiegelte sich im Charakter des Grundrechtskatalogs wider. Die sozialreformerischen oder gar sozialrevolutionären Forderungen der Zeit fanden kaum Niederschlag. Existenzminimum, Kinderarbeit, Arbeitslosen- und Invalidenschutz, Koalitionsrecht: all diese Themen blieben ausgespart. Vielmehr wurden die Beratungen der Nationalversammlung in dieser Frage von einem harmonisierenden „Zukunftsbild einer klassenlosen Bürgergesellschaft 'mittlerer Existenzen'" (L. Gall) geprägt, das typisch für den Liberalismus des Vormärz war. Die Antwort, die die Grundrechte auf die soziale Frage gaben, fiel dementsprechend indirekt und letztlich unzureichend aus. In § 27 wurde „Unbemittelten" kostenloser Unterrricht an öffentlichen Schulen garantiert. Bildung, so die optimistische Annahme, würde zur Teilnahme an der Bürgergesellschaft befähigen und die Not mithin beenden.

Überzeugender und bis zur Weimarer Verfassung (1919) und zum Grundgesetz (1949) wegweisend waren die Frankfurter Grundrechte hingegen in der Frage des Schutzes der Freiheit des Einzelnen vor staatlicher Willkür. Wichtig war hier neben dem Inhalt des Gesetzes – 14 Artikel mit 59 Paragraphen garantierten u. a. die Freiheit der Person, die Vereins-, Versammlungs-, Auswanderungs-, Niederlassungs-, Gewerbe- und Pressefreiheit, eine unabhängige Justiz, Gleichheit vor dem Gesetz, Freizügigkeit, das Briefgeheimnis, den Schutz der Wohnung, die Abschaffung der Todes- und Prügelstrafe, die Unverletzlichkeit des Eigentums und die Beendigung aller Frondienste – vor allem seine Geltungserstreckung. „Keine Verfassung oder Gesetzgebung eines deutschen Einzelstaates", so der „Vorspruch" zum Grundrechtegesetz, dürfe die Grundrechte jemals „aufheben und beschränken". Das Gesetzesprojekt wirkte daher stark vereinheitlichend. Es war ein Schlag gegen den Partikularismus. Schließlich ist noch auf die säkularisierende Dimension des Grundrechteprojekts hinzuweisen, die das Ergebnis eines Kompromisses zwischen der von einer einflussreichen Petitionsbewegung erhobenen Forderung nach kirchlicher Freiheit und dem Prinzip der Gleichheit der Religionsgemeinschaften war. Den großen christlichen Kirchen wurde die Befugnis zur selbständigen Verwaltung ihrer Angelegenheiten im Rahmen der allgemeinen Staatsgesetze zuerkannt. Im Gegenzug mussten sie jedoch nach dem Gleichheitsgrundsatz auf alle Vorrechte verzichten. Die geistliche Schulaufsicht entfiel. Staatliches und kirchliches Eherecht wurden streng getrennt. In allen Rechtsbeziehungen erhielt die Zivilehe Vorrang.

b) Großdeutschland, Kleindeutschland, Siebzigmillionenreich

Im Verlauf der Revolutionen von 1848/49 erhob Arndts Frage, was denn des Deutschen Vaterland sei, immer wieder ihr vertracktes Haupt. Trotz des gewaltigen Konfliktpotentials, das die Eingliederung Böhmens, Posens, Limburgs, Südtirols und Schleswigs mit sich gebracht hätte, waren sich die Träger des revolutionären Prozesses über diese Grenzangelegenheiten weitgehend einig gewesen. Der Riss, den die österreichische Frage verursachte, ging jedoch mitten durch die Nationalversammlung. Für die Frankfurter Verfassungsväter wurde die Rolle Österreichs im künftigen deutschen Nationalstaat erst problematisch, als die gesamtstaatlich-dynastische Partei das Ruder des habsburgischen Staatsschiffs wieder fest in der Hand hielt. Vor der Niederwerfung der Wiener Revolution hatte man in der Paulskirche bezüglich des Reichsgebiets eine großdeutsche Lösung auf der Basis des Deutschen Bundes (unter Einbeziehung Schleswigs und der 1848 aufgenommenen preußischen Ostprovinzen) vor Augen, wie sie schon der Verfassungsentwurf der 17 Vertrauensmänner vom 27. 4. 1848 vorgesehen hatte. Eine solche Territorialordnung hätte den österreichischen Kaiserstaat in zwei Sphären gegliedert: Seine Gebiete innerhalb der alten Bundesgrenzen (einschließlich Böhmens und Südtirols) wären Bestandteil des Reichs geworden, die übrigen Länder der Donaumonarchie hingegen nicht. Das lose Band des Deutschen Bundes hatte eine solche Konstellation unproblematisch gemacht. Ein fest gefügter großdeutscher Nationalstaat hingegen musste letztlich die Auflösung der Habsburgermonarchie bedeuten.

Solange die kaiserliche Partei durch Revolutionen und Bürgerkrieg gelähmt war, hoffte man in Frankfurt jedoch, sich über Österreichs gesamtstaatliche Machtinteressen hinwegsetzen zu können. Am 27. 10. 1848 gab die Nationalversammlung dieser Hoffnung Verfassungsrang. Mit großer Mehrheit wurde beschlossen, dass „kein Teil des deutschen Reiches ... mit nichtdeutschen Ländern zu einem Staate vereinigt sein" dürfe und dass, wo ein deutsches und ein nichtdeutsches Land dasselbe Staatsoberhaupt hätten, diese Verbindung „nach den Grundsätzen einer reinen Personalunion zu ordnen" sei. Dieser Beschluss setzte der kaiserlichen Regierung die Pistole auf die Brust. Entweder trat Deutsch-Österreich unter Preisgabe seiner staatsrechtlichen Einheit in das Reich ein, oder es bewahrte seine Einheit und wurde aus dem deutschen Reich ausgeschlossen. Schwarzenberg wusste jedoch, dass es sich bei dieser Pistole um eine Attrappe handelte und ließ sich eine so unattraktive Wahl keineswegs aufzwingen. In seiner **Kremsierer Erklärung**, mit der er genau einen Monat später auf die Entscheidung der Paulskirche reagierte, schien er zwar zunächst die Einrichtung zweier separater Staatskörper – Deutschland und Österreich – zu akzeptieren, er bestand darin jedoch kategorisch auf der Unteilbarkeit der Donaumonarchie. Damit gab er den Hoffnungen der großdeutschen Partei den Todesstoß. Reichsministerpräsident Schmerling, der Wortführer dieser Richtung, formulierte zwar noch ein Schreiben, in dem er „Deutschlands heiliges Recht auf Österreichs deutsche Gebietsteile" beschwor, konnte aber dessen Absendung nicht mehr durchsetzen. Nachdem er in der eigenen Fraktion in die Minderheit geraten war, trat er am 15. 12. 1848 zurück und machte den Weg für Heinrich von Gagern frei, der nunmehr als Ministerpräsident für sein Programm eines engeren und weiteren Bundes werben konnte.

Auszug aus Schwarzenbergs Erklärung vor dem Reichstag in Kremsier (27. 11. 1848)
(nach: Huber: Dokumente zur deutschen Verfassungsgeschichte. Bd. 1, S. 360)

Nicht in dem Zerreißen der Monarchie liegt die Größe, nicht in ihrer Schwächung die Kräftigung Deutschlands. Österreichs Fortbestand in staatlicher Einheit ist ein deutsches wie europäisches Bedürfnis. Von dieser Überzeugung durchdrungen, sehen wir der natürlichen Entwicklung des noch nicht vollendeten Umgestaltungsprozesses entgegen. Erst wenn das verjüngte Österreich und das verjüngte Deutschland zu neuen und festen Formen gelangt sind, wird es möglich sein, ihre gegenseitigen Beziehungen staatlich zu bestimmen. Bis dahin wird Österreich fortfahren, seine Bundespflichten treulich zu erfüllen.

Die Doppel-Bund-Konstruktion, die der Freiherr vom Stein ähnlich bereits vor dem Wiener Kongress verfolgt hatte, sah die Gründung eines preußisch dominierten Bundesstaats aller deutschen Länder unter Ausschluss Österreichs vor. Dieses „Kleindeutschland" (der „engere Bund") sollte sodann in ein völkerrechtliches Bündnis mit dem österreichischen Kaiserstaat treten und so einen „weiteren Bund" bilden. Am 18. 12. 1848 legte Gagern, der diese Idee schon seit den 1830er-Jahren akzeptiert hatte, sein Programm der Nationalversammlung vor. Die verwies es an einen Ausschuss. Solche Umstandskrämerei nutzte Schmerling, der nicht bereit war, den Ausschluss Österreichs hinzunehmen, geschickt aus. Er traf sich mit Schwarzenberg und überzeugte ihn, dass Gagerns Pläne mit Österreichs Interessen unvereinbar waren. Zuvor hatte die österreichische Regierung die Idee eines Doppel-Bundes akzeptiert, und noch am 13. 12. 1848 hatte sich Schwarzenberg in einer Depesche in diesem Sinne ausgesprochen. In einem Schreiben an den frisch zum österreichischen Bevollmächtigten in Frankfurt ernannten Schmerling schlug der Ministerpräsident jedoch am 28. 12. 1848 ganz andere Töne an. Als „deutsche Bundesmacht" bestand Österreich auf sein Recht, ein integraler Bestandteil des künftigen deutschen Staatskörpers zu sein. Unverblümt hieß das nur eins, wie Schwarzenberg dem württembergischen Gesandten im Januar 1849 mitteilte: „Hinauswerfen aus Deutschland lassen wir uns nicht." Damit stand das Frankfurter Verfassungswerk vor einem schier unlösbaren Problem. Gagerns kleindeutsche Partei sah sich zwei unversöhnlichen, aber auch untereinander inkompatiblen Gegnern gegenüber, die wenig mehr als ihre gemeinsame Feindschaft zum kleindeutschen Projekt verband: der von Schmerling geleiteten Parlamentsfraktion, die weiterhin auf die seit der Kremsierer Erklärung illusorische großdeutsche Lösung setzte, und der österreichischen Regierung unter Schwarzenberg. Nach mehrtägiger Debatte wurde am 13. 1. 1849 abgestimmt. Das Ergebnis zeigte, wie gespalten die Nationalversammlung in dieser Frage war. Mit 261 zu 224 Stimmen (bei 76 Enthaltungen) erreichte selbst eine durch zahlreiche Vorbehalte entschärfte Version des Gagern-Plans nur eine dünne Mehrheit.

In den folgenden Monaten verhärteten sich die Fronten. Eine großdeutsche Gruppe aus Partikularisten, Konservativen, Katholiken und Österreichern ging ein Verhinderungsbündnis mit Teilen der unitarischen Linken ein. Gegenüber dieser Fraktion „Mainlust" stand die kleindeutsche Partei, die ab Februar 1849 unter dem Namen „Weidenbusch" rund 220 Abgeordnete der Fraktionen „Casino", „Landsberg", „Augsburger Hof", „Württemberger Hof" und „Westendhall" umfasste. Damit waren die bisherigen Machtverhältnisse aufgehoben. Die österreichische Frage zerrieb die Mehrheit der liberalen Mitte und wertete den politischen Einfluss der Linken auf. Das sich abzeichnende parlamentarische Patt wurde durch Preußen und Österreich aufgebrochen. Am 23. 1. 1849 schien das beharrliche Werben der kleindeutschen Partei um preußische Unterstützung endlich Früchte zu tragen, denn in einer Zirkularnote an alle deutschen Regierungen schrieb sich das Berliner Kabinett die Gründung eines kleindeutschen Bundesstaates auf die Fahnen. Mit diesem Schritt, den die Regierung dem widerstrebenden König mühsam abgerungen hatte, kam das preußisch-österreichische Einvernehmen zur deutschen Frage, das sich seit Dezember 1848 entwickelt hatte, zu einem abrupten Ende. Die Gagern-Fraktion war hocherfreut. Die Reaktion in Österreich fiel – erwartungsgemäß – weniger fröhlich aus. Während sich die Wiener Presse über Berlin und Frankfurt echauffierte, verfolgte Schwarzenberg zunächst still und effektiv eine zweigleisige Gegenstrategie. Zum einen mobilisierte er den Widerstand der deutschen Mittelstaaten, die das kleindeutsche Projekt aus Furcht vor einer preußischen Bevormundung ablehnten. Die Geschlossenheit dieser „süddeutsch-niedersächsisch-österreichischen Kampffront gegen Berlin und Frankfurt" (V. Valentin) allein reichte schon aus, um Friedrich Wilhelm IV. zurückschrecken zu lassen. Bereits am 22. 2. 1849 musste der Hauptarchitekt der Zirkularnote, Unterstaatssekretär Hans Graf Bülow (1807–69), aus dem Amt scheiden. Als Versöhnungsgeste an die Adresse Schwarzenbergs wurde zudem der preußische Gesandte in Wien zu Bülows Nachfolger ernannt. Die Gagern-Fraktion in Frankfurt hingegen ließ sich weniger leicht entmutigen und trieb die Verfassungsberatungen zügig voran. Rückenwind erhielten die Kleindeutschen dabei indirekt von Schwarzenberg, der im März den dramatischen anderen Teil seiner Konterattacke enthüllte.

Am 4. 3. 1849 wurde der österreichische Reichstag aufgelöst und eine gesamtstaatliche Verfassung oktroyiert. Zugleich verfasste Schwarzenberg ein auf den 9. 3. 1849 datiertes Schreiben, das Schmerling dem Frankfurter Reichsministerium zu überreichen hatte. Darin forderte der Ministerpräsident den Eintritt der gesamten Habsburgermonarchie in den künftigen deutschen Staatskörper sowie die Einrichtung eines ungewählten Staatenhauses, das von den Länderkammern beschickt werden sollte. In dieser Versammlung würden Österreich 38 von 70 Stimmen zustehen. Diese Nachricht schlug wie eine Bombe ein. Schwarzenbergs durch einen Staatsstreich untermauerte, unverhohlen großösterreichische Politik machte die Position der großdeutschen Partei unhaltbar: Schmerling demissionierte unverzüglich; einige prominente österreichische Abgeordnete legten ihre Mandate nieder; die großdeutsche Fraktion verlor die Mehrzahl ihrer deutschen Parteigänger. Der spektakulärste Gesinnungswechsel war der Karl Welckers, der noch im Januar entschieden gegen eine kleindeutsche Lösung eingetreten war. Im Licht der jüngsten Ereignisse stellte er am 12. 3. 1849 den sensationellen Antrag, die Nationalversammlung möge die Reichsverfassung in ihrer aktuellen Fassung en bloc annehmen und Friedrich Wilhelm IV. die erbliche Kaiserwürde übertragen. Trotz aller politischen Schwierigkeiten und der weit verbreiteten Preußenfeindschaft wäre dieser Husarenstreich beinahe geglückt. Nach einer leidenschaftlichen Redeschlacht unterlag Welcker am 21. 3. 1849 mit 252 gegen 283 Stimmen. Jedoch erschien das Gagern'sche Wunschergebnis eines kleindeutschen Erbkaisertums nun so greifbar nah, dass sich der Reichsministerpräsident auf ein letztes Wagnis einließ. Als Mahnung an die Nationalversammlung trat sein Kabinett zurück und begann intensive Verhandlungen mit der linken Fraktion „Braunfels" unter der Führung Heinrich Simons (1805–60). Als die Paulskirche binnen einer Woche zur Abstimmung über die Erblichkeit der Kaiserwürde, zur Wahl des Kaisers der Deutschen und zur Verabschiedung der Reichsverfassung schritt, sollte sich zeigen, dass der so genannte Simon-Gagern-Pakt die Mehrheitsverhältnisse geringfügig, aber entscheidend verändert hatte.

Schwarzenbergs Plan, durch den Gesamteintritt der Habsburgermonarchie ein österreichisch-deutsches „Siebzigmillionenreich" zu gründen, verursachte auch international einige Unruhe. „Was wird Europa sagen? Was, vor allem, wird Rußland sagen zu dem gigantischen Reich, das Schwarzenbergs Schreiben enthüllt hat", fragte der britische Gesandte Cowley seinen Außenminister am 30. 3. 1849. Angesichts der relativen Schwäche der österreichischen Regierung, die in Venetien und Ungarn weiterhin mit Revolutionen konfrontiert war, reagierten die europäischen Großmächte zunächst gelassen auf Schwarzenbergs Idee einer staatenbündischen Vereinigung Mitteleuropas. Als er den Plan jedoch im darauf folgenden Jahr unter günstigeren Vorzeichen weiterverfolgte, traf er auf den entschlossenen Widerstand Großbritanniens, Frankreichs und schließlich auch Russlands. Zwar haben einige Historiker bedenkenswerte Argumente dafür vorgebracht, dass Schwarzenbergs Politik nicht ernsthaft auf die Schaffung eines österreichisch-dominierten Machtstaats in Mitteleuropa zielte. Vielmehr soll es sich dabei um eine taktische Finte im Rahmen einer defensiven Zielsetzung gehandelt haben. Die zeitgenössische Wahrnehmung jedoch war eine andere. Der britische Premierminister Lord John Russell (1792–1878) bezeichnete Schwarzenbergs Plan im November 1850 als „ernste Angelegenheit", als „unvereinbar mit dem europäischen Mächtegleichgewicht". Unter beträchtlichem internationalen Druck musste Schwarzenberg das Projekt schließlich im Frühjahr 1851 fallen lassen.

c) Verfassungsordnung und Kaiserwahl

Dass es innerhalb der Nationalversammlung in Folge der österreichischen Frage auf einmal ein linkes Zünglein an der Waage gab, hatte beträchtliche Auswirkungen auf die letzte Phase der Verfassungsberatungen. Als die Nationalversammlung Ende März 1849 über die seit langem strittige Frage des Veto-Rechts des künftigen Reichsoberhaupts abstimmte, zeigte sich die Gestaltungskraft des „Simon-Gagern-Pakts". Noch im Dezember 1848 hatte sich Dahlmann im Interesse einer starken Reichsexekutive leidenschaftlich für ein absolutes Veto eingesetzt, in dem er das „Recht der rettenden Tat" erblickte. Auch der Wunsch, die Freiheit des Einzelnen durch eine Ausbalancierung der staatlichen Gewalten zu schützen, hatte bei den Liberalen eine wichtige Rolle gespielt. Für die Linke hingegen war der Gedanke unerträglich, dass ein Kaiser die Beschlüsse der gewählten Volksvertretung zu Fall bringen könnte. Im März 1849 wurde die festgefahrene Situation dadurch überwunden, dass sich mehr als 100 Abgeordnete der Mitte schriftlich verpflichteten, für die Kompromissformel eines aufschiebenden Vetos zu stimmen. Der Kaiser wurde dadurch befähigt, einen Parlamentsbeschluss um maximal drei Jahre zu verzögern. Diese Regelung wurde am 26. 3. 1849 mit 385 zu 127 Stimmen beschlossen. Damit war der Weg frei für die entscheidende Kampfabstimmung über die Form des Staatsoberhauptes, die für den 27. 3. anberaumt war. Diese beiden Themen waren jedoch beileibe nicht die einzigen verfassungspolitischen Zankäpfel gewesen. Auch über das Zweikammersystem, den Föderalismus und das Wahlrecht wurde verbissen gestritten.

Das von der Paulskirchen-Linken vetretene Prinzip der Souveränität des gewählten Parlaments sperrte sich nicht nur gegen ein exekutives Veto, sondern auch gegen eine zweite Kammer. In der Tradition des französischen Konzepts einer geeinten und unteilbaren Nation forderte die Linke eine einzige, direkt gewählte Volksvertretung, deren Beschlusskraft nicht durch andere Körperschaften beeinträchtigt werden durfte. Liberale und konservative Parlamentarier plädierten hingegen für ein Zweikammersystem. Ein föderatives „Staatenhaus" als Vertreter einzelstaatlicher Interessen sollte dem direkt gewählten „Volkshaus" die Waage halten. Diese Konstruktion entsprang zum einen der realistischen Einschätzung, dass ein Bundesstaat nicht *gegen* den Willen der deutschen Staaten geschaffen werden konnte, und deren Mitwirkung war ohne ein Staatenhaus nicht zu erreichen. Zum anderen spielte der Gedanke eine Rolle, einem „national-unitarischen Parlamentsabsolutismus" (E. R. Huber) vorzubeugen. Die Parallelschaltung eines dynamischen Volkshauses mit einem beharrenden Staatenhaus sollte Fortschritt und Kontinuität zu beiderseitigem Vorteil verbinden. Auch hier wurde ein mehrheitsfähiger Kompromiss in Form eines Staatenhauses gefunden, dessen Mitglieder zur Hälfte von den Länderparlamenten gewählt werden sollten. Ein zunächst geplanter, von den Regierungen beschickter Reichsrat ließ sich nicht durchsetzen.

Der verfassungsmäßige Einfluss der Länderregierungen auf die Reichspolitik war somit stark eingeschränkt. Dies entsprach durchaus dem Frankfurter Wunsch nach einer starken Reichsgewalt. Zwar beabsichtigte bis auf die radikale Linke niemand, die Einzelstaaten zugunsten eines deutschen Einheitsstaats auszulöschen. Hinsichtlich der größeren Staaten war dies machtpolitisch nicht durchzusetzen, und unter den Kleinstaaten hatte die Paulskirche ihre wenigen Unterstützer. Dennoch enthielt die Frankfurter Reichsverfassung – zum Kummer der staatenbündischen Konservativen – stark unitarische Elemente: Die Souveränität sollte künftig beim Reich liegen. Reichsrecht würde Landesrecht brechen. Außenpolitik und Militär sollten der Reichsexekutive unterliegen. Bestimmungen wie die Reichsaufsicht über die Münze, Zölle, Post, Eisenbahnen, Schifffahrt und Handel festigten den unitarischen Charakter des neuen Bundesstaats noch weiter.

Auch in der Frage des Wahlrechts zeigte sich, wie schnell sich tiefe Überzeugungen auf dem Altar politischer Taktik opfern ließen. Hier prallten die unterschiedlichen

Auffassungen der Radikal-Demokraten und der gemäßigten Liberalen zunächst in voller Schärfe aufeinander. Für die Linke konnte nur das allgemeine, gleiche, geheime und direkte Wahlrecht den Grundsätzen eines modernen Verfassungsstaats entsprechen. Liberale und Konservative jedoch fürchteten die Herrschaft der Massen und betrachteten eine so radikale Anwendung des Gleichheitsprinzips als Bedrohung individueller Freiheit, die in einem unauflöslichen Bezug zur natürlichen Ungleichheit der Einzelnen stand. Nur dem tüchtigen, begabten, politisch reifen Individuum sollte die mit dem Wahlrecht einhergehende größere Gesamtverantwortung zustehen. Dass der bürgerliche Liberalismus mit dieser Kategorie vor allem sich selbst im Auge hatte, ist dabei ebenso wenig in Abrede zu stellen, wie der liberale Optimismus, dass Bildung und allgemeiner Fortschritt das Bürgertum bald zum „allgemeinen Stand" erweitern würden.

Der vom Rechtsliberalismus dominierte Verfassungsausschuss legte dementsprechend einen Wahlrechtsentwurf vor, der ganzen Berufsgruppen (u.a. Tagelöhnern, Handwerksgesellen und Fabrikarbeitern) das Wahlrecht vorenthielt. Dieser Antrag fiel jedoch ebenso durch wie alle späteren Versuche, das Wahlrecht durch die Einführung von Einkommensqualifikationen oder öffentliche Stimmabgabe zu beschränken. Dass sich die Linke schließlich am 27. 3. 1849 mit ihrer Forderung nach einem allgemeinen, gleichen, direkten und geheimen Männerwahlrecht durchsetzte, lässt sich jedoch nur vor dem Hintergrund atemberaubenden Taktierens verstehen. In erster Lesung (2. 3. 1849) war der entsprechende Antrag mit Unterstützung der großdeutschen Fraktion durchgegangen, die sich dadurch die Stimmen der Linken gegen eine kleindeutsche Lösung sichern wollte. Auch das arglistige Kalkül, auf diese Weise eine für die Einzelstaaten unannehmbar demokratische und daher zum Scheitern verurteilte Verfassung zu verabschieden, wird so manchen konservativen Abgeordneten dazu bewogen haben, hier gegen seine tiefsten Überzeugungen zu votieren. Die Großdeutschen hatten jedoch die Wendigkeit der kleindeutschen Fraktion „Weidenbusch" unterschätzt. Sie setzte sich behände über ihren liberalen Schatten hinweg und gewann die entscheidende linke Fraktion „Braunfels" dadurch für sich, dass sie das absolute Veto und die Einschränkung des Wahlrechts fallen ließ. Die Rechnung schien aufzugehen. Am 26. 3. beschloss die Paulskirche das aufschiebende Veto. Tags darauf wurde die Kaiserfrage mit 267 gegen 263 Stimmen denkbar knapp entschieden. Unmittelbar danach nahm die Paulskirche das allgemeine Wahlrecht in zweiter Lesung mit großer Mehrheit an. Gagerns Partei hatte einen strahlenden Phyrrus-Sieg errungen.

Der Höhepunkt der dramatischen Abstimmungen, die Ende März in der Nationalversammlung stattfanden, war die Entscheidung über die Kaiserfrage. Wie schon bei den Debatten zur Einrichtung einer provisorischen Zentralgewalt war man sich auch bei der endgültigen Regelung über wenig mehr einig, als darüber, dass es ein handlungsfähiges Haupt der Reichsregierung geben sollte. Die republikanisch-unitarische Linke forderte einen gewählten Präsidenten. Vertreter des staatenbündischen Konservatismus wollten ein kollegiales Reichsdirektorium, allenfalls ein Wahlkaisertum dulden. Im Interesse einer starken Zentralgewalt plädierten die Vertreter des moderaten Liberalismus für ein Erbkaisertum. Hinzu kam die österreichische Frage, die diese Grundkontroverse noch beträchtlich verkomplizierte. Angesichts solch diffiziler Materie lief die Paulskirche zu debattenseliger Höchstform auf. Im Januar 1849 waren folgende Vorschläge beantragt, diskutiert und verworfen worden: ein auf Zeit gewählter Präsident; ein Reichsdirektorium auf Zeit; ein Wahlkaiser auf Lebenszeit; ein Wahlkaiser für zwölf, sechs oder drei Jahre; ein sechsjähriger preußisch-österreichischer Wechselturnus und ein erbliches Kaisertum. Lediglich zwei Anträge hatten Mehrheiten gefunden: das (weder gewählte noch erbliche) Staatsoberhaupt sollte aus dem Kreis der deutschen Fürsten stammen und den Titel „Kaiser der Deutschen" tragen. Als die Nationalversammlung die erste Lesung der Verfassung am 26. 1. 1849 beendet hatte, war die Kernfrage, welche Form das Reichsoberhaupt haben sollte, weiterhin ungelöst.

In den folgenden Monaten verschoben sich die Gewichte jedoch zugunsten der kleindeutsch-erbkaiserlichen Partei, die ein Kaisertum der Hohenzollern anstrebte. Zum einen schied Schwarzenbergs Österreich aus dem Kreis der potentiellen Kronanwärter aus, und sein kompromissloser Kurs fügte der großdeutsche Partei irreparablen Schaden zu. Zum anderen wähnte sich die Gagern-Partei im Aufwind. Durch eine kleindeutsche Brille betrachtet, schien Friedrich Wilhelm IV. einer deutschen Führungsrolle durchaus nicht abgeneigt. Immer wieder hatte der Monarch im Nationalen geschwelgt: auf dem Kölner Dombaufest von 1842 oder im März 1848, als er erklärte, „für die Tage der Gefahr" die Leitung „der deutschen Fürsten und Völker" übernehmen zu wollen, und Preußen in Deutschland aufgehen ließ, oder auf dem Kölner Nationalfest, wo sich Friedrich Wilhelm und der Reichsverweser im August 1848 öffentlich umarmten.Vor diesem Hintergrund gab die preußische Zirkularnote vom 23. 1. 1849 der Hoffnung der erbkaiserlichen Partei auf eine aktive Zusammenarbeit mit der Berliner Regierung weiter Nahrung. Dass der Preußenkönig bereits im Mai 1848 in Briefen an Dahlmann eine vom Volk geschaffene Krone abgelehnt, dass er sich im Herbst per Staatsstreich eines Parlaments entledigt und die Zirkularnote in Windeseile fallen gelassen hatte, wurde in Frankfurt mit verbissenem Zweckoptimismus übersehen. Man konnte zwar nicht wissen, dass der König privat bereits im Dezember 1848 die mit „dem Ludergeruch von Revolution" behaftete Paulskirchen-Krone als „imaginären Reif aus Dreck und Letten" verworfen hatte. Aber dass eine so demokratisch-unitarische Verfassung, wie sie aus den Frankfurter Koalitionsränken hervorgegangen war, für Preußen letztlich unannehmbar sein musste, das war voraussehbar. Die erbkaiserliche Partei siegte sich in eine Sakkgasse.

Am 27. 3. 1849 entschied die Nationalversammlung in der Kaiserfrage mit 267 zu 263 Stimmen zugunsten des Erbkaisertums. Am gleichen Tag wurde die Reichsverfassung verabschiedet. Schon am 28. 3. 1849 schritt man zur Kaiserwahl. Bei 248 Enthaltungen wählten 290 Abgeordnete Friedrich Wilhelm IV. zum Kaiser der Deutschen. Von den Türmen der Frankfurter Kirchen läuteten die Freudenglocken. Der Senat der Stadt ordnete die Prägung eines Kaiserguldens mit dem Konterfei des hohenzollerschen Volkskaisers an. Unter Leitung des Parlamentspräsidenten Eduard Simson (1810–99) brach am 30. 3. 1849 eine Deputation nach Berlin auf, um dem preußischen König die Kaiserwürde anzutragen.

3. Der Kampf um die Reichsverfassung

Wie sich bald herausstellte, war die Verabschiedung der Reichsverfasssung nicht etwa das Ende, sondern der Beginn des Kampfes um Deutschlands konstitutionelle Ordnung. Die erbkaiserliche Mehrheit in der Nationalversammlung hatte sich zuletzt so sehr an die Idee eines preußisch-geführten Kleindeutschlands gekettet, dass die Ablehnung ihres Antrags durch Friedrich Wilhelm IV. den Niedergang der Paulskirche einläutete. Aus den Trümmern des Vereinbarungsmodells, das bis dahin der Leitstern der konstitutionellen Parlamentarier gewesen war, erhob sich mit der Reichsverfassungskampagne eine letzte Revolutionswelle. Was die wortbrüchigen Fürsten verweigerten, sollte kraft des Volkes Gültigkeit erlangen. In der bayerischen Rheinpfalz und in Baden schwoll dieser revolutionäre Kampf zu einem dramatischen Crescendo an. Hier gingen die Aufständischen über das Minimalziel der Reichsverfassung hinaus und errichteten – wenn auch nur kurzfristig und im Bewusstsein der in Preußischblau heranmarschierenden Gegenrevolution – republikanische Regimes.

a) Die Ablehnung der Kaiserkrone und der Niedergang der Nationalversammlung

Eine Karikatur aus dem Jahr 1849 zeigt Friedrich Wilhelm IV., wie er sich auf unsteten Beinen und mit leuchtend roter Schnapsnase gegen einen Tisch lehnt, auf dem sein Markenzeichen – eine Champagnerflasche – steht. In der rechten Hand hält er die Kaiserkrone, mit der linken zählt er die Knöpfe seines Uniformrocks ab: „Soll ich? – Soll ich nich? – Soll ich?! Knöppe, ihr wollt! nu jerade nich!!" Tatsächlich war der Entscheidungsprozess des preußischen Königs weniger gemütlich, aber ähnlich unwürdig. Friedrich Wilhelm tobte, brüllte, schimpfte grob, brach in Tränen aus und bejammerte sein Schicksal. Was all dies bedeutete, hielt das Protokoll des preußischen Staatsministeriums am 2. 4. 1849 nüchtern fest: „Die Annahme des Kaisertitels halten S.M. unter allen Umständen für unangemessen." Ganz so klar war die Situation jedoch nicht. Das politische Preußen war über die Frage „Annehmen oder Ablehnen" durchaus gespalten. Nur die ultra-konservative „Kreuzzeitungs-Partei" sprach sich kategorisch gegen Kaiserkrone und Reichsverfassung aus. Ihr gegenüber standen die liberale Mitte und die Linke, die die neugewählte Zweite Kammer dominierten und entschieden für Verfassung und Kaisertum eintraten. Am 2. 4. schickte die Volksvertretung eine Adresse an den Monarchen, in der sie die Annahme empfahl. Zwischen beiden Extremen lag die von einer Gruppe einflussreicher Persönlichkeiten verfolgte Mittelposition. Männer wie der ehemalige Innenminister Ernst von Bodelschwingh, der kürzlich entlassene Außenstaatssekretär Graf Bülow, Prinz Wilhelm und der ehemalige Ministerpräsident Camphausen sahen in der Kaiserkrone eine Chance, preußische Machtgewinne in Deutschland zu erzielen. Allerdings wollten sie die Reichsverfassung über kurz oder lang einer „Ent-Demokratisierung" unterziehen.

Die bereits verworrene Situation wurde noch zusätzlich dadurch verkompliziert, dass sich Friedrich Wilhelm IV. für keine Position wirklich erwärmen konnte. Vielmehr wollte er zwei Fliegen mit einer Klappe schlagen: die „Schweinkrone" sollte verworfen werden, ohne sich dabei der Hoffnung auf ein preußisch-geführtes Kleindeutschland zu begeben. Die Rede, die der König vor den angereisten Abgeordneten am 3. 4. 1849 im Berliner Schloss hielt, war daher alles andere als eindeutig. „Die Botschaft, als deren Träger Sie zu mir gekommen sind, hat mich tief ergriffen", begann der König. Die Nationalversammlung habe auf ihn gezählt, wo es galt, „Deutschlands Einheit und Kraft zu gründen". Für dieses Vertrauen dankte er und versprach zu beweisen, „daß die Männer sich nicht geirrt haben, welche ihre Zuversicht auf Meine Hingebung, auf Meine Treue, auf Meine Liebe zum gemeinsamen deutschen Vaterlande stützen". Allerdings könne er nicht „ohne das freie Einverständnis der gekrönten Häupter, der Fürsten und freien Städte Deutschlands, eine Entschließung fassen, welche für sie und die von ihnen regierten deutschen Stämme die entschiedendsten Folgen haben" müsste. Vielmehr sollte eine staatliche Verfassungsprüfung entscheiden, „ob die Verfassung dem Einzelnen, wie dem Ganzen frommt, ob die Mir zugedachten Rechte Mich in den Stand setzen würden, mit starker Hand ... die Geschicke des großen deutschen Vaterlandes zu leiten und die Hoffnungen seiner Völker zu erfüllen". Der König schloss mit einem bedrohlich klingenden Versprechen: „Bedarf es des preußischen Schildes und Schwertes gegen äußere und innere Feinde, so werde Ich auch ohne Ruf nicht fehlen." Die Mehrheit der Deputation reagierte empört auf Friedrich Wilhelms klirrendes Bramabarsieren und antwortete mit staatsrechtlich-kühler Eindeutigkeit: „Die Einladung auf Grundlage der Reichsverfassung ... mußte in dem Augenblick als vom König abgelehnt angesehen werden, in welchen Se. Maj. Ihre Willensmeinung dahin zu erkennen gaben, daß die ... beschlossene Verfassung überall noch keine rechtliche Existenz und Verbindlichkeit habe."

Die preußische Politik blieb widersprüchlich. Noch am Tag des Empfangs der Kaiserdeputation hatte sich das Berliner Kabinett in einer weiteren Zirkulardepesche an die deutschen Regierungen gewandt, um die Bereitschaft Friedrich Wilhelms zu signalisieren, „an die Spitze des deutschen Bundesstaates zu treten, der aus denjenigen Staaten sich bildet, welchen demselben aus freiem Willen sich anschließen möchten". Zwar verpuffte diese Initiative wirkungslos, aber elf Tage darauf riefen 28 deutsche Regierungen (darunter Baden, Kurhessen, Oldenburg, beide Mecklenburg, Schleswig-Holstein, Braunschweig, Nassau und fast alle Kleinstaaten) Preußen auf, wie sie die Reichsverfassung anzuerkennen. Sie erwarteten, dass Preußen „dem hohen Beruf, den die Neugestaltung Deutschlands anweise, genügen werde". Auf Antrag des Abgeordneten Karl Rodbertus nahm am 21. 4. 1849 auch die Zweite Preußische Kammer die Reichsverfassung an. Plötzlich schien der von Ludolf Camphausen seit einiger Zeit verfolgte Plan realisierbar, einen nord- und südwestdeutschen Bundesstaat zu gründen, dem auch Sachsen und Hannover schwerlich lange fernbleiben konnten. Zwei Dinge sind jedoch zu beachten: Zum einen fehlten auf der Liste der 28 Staaten mit Österreich, Bayern, Hannover, Sachsen und Württemberg wichtige Namen. Zum andern verhärtete sich die Haltung des preußischen Königs, der zwar unter den Fürsten aktiv für seine Wahl zum deutschen „Statthalter" warb, aber die Kaiserkrone als „ein Hundehalsband" beschimpfte, mit dem man ihn „an die Revolution von 48 ketten" wolle. Bereits am 6. 4. kündigte er Schwarzenberg an, wie gegebenenfalls mit jener „herrschaftstrunkenen Versammlung" in Frankfurt umzuspringen sei: „Dann löst unser Schwert den Gordischen Knoten unter Gottes Beistand." Gegen Ende des Monats legte Friedrich Wilhelm die Karten auf den Tisch. Am 26. 4. wurde die verfassungsfreundliche Zweite Preußische Kammer aufgelöst. Während Berlin wieder unter verschärftem Belagerungszustand stand, ging eine amtliche Depesche nach Frankfurt ab, in der Kaiserkrone und Reichsverfassung definitiv verworfen wurden. Das preußische Schwert war gezückt.

Für die Frankfurter Nationalversammlung und ihre erbkaiserliche Mehrheitsfraktion war die Reaktion des preußischen Königs ein vernichtender Schlag. Hinzu kam, dass Schwarzenberg die österreichischen Abgeordneten am 5. 4. 1849 aus der Paulskirche abzog. Der Wegfall dieser überwiegend liberalen Deputierten verschob die Mehrheitsverhältnisse zugunsten der Linken. Nachdem auch die letzten Versuche der Gagern-Partei, ein Übereinkommen mit Preußen auszuhandeln, gescheitert waren, schlugen Nationalversammlung und Zentralgewalt am 4. 5. 1849 einen Konfrontationskurs ein. Mit knapper Mehrheit forderte sie „die Regierungen, die gesetzgebenden Körper, die Gemeinden der Einzelstaaten, das gesamte deutsche Volk auf, die Verfassung des deutschen Reichs vom 28. 3. des Jahres zur Anerkennung und Geltung zu bringen". Die Wahlen für das Volkshaus wurden auf den 15. 7. 1849 festgelegt, am 15. 8. 1849 sollte der Reichstag zusammentreten. Angesichts der überall aufflammenden Volkserhebungen zugunsten der Reichsverfassung bedeutete dieser Entschluss den Aufruf zum Bürgerkrieg gegen die verfassungswidrig handelnden Regierungen. Gagern ging sogar so weit, am 8. 5. 1849 zu verkünden, dass die Reichsregierung „jeder Intervention ... zur Unterdrückung etwaiger Bewegungen zum Zwecke der Anerkennung der Reichsverfassung ... entgegentreten" werde. Da sich der Reichsverweser diesem Kampfprogramm widersetzte, trat Gagern am 10. 5. 1849 als Reichsministerpräsident zurück. Allerdings konnte auch der gegenrevolutionäre Kurs Erzherzog Johanns die nun einsetzende Radikalisierung der Nationalversammlung, die auf einen extremen Rumpf zusammenschrumpfte, nicht verhindern. Am 10., 15. und 26. 5. 1849 wurden Beschlüsse zur Unterstützung der Reichsverfassungskampagne verabschiedet. Gleichzeitig zogen Preußen (14. 5.), Sachsen (19. 5.), Hannover (23. 5.) und Baden (12. 6.) ihre Abgeordneten aus Frankfurt ab. Unabhängig hiervon erklärten 65 Mitglieder des „Casinos" – darunter so prominente Parlamentarier wie Heinrich von Gagern, Arndt, Dahlmann und Mathy – am 20. 5. ihren Austritt. Binnen Wochenfrist folgten ihnen die letzten bekannteren Vertreter der liberalen Mitte: Welcker, Karl Biedermann (1812–1901) und Gabriel Riesser (1806–63). „Die Nationalversammlung", berichtete Lord Cowley bereits am 21. 5. nach London, „kann, so denke ich, als nicht mehr bestehend betrachtet werden." Nur noch ein trauriger Abgesang sollte folgen.

Das Stuttgarter Rumpfparlament

Um sich dem Zugriff der in Frankfurt und Mainz stationierten preußischen Truppen zu entziehen, beschloss die Nationalversammlung am 31. 5. 1849 mit 71 zu 64 Stimmen, ihren Sitz nach Württemberg zu verlegen. Da einige Abgeordnete zusammen mit dem Reichsverweser in Frankfurt blieben, traten am 4. 6. 1849 nur etwa 100 Parlamentarier in Stuttgart zusammen. An Stelle des Reichsverwesers wurde noch am selben Tag eine fünfköpfige „Provisorische Reichsregentschaft" gewählt, der u. a. Franz Raveaux und Friedrich Schüler (1791–1873), einer der Redner auf dem Hambacher Fest, angehörten. Als sich dieses Exekutivorgan anschickte, der württembergischen Regierung im Rahmen des Kampfes für die Reichsverfassung Anordnungen zu erteilen, kam es zum Bruch. Am 13. 6. 1849 trat der Abgeordnete und württembergische Regierungschef Friedrich Römer (1794–1864) aus der Rumpfversammlung aus. Wenig später ließ er – unter massivem Druck aus dem In- und Ausland – das Parlament auflösen. Die Abgeordneten, die am 18. 6. 1849 entgegen einer Anordnung vom Vortag in feierlicher Prozession zu ihrem Sitzungssaal zogen, fanden die Straße vor sich durch Infanterie abgesperrt. Als der Zug zum Stehen kam, preschten Dragoner aus den Seitenstraßen, schlugen mit flachem Säbel auf die Versammelten ein und ritten mehrere von ihnen nieder. Tags darauf wurden alle landesfremden Abgeordneten ausgewiesen.

b) Die Reichsverfassungskampagne: Hannover, Württemberg, Preußen und Sachsen

Die Revolutionsbewegung, die sich seit April 1849 in zahlreichen deutschen Staaten ausbreitete, war in vieler Hinsicht intensiver, breiter und schärfer definiert als die des Vorjahres. In der Verteidigung der Reichsverfassung, dem „schriftlich fixierten Kondensat der Märzrevolution" (Ch. Klessmann), hatten die Aufständischen ein Ziel von großer Symbol- und Integrationskraft. Da zweifelhaft scheint, ob dem Gros der aktiv Beteiligten der genaue Inhalt der Verfassung bekannt war, ist in den Kundgebungen und Kämpfen des Frühjahrs und Sommers 1849 eher eine Antwort auf die Grundsatzfrage zu sehen, ob die Errungenschaften des Revolutionsjahres verteidigt werden sollten. Als

Alternative stand eine fürstliche Gegenrevolution spätestens seit der Auflösung des österreichischen Reichstags (4. 3. 1849) sowie der hannoverschen (25. 4. 1849) und preußischen (26. 4. 1849) Kammern sichtbar vor aller Augen. „Die Absichten des Ministeriums Brandenburg liegen klar am Tage", war in einem Flugblatt des Iserlohner „Sicherheitsausschusses" vom 13. 5. 1849 zu lesen: „Es will über Blut und Leichen der Bürger den in jener verhängnisvollen Märznacht, wie wir glaubten, auf ewig gestürzten Absolutismus wieder aufrichten." In ultimativer Form forderten die hinter Barrikaden verschanzten Iserlohner daher „ein volkstümliches Kabinett, dessen erste Handlung die unbedingte Anerkennung der deutschen Reichsverfassung mit Einschluß des Wahlgesetzes ist". Auf dieser Grundlage formierte sich im April 1849 eine breite politische Bewegung mit dem Ziel, die Anerkennung der Reichsverfassung zu erzwingen.

Neben der einigenden Wirkung eines gemeinsamen, klar definierten Ziels profitierte die so genannte Reichsverfassungskampagne zudem von dem weit verzweigten Netz politischer Vereine, das sich seit März 1848 gebildet hatte. In Celle stimmten 75 Volksvereine ihre Aktionen gegen das Ministerium Stüve (s. S. 42) miteinander ab. Auf einer Versammlung von Märzvereinen forderten am 27. 4. 1849 mehr als 1000 Münchner die Anerkennung der Reichsverfassung. Der Kreisausschuss der demokratischen Vereine in Würzburg sammelte im Sommer 1849 innerhalb kurzer Zeit 10000 Unterschriften. Zur Pfingstversammlung der Volksvereine kamen am 27. 5. 1849 rund 20000 Menschen ins schwäbische Reutlingen. Zudem koordinierte der Zentralmärzverein viele dieser Aktionen überregional. Das soziale Spektrum, aus dem sich die Reichsverfassungskampagne rekrutierte, war erstaunlich breit. Obwohl die „arbeitenden Klassen" (Arbeiter, Handwerker, Tagelöhner) bei weitem den größten Beitrag leisteten, beteiligten sich auch bildungs- und gewerbebürgerliche Gruppen und einige Bauern. So waren 123 (= 68,3%) der 180 Personen, die wegen ihrer Teilnahme am Dresdner Mai-Aufstand ins Zuchthaus Waldheim eingeliefert wurden, Handwerksmeister, Gesellen und Arbeiter. Mit 24 (= 13,3%) Lehrern, Künstlern, Advokaten und Kaufleuten war jedoch auch das bürgerliche Milieu nicht unbeträchtlich vertreten. Nichtsdestoweniger unterstützten einige Gruppen, die im März 1848 zu den Trägern der Umsturzbewegung gehört hatten, die Aktionen des Frühjahrs und Sommers 1849 in weit geringerem Maße. Obwohl einige Knechte und Landarbeiter an den Kämpfen teilnahmen, erhielt die Reichsverfassungskampagne aufs Ganze gesehen keine Unterstützung durch eine Agrarrevolte. Vielmehr ist zu berücksichtigen, dass ca. 80% der (gänzlich königstreuen) preußischen Truppen aus Bauern bestanden. In einigen Gebieten – etwa im bayerischen Oberland – nahm die Landbevölkerung direkt Partei für die Fürsten. Auch das (Besitz-)Bürgertum reagierte insgesamt weniger einheitlich und beteiligte sich umso weniger, je radikaler die Auseinandersetzungen ausfielen.

In fast allen deutschen Staaten, deren Monarchen die Anerkennung der Reichsverfassung verweigerten, kam es gegen Ende April 1849 zu Protesten. Allerdings waren die Formen und Intensitätsgrade dieser Aktionen uneinheitlich. Noch bevor König Ernst August die Kammer am 25.4. 1849 auflöste, waren in ganz Hannover Volksversammlungen und Petitionen zugunsten der Reichsverfassung organisiert worden. Angesichts der Unnachgiebigkeit des Königs, der Anfang Mai das Militär bereit hielt und die Bahnhöfe besetzen ließ, versandeten diese zahmen Bemühungen jedoch, und das Land blieb ruhig. König Wilhelm von Württemberg, der die Reichsverfassung zunächst ebenfalls abgelehnt hatte, war weniger erfolgreich. Seine Haltung hatte die bis dahin verfeindeten Konstitutionellen und Republikaner gegen ihn vereint. Die Kammer stimmte geschlossen für die Verfassung. Da auch die öffentliche Meinung gegen den König war, die Volksvereine sich bewaffneten und die Armee nichts gegen die Verfassung unternehmen wollte, gab Wilhelm am 25. 4. 1849 nach. Selbst Preußen, das selbsterkorene Schwert der Gegenrevolution, blieb nicht von Unruhen verschont. Ironischerweise führte gerade die zum Kampf gegen die Reichsverfassung befohlene Einberufung der **Landwehr** zu zahlreichen Erhebungen. Viele der älteren, oftmals politisch aktiven Landwehrmänner weigerten sich, den Kurs des preußischen Königs zu unterstützen. Während das unter Kriegsrecht stehende Berlin und die rheinischen Garnisonsstädte zumeist ruhig blieben, sorgten meuternde Landwehreinheiten vor allem im Westen für Aufruhr. Nach einer Konfrontation zwischen Elberfelder Landwehrmännern (s. Quelle) und regulären Truppen wurden in der Stadt Anfang Mai Barrikaden errichtet. Für ein paar Tage übernahm ein „Sicherheitsausschuss" die Regierung. Noch bevor die preußischen Truppen Verstärkung erhalten hatten, gelang es jedoch der Elberfelder Bürgerwehr, die Ordnung wiederherzustellen. Die „Iserlohner Revolution" folgte demselben Muster, hatte allerdings ein blutiges Ende. Nach Meuterei, Barrikadenbau und Bildung eines Sicherheitsausschusses wurde die Stadt am 17. 5. 1849 von preußischen Truppen gestürmt. Den erbitterten Kämpfen fielen über 100 Aufständische – vor allem Arbeiter und Handwerker – zum Opfer. Auch bei der Niederwerfung eines Volksaufstands in Breslau, wo die Nachrichten aus Dresden für Unruhe gesorgt hatten, waren am 6./7. 5. 1849 insgesamt 19 Tote zu beklagen.

Die preußische Landwehr
Auf ältere Ideen zur Einrichtung einer National-Miliz aufbauend wurde die Landwehr während des Krieges gegen Napoleon im März 1813 ins Leben gerufen. Aus älteren Männern (25. bis 40. Lebensjahr) rekrutiert, sollte sie eine selbständige Formation neben dem stehenden (Linien-)Heer bilden und den Gedanken des „Volks in Waffen" verwirklichen. Obwohl die Landwehr – militärisch gesehen – eine Heeresreserve war, besaß sie eine Identität, die sie klar von der „Linie" unterschied. Mit eigenen Einheiten und Offizieren sollte sie bürgerlicher und volkstümlicher sein und als Bindeglied die Gesellschaft wehrhafter und die Armee bürgerlicher machen. Gerade wegen dieser, von Preußens liberalen Reformbürokraten beabsichtigten Mittlerrolle wurde die Landwehr zum Zielpunkt reaktionärer Kritik. Konservative sahen in ihr eine demokratische Einrichtung, die Armee der Opposition. Im Zuge der reaktionären Wende des Jahres 1819 wurde die Landwehr daher enger an das Linienheer gebunden. Nicht zuletzt aufgrund der Erfahrungen der Jahre 1848/49 wurde ihre Bedeutung im Rahmen der Roon'schen Heeresreform nach 1860 nochmals reduziert.

Der revolutionäre Kampf in Sachsen markierte den Höhepunkt der ersten Phase der Reichsverfassungskampagne. Beide Parteien demonstrierten hier ihre Bereitschaft, bei der Durchsetzung ihrer Ziele bis zum Äußersten zu gehen. Im Bewusstsein, auf preußische Waffenhilfe zurückgreifen zu können, wagte König Friedrich August II. die Konfrontation. Nachdem sich die öffentlichen Forderungen, die Reichsverfassung anzunehmen, einige Zeit lang intensiviert hatten, löste der König den verfassungsfreundlichen Landtag am 28. 4. 1849 auf und ignorierte die immer lauter werdenden Petitionen und Proteste. Da Sachsen einen ungewöhnlich hohen Grad politischer Mobilisierung aufwies, nahm dieser Kurs den offenen Konflikt in Kauf. Der Dresdner Vaterlandsverein allein hatte im Revolutionsjahr über 4000 Mitglieder. Im ganzen Land waren ca. 75 000 Menschen in 280 solcher Assoziationen eingeschrieben, von denen über 200 am 22. 4. 1849 auf einer Versammlung nachdrücklich für die Reichsverfassung eingetreten waren. Die Gesamtzahl der in Vereinen organisierten sächsischen Arbeiter wird auf 8000 geschätzt. Es war nur eine Frage der Zeit, wann es in der von Gerüchten über anrückende preußische Truppen aufgeheizten Atmosphäre zur Explosion kommen würde. Als Soldaten am 3. 5. 1849 auf eine Menge schossen, die das Dresdner Zeughaus stürmen wollte, brach der Aufstand los, an dem sich so prominente Revolutionäre wie der Kapellmeister Richard Wagner (1813–83), der Hofarchitekt Gottfried Semper (1803–79) und der russische Anarchist Michael Bakunin (1814–76) beteiligten. Über hundert Barrikaden wurden errichtet. Nach der Flucht des Königs etablierte sich eine Provisorische Regierung unter Führung der Anwälte Samuel Tzschirner (1812–70) und Otto Heubner (1812–93), die sich unter den Schutz der verfassungstreuen Regierungen stellte und die Reichsverfassung sofort anerkannte.

Aufruf an alle Landwehrmänner des Großherzogtums Berg und der Grafschaft Mark
(nach: Obermann: Flugblätter der Revolution, S. 416)

Das volksverräterische Ministerium Brandenburg-Manteuffel benutzt jede ungesetzlichen Mittel, um die errungenen Freiheiten zu unterdrücken, darunter betrachten wir die Einberufung der Landwehr *ersten Aufgebots* als ein solches, da dadurch nicht allein Massen Familienväter ohne allen Grund ihren Angehörigen entrissen, sondern die beste Stütze des Volkes benutzt werden soll, gegen ihre Angehörigen, gegen die Freiheitsbestrebungen die Waffen zu kehren, um der Konterrevolution der preußischen „Camarilla" zu dienen.
Wir vertrauen der Ehrenhaftigkeit aller unserer Kameraden, daß keiner der Aufforderung Folge leistet und jeder entschlossen ist, wie ein Mann zusammenzuhalten und gegen diese ungesetzliche Aufforderung mit den Waffen in der Hand feierlich zu protestieren. [Elberfeld, 7. 5. 1849]

Schon am 5. 5. 1849 begann jedoch der Gegenschlag. Preußische und sächsische Truppen gingen mit großer Härte gegen die circa 3000 Aufständischen vor, von denen rund 250 getötet und etwa 400 verwundet wurden. Am 9. 5. 1849 entschloss sich die Provisorische Regierung zur Flucht. Tzschirner rettete sich ins Ausland; Bakunin und Teubner hingegen waren leichtsinnig genug, im Chemnitzer Gasthof „Blauer Engel" Quartier zu nehmen, um sich nach den Strapazen der letzten Tage gründlich auszuschlafen. Die Polizei nahm sie dort um 10.00 Uhr morgens in den Betten fest. Zunächst zum Tode verurteilt erhielten sie schließlich – zusammen mit über 700 anderen Verurteilten – lange Haftstrafen. Durch ihren Sieg in Dresden hatte die „militärisch-bürokratische Reaktion" (E. R. Huber) nicht nur ihre Stellung in Sachsen gesichert. Die Niederschlagung des Mai-Aufstands wirkte auf ganz Deutschland. Dass Preußen zur Intervention bereit war und über verlässliche und hart durchgreifende Truppen verfügte, erwies sich im weiteren Verlauf der Reichsverfassungskampagne als entscheidend.

c) Bayern, der rheinpfälzische Aufstand, Baden und das Ende

Auch ohne den rheinpfälzischen Aufstand wären die Unruhen, die das Königreich Bayern im Rahmen der Reichsverfassungskampagne erlebte, als gravierend einzustufen gewesen. Seit dem Amtsantritt des partikularistischen Außenministers Ludwig von der Pfordten (1811–80) im April 1849 hatte das preußenfeindliche Bayern eine Vorreiterrolle im Kampf gegen die bundesstaatlichen Bemühungen der Paulskirche gespielt. Am 23. 4. 1849 erklärte König Maximilian II. seine Ablehnung der Reichsverfassung und zögerte später auch nicht, die bayerische Kammer aufzulösen, als diese die Konstitution annahm. Grund genug für den Zentralmärzverein, sich hier besonders nachdrücklich zu engagieren. Am 27. 4. 1849 beschloss eine von Tausenden besuchte Versammlung der Märzvereine im Münchner Pratersaal die Anerkennung der Reichsverfassung; eine entsprechende Petition wurde im Rathaus ausgelegt und war bald von 12000 Bewohnern der Isar-Metropole unterschrieben. Noch stärker war die Bewegung außerhalb Altbayerns. In Franken schien die Situation explosiv. Hier, wo ein fränkischer Separatismus mit der Parole „Los-von-Bayern" agitierte und ein dichtes Vereinsnetz geknüpft worden war, gab es schon seit längerem ein intensives Engagement für die Frankfurter Sache. Von den 461 Adressen zugunsten des Grundrechtegesetzes, die in München zwischen Januar und März 1849 eingegangen waren, stammten 70% aus fränkischen Bezirken. Mit großer Spannung blickten die Franken auf die Vorgänge im benachbarten Sachsen. Der Senat der Universität Erlangen und der Magistrat von Würzburg ersuchten den König, die Reichsverfassung anzuerkennen. Am 13. 5. 1849 besuchten über 20000 Menschen – überwiegend Arbeiter – eine Volksversammlung auf dem Nürnberger Judenbühl und drohten mit einer bewaffneten Erhebung. Dass dieses Treffen nicht zum Ausgangspunkt einer fränkischen Revolution wurde, mag zum Teil an Karl Vogt (1817–1895) gelegen haben. Als Vertreter der Frankfurter Zentrale hatte er zu Gesetzlichkeit gemahnt und als äußerstes Mittel die Steuerverweigerung vorgeschlagen. „Der revolutionäre Elan wurde damit den zum Aufstand Bereiten gleichsam von höchster Stelle genommen" (Ch. Klessmann).

Überschattet wurden all diese Vorgänge jedoch von den dramatischen Entwicklungen in der bayerischen Rheinpfalz. Die Pfalz hatte während der napoleonischen Zeit zu Frankreich gehört und genoss die damals erlangten Neuerungen (öffentliche Gerichtsbarkeit, Abschaffung des Zehnts, Freiheit der Person etc.) auch nach 1815. Politisch betrachtet stand diese linksrheinische Provinz spätestens seit dem Hambacher Fest in dem Ruf, ein Zentrum des Radikalismus zu sein. Hinzu kam, dass das Verhältnis zwischen der Pfälzer Bevölkerung und der Regierung in München seit jeher von gegenseitiger Abneigung gekennzeichnet war. Die zwangsmäßige Einquartierung von Regierungstruppen (die so genannten Strafbayern) nach 1832 hatte diese Gefühle noch verstärkt, so dass für das Revolutionsjahr von starken separatistischen Neigungen gesprochen werden kann. Es war folglich kein reiner Zufall, dass der Abgeordnete Georg Friedrich Kolb (1808–84), auf dessen Antrag hin die bayerische Kammer die Reichsverfassung im April 1849 annahm, ein Pfälzer war. Als Maximilian II. die Kammer daraufhin auflöste, brach der Pfälzer Aufstand los. Am 1. 5. 1849 fand in Kaiserslautern unter dem Motto „Wenn die Regierung zur Rebellion geworden, werden die freien Bürger der Pfalz zu den Vollstreckern der Gesetze werden" ein großes Treffen der demokratischen Volksvereine statt. Rund 12000 Menschen versammelten sich und stimmten am darauf folgenden Tag für die Einrichtung eines zehnköpfigen „Landesverteidigungsausschusses" zum Vollzug der Reichsverfassung. Der Gegenantrag, die Ausrufung der Republik, unterlag nur knapp. Allerdings zeitigte auch diese „moderatere" Variante sehr schnell radikale Ergebnisse. Da Bayern über keine Mittel verfügte, die Pfalz wieder unter Kontrolle zu bekommen, war die Provinz in kurzer Zeit in der Hand des Verteidigungsausschusses: Volkswehren wurden formiert; große Teile der regulären Armee gingen zu den Aufständischen über; alle Beamten, die nicht binnen drei Tagen einen Eid auf die Reichsverfassung geschworen hatten, wurden mit Amtsenthebung bedroht; die Konfiszierung öffentlicher Kassen wurde angekündigt.

Der Erfolg der Pfälzer Erhebung brachte die Frankfurter Nationalversammlung in ernste Verlegenheit. So sehr die Anwendung der Reichsverfassung begrüßt wurde, so problematisch war der gleichzeitig zum Ausdruck kommende Radikalismus, den

Reichsministerpräsident Gagern nicht gutheißen konnte. Am 7. 5. 1849 wurde daher der Abgeordnete Bernhard Eisenstuck (1805–71) als Reichskommissar in die Pfalz entsandt, um disziplinierend und mäßigend zu wirken. Die Ernennung Eisenstucks ist vielfach als politischer Fehlgriff gescholten worden, mit dem ein entschieden demokratischer Bock für politisch heikle Gärtnerarbeiten herangezogen wurde. Tatsächlich erkannte der Reichskommissar den Landesverteidigungsausschuss gegen den Willen der Frankfurter Reichsregierung als legale Regierung an und wurde daher auf Drängen der bayerischen Regierung von seinem Amt abberufen. Neuere Untersuchungen haben jedoch argumentiert, dass Eisenstucks Entscheidung anders motiviert gewesen sei. Durch die Konsolidierung des Landesverteidigungsausschusses habe er eine weitere Radikalisierung in Form der Machtübernahme radikaler Republikaner verhindern wollen. Das Fortschreiten der Revolution sei weniger das Ergebnis seiner Legalisierungserklärung als Folge seiner Abberufung gewesen, „die eine zornige und verbitterte Bevölkerung zurükkließ" (J. Sperber). Geschürt von Gerüchten über einen bevorstehenden preußischen Einmarsch nahm die revolutionäre Eskalation ihren Lauf. Am 17. 5. 1849 beschloss ein Gremium pfälzischer Vertrauensmänner die Bildung einer „Provisorischen Regierung", die sich sofort zur Reichsverfassung bekannte und die Trennung von Bayern vorbereitete. Obwohl die förmliche Ausrufung der Republik unterblieb, verfolgte das fünfköpfige Exekutivgremium einen unverhohlen revolutionären Kurs. Am 18. 5. 1849 wurde ein Bündnis mit dem revolutionären Baden geschlossen. Der Versuch, Beziehungen mit der französischen Republik anzuknüpfen, scheiterte hingegen an der wenig entgegenkommenden Haltung des Präsidenten Louis-Napoléon (1808–73). Zur Überwindung der finanziellen Notlage wurden schließlich alle öffentlichen Kassen beschlagnahmt, Sondersteuern eingeführt und Zwangsanleihen ausgeschrieben.

Angesichts der unmittelbar bevorstehenden preußischen Intervention wurden alle Anstrengungen auf die Verteidigung der Pfalz gerichtet: Man bemühte sich verzweifelt, im Ausland Waffen einzukaufen; eine auf Losverfahren beruhende Wehrpflicht wurde eingeführt; die Festung Landau, deren Munitionsvorräte man so dringend benötigte, wurde erfolglos belagert. Genützt hat all dies nur wenig. Den 30000 preußischen Soldaten, die Anfang Juni unter dem Kommando Prinz Wilhelms in die Provinz einmarschierten, waren die revolutionären Truppen (knapp 13000 mit rund 3500 Gewehren) nicht gewachsen. Widerstand wurde kaum geleistet. Die relativ geringe Zahl von Kämpfern macht zudem deutlich, dass der Pfälzer Aufstand während seiner radikalen Phase keine breite Unterstützung in der Gesamtbevölkerung mehr besaß. Am 14. 6. 1849 floh die Provisorische Regierung, und die bayerischen Behörden traten wieder in ihre Funktionen ein. Das Land blieb ruhig. 333 Aufständische, darunter ein Drittel Nicht-Pfälzer, wurden wegen bewaffneter Rebellion und Hochverrats angeklagt, aber es gab keine Hinrichtungen. Todesurteile wurden wohlweißlich nur gegen Abwesende – etwa gegen den flüchtigen Kommandanten der Revolutionstruppen in Kirchheimbolanden, Ludwig Bamberger (1826–99), verhängt. Von dieser Milde, in der sich Bayern nicht beirren ließ, sollten sich die Vorgänge in Baden auf bedrückende Weise abheben.

Mit der badischen Revolution erreichte die Erhebungswelle des Sommers 1849 ihren Höhepunkt. Der Konflikt im Großherzogtum entsprach jedoch nicht dem üblichen Muster der Reichsverfassungskampagne, denn Großherzog Leopold und seine Regierung hatten die Verfassung unverzüglich anerkannt. Dass im Mai 1849 in Baden dennoch eine heftige und weithin unterstützte Revolution ausbrach, weist darauf hin, dass es vielerorts um die Durchsetzung spezifischer politischer und sozialer Forderungen ging, für die die Reichsverfassung allenfalls ein Mittel zum Zweck war. In Baden, einem Land mit einer starken radikalen Tradition, einem Netz demokratischer Volksvereine und akuten sozialen Problemen, war mit der Anerkennung der Verfassung allein noch nicht genug erreicht. Unter dem Vorsitz des radikalen Mannheimer Rechtsanwalts Lorenz Brentano hatte der Landesausschuss der badischen Volksvereine seit längerer Zeit eine intensive Agitationstätigkeit organisiert, die der sich radikalisierenden Stimmung an der politischen Basis Rechnung trug. Eine landesweite Petitionskampagne forderte die Auflösung der Kammer und Neuwahlen für eine konstituierende Versammlung nach freiem, gleichem Wahlrecht. In die angespannte Stimmung hinein platzte am 11. 5. 1849 die Nachricht von der Meuterei der Rastatter Festungsgarnison, die sich weigerte, weiterhin politische Gefangene zu bewachen. Diese auch im Revolutionsjahr ungewöhnliche Erhebung regulärer Truppen, die sich bald auf andere badische Einheiten ausbreitete, setzte eine revolutionäre Kettenreaktion in Gang.

Von Soldaten unterstützt hielt der Landesausschuss am nächsten Tag in Offenburg eine Volksversammlung ab, auf der sich über 20000 Teilnehmer für das Programm einer sozialen und demokratischen Republik aussprachen. Als eine Delegationen der Regierung in Karlsruhe die Forderungen der Offenburger Versammlung (s. Quelle) überbringen wollte, musste sie feststellen, dass diese – aus Angst vor dem Soldatenaufstand – zusammen mit dem Großherzog geflohen war. Das so entstandene Machtvakuum füllte Brentano, indem er an der Spitze einer „Exekutivkommission" die Regierungsgewalt übernahm. Mit Ausnahme weniger Offiziere fügte sich der badische Staatsapparat ohne Zögern in die republikanische Ordnung. Die Beamten leisteten einen neuen Amtseid. Solderhöhungen und Offizierswahlen wurden angeordnet. Man begann die Volksbewaffnung und am 10. 6. 1849 nahm eine neu gewählte konstituierende Versammlung ihre Sitzungen auf.

Die Leichtigkeit, mit der sich die neuen Ordnung in Baden einführen ließ, trog. Das Land war von gegenrevolutionären Kräften umzingelt, die sich auf Ersuchen Leopolds geradezu um die „Pazifierung" des Großherzogtums drängelten. Ab Mitte Juni fielen eine Reichsarmee aus hessischen, nassauischen und württembergischen Truppen unter dem Kommando Eduard von Peuckers sowie die von Prinz Wilhelm geführten preußischen Einheiten mit erdrückender Übermacht in Baden ein. Obwohl es den von Ludwig von Mieroslawski (1814–78) intelligent geführten badischen Truppen gelang, den Vormarsch der Interventionstruppen zu verzögern, war die militärische Situation hoffnungslos. Am 15. 6. 1849 wurde Mannheim besetzt. Sechs Tage darauf unterlag Mieroslawski im Gefecht bei Waghäusel. Während die Karlsruher Regierung auseinander brach und der Großteil des Revolutionsheeres über die Schweizer Grenze ging, stießen preußische Truppen nach Südbaden vor und schlossen am 1. 7. 1849 die Festung Rastatt mit einer Garnison von 5600 Mann ein.

Nach mehrwöchiger Belagerung, die von beiden Seiten nach den Regeln militärischer Höflichkeit betrieben wurde, unterwarf sich die Besatzung schließlich am 23. 7. 1849 „auf Gnade und Ungnade". Die in Gefangenschaft geratenen badischen Aufständischen verfielen dem Kriegsrecht. Anders als Bayern konnte sich das schwache Baden nicht gegen eine rachsüchtige preußische Militärjustiz durchsetzen. In Rastatt, Mannheim und Freiburg wurden Standgerichte eingerichtet, die Gefangene wie Rebellen behandelten. Preußen zog einen blutigen Schlusstrich unter die Revolution: 51 Personen wurden hingerichtet. Einem System „terroristischer Auswahl und Willkür" (V. Valentin) folgend wurden die Todesurteile breit gestreut: Die Verteidiger von Rastatt – etwa der

Festungskommandant Gustav Tiedemann (1808–49) und der Oberst Ernst von Biedenfeld (1793–1849) – wurden ebenso erschossen wie die politischen Schriftsteller Friedrich Neff (1821–49) und Ernst Elsenhans (1815–49) sowie zahlreiche einfache Soldaten. Rund 10000 Menschen wurden verhaftet, und obwohl der Großteil der angestrengten Strafverfolgungen wegen Geringfügigkeit eingestellt wurde, ergingen immerhin noch über 950 Haftstrafen.

Forderungen der „Landesversammlung des badischen Volkes" (Offenburg, 13. 5. 1849)
(nach: Fenske: Quellen zur deutschen Revolution von 1848–49, S. 325ff.)

Die Landesversammlung des badischen Volkes in Offenburg hat nach ... ausführlicher Discussion in der Versammlung des Volkes beschlossen:

1) Die Regierung muß die Reichsverfassung ... unbedingt anerkennen und mit der ganzen bewaffneten Macht deren Durchführung in andern deutschen Staaten, zunächst in der bairischen Pfalz unterstützen.
2) Das gegenwärtige Ministerium ist sofort zu entlassen, und Bürger Brentano, Obergerichtsadvokat zu Mannheim, und Bürger Peter, Reichstagsabgeordneter von Konstanz, mit der Bildung eines neuen Ministeriums zu beauftragen.
3) Es muß alsbald unter sofortiger Auflösung der jetzigen Ständekammern eine verfassungsgebende Landesversammlung berufen werden ... – die Landesversammlung soll gewählt werden *von* und *aus* den sämmtlichen volljährigen Staatsbürgern des Landes ...
4) Es muß ohne allen Verzug die Volksbewaffnung auf Staatskosten ins Leben gerufen werden ...
5) Die politischen Flüchtlinge sind sofort zurückzurufen, die politischen Militär- und Civilgefangenen zu entlassen und alle politischen Prozesse niederzuschlagen ...
6) Die Militärgerichtsbarkeit muß aufgehoben werden.
7) Bei dem Heere soll eine freie Wahl der Offiziere stattfinden.
8) Wir verlangen alsbaldige Verschmelzung des stehenden Heeres mit der Volkswehr.
9) Es müssen sämmtliche Grundlasten unentgeltlich aufgehoben werden.
10) Es müssen die Gemeinden unbedingt selbständig erklärt werden, sowohl was die Verwaltung des Gemeindevermögens, als die Wahl der Gemeindevertreter betrifft; es müssen alsbald im ganzen Lande neue Wahlen für die Gemeindevertretung stattfinden. ...
12) Die Geschworenengerichte sind augenblicklich einzuführen und kein einziger Criminal-Prozess darf mehr von Staatsrichtern entschieden werden.
13) Die alte Verwaltungsbürokratie muß abgeschafft werden und an ihre Stelle die freie Verwaltung der Gemeinden oder andern Körperschaften treten.
14) Errichtung einer Nationalbank für Gewerbe, Handel und Ackerbau zum Schutze gegen das Uebergewicht der großen Kapitalisten.
15) Abschaffung des alten Steuerwesens, hierfür Einführung einer progressiven Einkommensteuer nebst Beibehaltung der Zölle.
16) Errichtung eines großen Landespensionsfonds, aus dem jeder arbeitsunfähig gewordene Bürger unterstützt werden kann. ...

Niederlage und Standrecht hinterließen schwere Spuren in Baden. 80000 Menschen, jeder Achtzehnte, kehrten dem Land den Rücken und wanderten aus. Da alle wegen Hochverrat Verurteilten persönlich für die Kosten des Militäreinsatzes haften mussten, waren viele Familien finanziell ruiniert. Zurück blieb viel Hass auf Preußen. „Schlaf mein Kind, schlaf leis! / Dort draußen geht der Preuß. / Gott aber weiß, wie lang er geht, / Bis daß die Freiheit aufersteht. / Und wo dein Vater liegt, mein Schatz, / Da hat noch mancher Preuße Platz" lautet die letzte Strophe des „Badischen Wiegenlieds", das noch lange leise gesungen wurde. Nach außen hin jedoch blieb es nach dem Sieg der Gegenrevolution in Baden wie in ganz Deutschland ruhig. Besiegt, eingesperrt, aus dem Land vertrieben, eingeschüchtert, erschöpft, desillusioniert wandten sich viele einstmalige Träger der revolutionären Bewegung von der Politik ab und zogen sich in ein apolitisch-intellektuelles, kommerzielles oder familiäres Privatleben zurück. Heinrich Heine, der das Revolutionsjahr aus der sicheren Distanz seines Pariser Krankenlagers beobachtete, quittierte diesen Vorgang mit unnachsichtigem Sarkasmus:

Im Oktober 1849
Wir treiben jetzt Familienglück –
Was höher lockt, das ist von Übel,
Die Friedensschwalbe kehrt zurück,
Die einst genistet in des Hauses Giebel.
Gemütlich ruhen Wald und Fluss,
Von sanftem Mondlicht übergossen;
Nur manchmal knallt's – Ist das ein Schuss?
Es ist vielleicht ein Freund, den man erschossen.

V. Schlussbetrachtung

Im Sommer 1849 endete der im März des Vorjahres begonnene Versuch, das politische System in Deutschland einer demokratisch legitimierten, liberalen Verfassungsgrundsätzen verpflichteten Reform zu unterziehen. Sowohl das Modell, diese Umgestaltung gleichberechtigt zwischen liberaler Bewegung und Fürsten zu vereinbaren, als auch der Anspruch, sie auf der Grundlage der Volkssouveränität durchzusetzen, wurden von der Gegenrevolution hinweggefegt. Für einige Vertreter des moderaten Liberalismus blieb allein die Hoffnung, etwas aus der Konkursmasse der Revolution retten zu können, indem sie Preußen unterstützten. Parallel zu seinen gegenrevolutionären Militäraktionen arbeitete das Berliner Kabinett nämlich zäh weiter auf einen kleindeutschen Fürstenbund hin. Am 26.5.1849 gelang es Joseph von Radowitz, dem spiritus rector der preußischen Deutschlandpolitik, ein „Dreikönigsbündnis" mit Hannover und Sachsen auszuhandeln. Dies sollte das Herzstück der „Union", eines preußisch geführten Bundesstaats, bilden. Die Unionsverfassung lehnte sich an die gleichzeitig so kompromisslos bekämpfte Reichsverfassung an. Allerdings sollte das Reichsoberhaupt über ein absolutes Veto verfügen; die Fürsten würden direkt an der Gesetzgebung beteiligt und das Wahlrecht – wie inzwischen auch in Preußen – durch ein Dreiklassenwahlrecht qualifiziert werden. Dieser Aussicht konnten viele „Erbkaiserliche" nicht widerstehen. Auf einer Versammlung in Gotha im Juni 1849 schwenkten 150 liberale Paulskirchen-Abgeordnete ins preußische Kielwasser ein. Die Radikalen hingegen boykottierten den Unionsreichstag, der im März 1850 in Erfurt tagte. Der preußische Plan scheiterte jedoch letztlich an der Gegnerschaft des österreichischen Kaiserstaats, die Deutschland an den Rand des Bürgerkriegs brachte. Nachdem auch Schwarzenbergs Gegenentwurf – das „Siebzigmillionenreich" – verworfen worden war, einigten sich die ermatteten Regierungen im Frühjahr 1851 auf die Wiedererrichtung des Status quo ante 1848.

Für viele Zeitgenossen und Historiker galt die Revolution von 1848/49 damit als gescheitert. Das Projekt der Paulskirche, „Deutschlands große Hoffnung" (F. Eyck), lag in Trümmern. Allgemein wurde das Misslingen der freiheitlich-konstitutionellen Nationalstaatsgründung dem Träger der „bürgerlichen Revolution" angelastet: dem liberalen deutschen Bürgertum. Es habe zunächst die Gunst des geschichtlichen Augenblicks vertändelt und die Revolution später – aus Furcht vor Demokratie und Radikalismus – schnöde verraten. Nationale Einigung und Verfassung seien daher erst verspätet und in der verzerrten Form des Bismarck'schen Kalküls erlangt worden. Spätestens mit dem Ausbleiben eines tiefgreifenden, dauerhaften Systemwechsels im Revolutionsjahr begann für viele rückblickende Betrachter ein Sonderweg, der Deutschlands „Weg nach Westen" (H. A. Winkler) mit zum Teil grauenvollen Folgen verlängern und verkomplizieren sollte. Am Kern dieses Befunds kann kein Zweifel bestehen. Die vorwiegend von liberalen und radikalen Bürgern getragene deutsche Verfassungs- und Nationalrevolution von 1848/49 scheiterte. Die monarchisch-obrigkeitsstaatlichen Machtapparate gingen letztlich unbeschädigt aus ihr hervor. Militär und Beamtenschaft verhalfen der Gegenrevolution aktiv zum Sieg; große Teile der Bevölkerung beteiligten sich zumindest passiv. Die Auswirkungen dieses Ausgangs für die politische und gesellschaftliche Entwicklung Deutschlands waren zweifellos enorm.

Nichtsdestoweniger wird das Bild der Revolution heute weniger stark von der eindimensionalen Frage nach Versagen und Schuldigen beherrscht. Das Revolutionsjahr erscheint tiefer und breiter, jedoch weniger monolithisch und unklarer konturiert. Aus *der* Revolution sind *die* Revolution*en* geworden. Als Orte der Revolution sind das Wirtshaus, das Vereinslokal und die Lesestube neben die Barrikaden und die Paulskirche getreten. Nicht nur Parlamentarier und Straßenkämpfer waren Revolutionäre, sondern auch Frauen, Landarbeiter und Zeitungsleser. Diese Vielzahl einander überlagernder, zum Teil gegeneinander laufender Politisierungs- und Mobilisierungsbestrebungen erschwert die Bewertung des Gesamtvorgangs. Selbst die Zuordnung zu großen Periodenzusammenhängen ist strittig. Stand 1848/49 am Beginn einer die Jahre 1845 bis 1871 umfassenden Wandlungsperiode, die den Durchbruch der politischen, ökonomischen und sozialen Moderne brachte? Verwiesen die Probleme der Nationalstaatsgründung im Herzen Europas gar auf das Zeitalter der Weltkriege? Oder war 1848 eine „alte" Revolution, ein Nachbeben des seismischen Großereignisses von 1789, das die verbliebenen Spinnweben des Ancien Régime davonblies? Noch problematischer erscheint die Einordnung in Kategorien wie Scheitern oder Erfolg, „Helden oder Schurken" (Ch. Dipper), fortschrittlich oder beharrend. Die Landarbeiter und Handwerker, denen es um eine vermeintliche Rückkehr in eine „gute, alte Zeit" ging, die konservative Vereinsbildung in Bayern und Preußen, die ländlichen Lese- und „Rustikalvereine": All diese Facetten und viele andere mehr fordern zu einer Neubewertung des Revolutionsjahrs auf, indem sie wohlbekannte Urteile unterminieren.

Das Gesamtphänomen der Revolutionen von 1848/49 war weniger bürgerlich-elitär, weniger liberal, national und parlamentarisch, weniger städtisch und weniger fortschrittlich als lange angenommen. Vielmehr nutzten zahlreiche Bevölkerungsgruppen die Chance, die ihnen der dynamische Veränderungsprozess bot. Ebenso unterschiedlich und spezifisch wie die Interessen, die nun zum Ausdruck kamen, waren die zu ihrer Durchsetzung gewählten Politikformen. Erst wenn man Wirtshausdebatten, Katzenmusiken, Leseabende und Schmucksammlungen – neben den Märzforderungen, den Barrikadenkämpfen und der Paulskirche – miteinbezieht, kommt man zu einer angemessenen Gesamtbewertung. In ihrem Zentrum steht nicht die Frage nach dem Misserfolg eines bürgerlichen Projekts, sondern die Tatsache eines tiefgreifenden und umfassenden Wandels, eines bis dahin beispiellosen Politisierungs-, Mobilisierungs- und Kommunikationsprozesses. Diese Dynamik war folgenschwerer als die Erfolge auf dem Gebiet der Bauernbefreiung und bei der Stärkung des Verfassungsprinzips und selbst als die Siege der Gegenrevolution. Eine Rückkehr zur Erstarrung des Metternich-Systems erwies sich als impraktikabel. Selbst die Regierungen der so genannten Reaktionsära legten ein beträchtliches Modernisierungspotential an den Tag, und binnen weniger Jahre meldete sich die Opposition wieder zu Wort. Bereits 1855 konnten es Kammerabgeordnete in Württemberg, Hessen-Darmstadt und Bayern wagen, offen für eine Bundesreform einzutreten. Im November 1858 gab es wieder eine liberale Mehrheit in der Zweiten Preußischen Kammer. Ein Dutzend Jahre später gelang der preußischen Staats- und Militärmacht – von Bismarck geführt und unter dem Beifall zahlreicher Nationalliberaler – die Gründung eines konstitutionellen, kleindeutschen Nationalstaats. „Die Totengräber der Revolution von 1848", konstatierte Friedrich Engels 1895, „waren ihre Testamentsvollstrecker geworden." Das grimmige Bonmot führt jedoch teilweise in die Irre. Langfristig hatte der Sieg der Gegenrevolution im Sommer 1849 weder Leichenstarre noch Friedhofsruhe bewirkt. Deutschland blieb im Wandel.

Auswahlbibliographie

Forschungsberichte und Hilfsmittel

Akteure eines Umbruchs. Männer und Frauen der Revolution von 1848/49. Hg. v. Helmut Bleiber und Walter Schmidt, 3 Bde, Berlin 2003, 2007, 2010. *Umfangreiche Sammlung von Kurzbiographien.*

Bublies-Godau, Birgit: „Von der Revolution zu den Revolutionen." – Zur 150. Wiederkehr der Revolution von 1848/49 in Deutschland und Europa. In: Jahrbuch zur Liberalismus-Forschung 11 (1999), S. 219–256. *Überblick über die neuere Literatur anlässlich des Jubiläumsjahres 1998.*

Engehausen, Frank: Neue Literature zur Revolution von 1848/29. In: Zeitschrift für die Geschichte des Oberrheins 147 (1999), S. 615–633 und 148 (2000), S. 293–318. *Überblick über die neuere Literatur anlässlich des Jubiläumsjahres 1998.*

Fenske, Hans: Ein reichgedeckter Büchertisch: Neue Literatur zur Revolution 1848/49. In: Historisches Jahrbuch 120 (2000), S. 331–357. *Überblick über die neuere Literatur.*

Gailus, Manfred: Bürgerliche Revolution? Deutsche Revolution? Europäische Revolution? Neuerscheinungen und Forschungstrends im Zeichen des 150jährigen Jubiläums der Revolution von 1848/49. In: Zeitschrift für Geschichtswissenschaft 47 (1999), S. 623–636. *Überblick über die neuere Literatur anlässlich des Jubiläumsjahres 1998.*

Gall, Lothar (Hrsg.): 1848 – Aufbruch zur Freiheit. Eine Ausstellung des Deutschen Historischen Museums und der Schirn Kunsthalle Frankfurt. Frankfurt a. M. 1998.

Hachtmann, Rüdiger: 150 Jahre Revolution von 1848: Festschriften und Forschungserträge. In: Archiv für Sozialgeschichte 39 (1999), S. 447–493. *Überblick über die neuere Literatur anlässlich des Jubiläumsjahres 1998.*

Hachtmann, Rüdiger: Nachlese. Bemerkungen zu einigen Neuerscheinungen zur Revolution von 1848/49. In: Neue Politische Literatur 47 (2002), S. 224–248. *Rückblick auf neuere Literatur zur Revolution.*

Hachtmann, Rüdiger: Epochenschwelle zur Moderne. Einführung in die Revolution von 1848/49. Tübingen 2002. *Übersichtlich gegliederter und detaillierter Forschungsbericht mit umfassender Bibliographie.*

Hein, Dieter: Revolution in Deutschland und Europa. 1848/49 in Neuerscheinungen des Jubiläumsjahres. In: Neue Politische Literatur 44 (1999), S. 276–310. *Überblick über die neuere Literatur anlässlich des Jubiläumsjahres 1998.*

Langewiesche, Dieter: Die deutsche Revolution von 1848/49 und die vorrevolutionäre Gesellschaft. Forschungsstand und Forschungsperspektiven. In: Archiv für Sozialgeschichte 21 (1981), S. 458–498 und 31 (1991), S. 331–443. *Maßgeblicher, umfassender Forschungsbericht.*

Langewiesche, Dieter: 1848, ein Epochenjahr in der deutschen Geschichte? In: Geschichte und Gesellschaft 25 (1999), S. 613–625. *Reflektiert über den Epochencharakter des Revolutionsjahres.*

Siemann, Wolfram: Restauration, Liberalismus und nationale Bewegung 1815–1870. Akten, Urkunden und persönliche Quellen. Darmstadt 1982. *Einführende Quellenkunde.*

Quellensammlungen und Quelleneditionen

Fenske, Hans (Hrsg.): Vormärz und Revolution 1840–1849. Darmstadt 1976 (FSGA, C, Bd. 4). *Solide, vielseitige Quellensammlung mit guter Einleitung.*

Fenske, Hans (Hrsg.): Quellen zur deutschen Revolution von 1848–49 (FSGA, B, Bd. 24). Darmstadt 1996. *Versammelt vor allem briefliche Quellen; bietet einen guten Einblick in das Denken von Regierungskreisen; hilfreiche Einleitung.*

Gasser, Wolfgang (Hrsg.): Erlebte Revolution. Das Wiener Tagebuch des jüdischen Journalisten Benjamin Kewall. Wien 2010. *Bietet einen Einblick in das jüdischen Leben und den politischen Alltag in der österreichischen Hauptstadt während und nach der Revolution.*

Grab, Walter (Hrsg.): Die Revolution von 1848/49. Stuttgart 1998 (Reclam Ausgabe). *Preisgünstige, vielseitige Quellensammlung; detaillierte Chronologie.*

Hardtwig, Wolfgang/Hintze, Helmut (Hrsgg.): Vom Deutschen Bund zum Kaiserreich 1815–1871. Stuttgart 1991. *Preisgünstige Quellensammlung, die 1848/49 in einen weiteren Zusammenhang einordnet.*

Huber, Ernst Rudolf (Hrsg.): Dokumente zur deutschen Verfassungsgeschichte. Bd. 1: Deutsche Verfassungsdokumente 1803–1850, 3. Aufl., Stuttgart/Berlin/Köln/Mainz 1978. *Versammelt zentrale Texte zu Politik und Verfassungsentwicklung.*

Jansen, Christian (Hrsg.): Nach der Revolution 1848/49: Verfolgung, Realpolitik, Nationsbildung. Politische Briefe deutscher Liberaler und Demokraten 1849–1861. Düsseldorf 2004. *Gibt einen facettenreichen Einblick in die Gedankenwelt der „Verlierer" von 1848/49 während der nachrevolutionären Epoche.*

Möller, Frank/Schüler, Sybille (Hrsgg.): Als Demokrat in der Paulskirche. Die Briefe und Berichte des Jenaer Abgeordneten Gottlieb Christian Schüler 1848/49. Köln 2007. *Die Briefe Schülers und seiner Familienmitglieder gewähren einen vielschichtigen und unmittelbaren Eindruck der Revolutionserfahrung aus demokratischer Sicht.*

Mösslang, Markus/Riotte, Torsten/Schulze, Hagen (Hrsgg.): British Envoys to Germany 1816–1866. Band III: 1848–1850. Cambridge 2006. *Gewährt einen Einblick in die britische Wahrnehmung der Vorgänge in Deutschland.*

Obermann, Karl (Hrsg.): Flugblätter der Revolution. Eine Flugblattsammlung der Revolution von 1848/49 in Deutschland. Berlin 1970. *Umfangreiche Flugblattsammlung; illustriert die Politisierung von Arbeiter- und Handwerkerkreisen.*

Wigard, Franz (Hrsg.): Stenographischer Bericht über die Verhandlungen der constituierenden Nationalversammlung, 9 Bde. u. Registerbd. Frankfurt a.M. 1848–1850. *Protokolle der Debatten der Paulskirche; grundlegender Text.*

Allgemeine und übergreifende Darstellungen

Baumgart, Winfried: Europäisches Konzert und nationale Bewegung. Internationale Beziehungen 1830–1878. Paderborn 1999. *Umfangreiches, klar gegliedertes Handbuch; kommentierte Literaturangaben.*

Fahrmeir, Andreas: Revolutionen und Reformen. Europa 1789–1850. München 2010. *Klares, gut lesbares gesamteuropäisches Panorama, das die Ursachen der „Revolutionswelle" von 1848/49 plausibel und anschaulich entwickelt.*

Fehrenbach, Elisabeth: Verfassungsstaat und Nationsbildung, 1815–1871. 2. Aufl. München 2007. *Thematisch fokussierter Überblick mit Diskussion der Forschungstendenzen; reiche Bibliographie.*

Geisthövel, Alexa: Restauration und Vormärz 1815–1847. Paderborn 2008. *Didaktisch aufbereitete („Seminarbuch") und übersichtlich gegliederte Einführung in die Vorgeschichte der Revolution.*

Huber, Ernst Rudolf: Deutsche Verfassungsgeschichte. Bd. 2: Der Kampf um Einheit und Freiheit. 3. Aufl., Stuttgart 1988. *Unverzichtbares Kompendium; konservativ-etatistische Grundhaltung.*

Langewiesche, Dieter: Europa zwischen Restauration und Revolution 1815–1849. 5. Aufl. München 2007. *Ausgezeichnete, vergleichende Einführung; Diskussion der wichtigsten Forschungskontroversen; ausführliche Bibliographie.*

Lutz, Heinrich: Zwischen Habsburg und Preußen. Deutschland 1815–1866, Berlin 1985. *Gut lesbare, facettenreiche Überblicksdarstellung; gleichrangige Behandlung Österreichs und Preußens.*

Müller, Jürgen: Der Deutsche Bund 1815–1866. München 2006. *Luzide Einführung in die Struktur und Geschichte des Deutschen Bundes auf neustem Stand.*

Nipperdey, Thomas: Deutsche Geschichte 1800–1866. Bürgerwelt und starker Staat. 5. Aufl. München 2012. *Ausgezeichnete, abgewogene Handbuchdarstellung.*

Siemann, Wolfram: Vom Staatenbund zum Nationalstaat. Deutschland 1806–1871. München 1994. *Klare, überzeugend gegliederte Überblicksdarstellung.*

Wehler, Hans-Ulrich: Deutsche Gesellschaftsgeschichte. Bd. 2: Von der Reformära bis zur industriellen und politischen Deutschen Doppelrevolution 1815–1845/49. 4. Aufl. München 2005. *Hervorragendes Kompendium zu sozial-, wirtschafts- und politikgeschichtlichen Themen.*

Gesamtdarstellungen zur Revolution von 1848/49

Botzenhart, Manfred: 1848/49: Europa im Umbruch. Stuttgart 1998. *Fundierte Darstellung mit politik- und verfassungsgeschichtlichem Schwerpunkt; Fokus auf Deutschem Bund und Habsburgerreich (einschließlich ungarischer Reichshälfte) mit Einordnung in europäische Bezüge.*

Dipper, Christof/Speck, Ulrich (Hrsgg.): 1848. Revolution in Deutschland. Frankfurt a.M./Leipzig 1998. *Überzeugend strukturierte Essay-Sammlung von ausgewiesenen Spezialisten.*

Dowe, Dieter/Haupt, Heinz-Gerhard/Langewiesche, Dieter (Hrsgg.): Europa 1848. Revolution und Reform. Bonn 1998. *Umfangreiches Sammelwerk zu zahlreichen Aspekten der europäischen Revolutionen der Jahre 1848/49.*

Engehausen, Frank: Die Revolution von 1848/49. Paderborn 2007. *Didaktisch aufbereitete („Seminarbuch") und übersichtlich gegliederte Einführung. Zahlreiche Quellentexte und ausführliche Literaturtipps.*

Freitag, Sabine (Hrsg.): Die 48er. Lebensbilder aus der deutschen Revolution 1848/49. München 1998. *Sammlung von Kurzbiographien führender Persönlichkeiten der Revolution.*

Hardtwig, Wolfgang (Hrsg.): Revolution in Deutschland und Europa 1848/49. Göttingen 1998. *Ergebnisse einer Berliner Ringvorlesung.*

Hein, Dieter: Die Revolution von 1848/49. 4. Aufl., München 2007. *Knappe, verlässliche Einführung.*

Siemann, Wolfram: Die deutsche Revolution von 1848/49. 8. Aufl., Frankfurt a. M. 2006. *Ausgezeichnete, straffe Überblicksdarstellung von einem führenden Kenner; kommentierte Bibliographie.*

Siemann, Wolfram: 1848/49 in Deutschland und Europa: Ereignis, Bewältigung, Erinnerung. Paderborn 2006. *Versammelt Aufsätze zu zentralen Themen der Revolutionsgeschichte (u. a. Parteibildung, Adelskrise, Nationalitätenproblematik, Zensur, Revolutionserinnerung).*

Sperber, Jonathan: The European Revolutions, 1848–1851. 2. Aufl. Cambridge 2005. *Gesamteuropäische Perspektive; besonders ausführliche Diskussion der Revolutionsursachen.*

Stadelmann, Rudolf: Soziale und politische Geschichte der Revolution von 1848. München 1948. *Nach wie vor anregend.*

Valentin, Veit: Geschichte der deutschen Revolution von 1848–49. 2 Bde, Berlin, 1930–1931, ND Köln 1970; ND Weinheim/Berlin 1998. *Monumentales, quellennahes Werk zu allen Aspekten der Revolutionen; unverzichtbar, aber unübersichtlich gegliedert.*

Werner, Eva-Maria: Kleine Geschichte der deutschen Revolution von 1848/49. Wien 2009. *Knappe, informative Einführung.*

Wollstein, Günter: Deutsche Geschichte 1848/49. Gescheiterte Revolution in Mitteleuropa. Stuttgart/ Berlin/Köln/Mainz 1986. *Mit politikgeschichtlichem Fokus.*

Regional- und Lokalstudien

Back, Nikolaus: Dorf und Revolution. Die Ereignisse von 1848/49 im ländlichen Württemberg. Stuttgart 2010. *Auf einer neu erschlossenen Quellenbasis aufgebaute detaillierte Darstellung der Aktionen und Politisierungsformen der ländlichen Bevölkerung Württembergs; belegt beeindruckend den hohen Mobilisierungsgrad der Landbevölkerung bis 1849.*

Bayer, Birgit: Ich bleibe nicht mehr über Nacht Schultheiß! Die Bewegung gegen die Schultheißen in Württemberg 1848. Frankfurt a. M. 2006. *Untersucht das Phänomen des massenhaften Vorgehens gegen die dörflichen Schultheißen als örtliche Vollstrecker der Staatsgewalt.*

Burkhardt, Falk: Jena 1848/49. Wien – Köln – Weimar 2012. *Detaillierte Darstellung des „langen" Revolutionsjahres in der Universitätsstadt.*

Dascher, Ottfried/Kleinertz, Everhard (Hrsgg.): Petition und Barrikaden. Rheinische Revolutionen 1848/49. Münster 1998. *Ausstellungskatalog zur Revolution im Rheinland.*

Hachtmann, Rüdiger: Berlin 1848. Eine Politik- und Gesellschaftsgeschichte der Revolution. Bonn 1997. *Maßgebliche Regionalstudie.*

Hahn, Hans-Werner/Greiling, Werner (Hrsgg.): Die Revolution von 1848/49 in Thüringen. Rudolstadt/ Jena 1998. *Aufsatzsammlung zu einer oft vernachlässigten Region.*

Häusler, Wolfgang: Vom der Massenarmut zur Arbeiterbewegung. Demokratie und soziale Frage in der Wiener Revolution von 1848. München 1979. *Herausragende Untersuchung zur Revolution in Wien.*

Hettling, Manfred: Reform ohne Revolution. Bürgertum, Bürokratie und kommunale Selbstverwaltung in Württemberg von 1800 bis 1850. Göttingen 1990. *Geht der Frage nach, warum die Revolution in Württemberg insgesamt vergleichsweise konfliktarm ablief.*

Hippel, Wolfgang von: Revolution im deutschen Südwesten. Das Großherzogtum Baden 1848/49. Stuttgart 1998. *Umfangreiche gesellschaftsgeschichtlich orientierte Gesamtdarstellung; diskutiert das Neben- und Gegeneinander von liberaler Reformpolitik und demokratischer Radikalisierung.*

Hummel, Karl-Joseph: München in der Revolution von 1848/49. Göttingen 1987. *Argumentiert auf breiter Quellenbasis, dass es in München keine Revolution von unten und keine ausgeprägte antimonarchische Tendenz gab.*

Maciejewski, Jürgen: Amtmannsvertreibungen in Baden im März und April 1848. Frankfurt a. M. 2010. *Systematische Untersuchung der Proteste gegen die bürokratische Obrigkeit in 36 badischen Amtsbezirken.*

Nolte, Paul: Gemeindebürgertum und Liberalismus in Baden 1800–1850. Tradition – Radikalismus – Republik. Göttingen 1994. *Interpretiert Badens vormärzlichen Liberalismus im Rahmen frühneuzeitlicher Wertvorstellungen.*

Pogge von Strandmann, Hartmut: The German Revolution of 1848–1850 and the „Sonderweg" of Mecklenburg. In: Evans, Robert J. W./Pogge von Strandmann, Hartmut (Hgg.): The Revolutions in Europe 1848–1849. From Reform to Reaction. Oxford 2000, S. 99–133. *Umreißt die mecklenburgische Sonderentwicklung vor dem Hintergrund der Gesamtrevolution.*

Sperber, Jonathan: Rhineland Radicals. The Democratic Movement and the Revolution of 1848–1849. Princeton 1991. *Umfassende, aus den Quellen gearbeitete Darstellung der Revolution am Rhein (Preußen, Rheinhessen , Rheinpfalz); detaillierte und kenntnisreiche Studie des rheinpfälzischen Aufstands.*

Weber, Rolf: Die Revolution in Sachsen 1848/49. Berlin 1970. *Detaillierte Untersuchung; v. a. zum Maiaufstand 1849.*

Wettengel, Michael: Die Revolution von 1848/49 im Rhein-Main-Raum. Politische Vereine und Revolutionsalltag im Großherzogtum Hessen, Herzogtum Nassau und der Freien Stadt Frankfurt. Wiesbaden 1989. *Untersucht auf beeindruckender Quellenbasis, wie sich die Bevölkerung im Rhein-Main-Gebiet politisierte, mobilisierte und vereinsmäßig organisierte.*

Parlamentarismus und liberale Regierung

Becht, Hans-Peter: Badischer Parlamentarismus 1819–1870. Düsseldorf 2009. *Stellt die Ereignisse von 1848/9 weniger als Bruch, sondern als Teil eines längeren Transformationsprozesses dar.*

Best, Heinrich: Männer von Besitz und Bildung. Struktur und Handeln parlamentarischer Führungsgruppen in Deutschland und Frankreich 1848/49. Düsseldorf 1990. *Sozialwissenschaftlich-statistisch orientierte Vergleichsanalyse.*

Best, Heinrich/Weege, Wilhelm (Hrsgg.): Biographisches Handbuch der Abgeordneten der Frankfurter Nationalversammlung 1848/49. Düsseldorf 1996. *Sammlung detaillierter Kurzbiographien; eine Fundgrube relevanter Informationen.*

Botzenhart, Manfred: Deutscher Parlamentarismus in der Revolutionszeit: 1848–1850. Düsseldorf 1977. *Maßgebliche Standarddarstellung auch zu den mittel- und kleinstaatlichen Landtagen.*

Gerhardt, Johannes: Der Erste Vereinigte Landtag in Preußen von 1847. Untersuchungen zu einer ständischen Körperschaft im Vorfeld der Revolution von 1848/49. Berlin 2007. *Detaillierte Untersuchung der formellen und informellen Strukturen innerhalb des Vereinigten Landtags und der gelungenen Einübung parlamentarischer Praxis während seiner kurzen Zusammenkunft.*

Eyck, Frank: Deutschlands große Hoffnung. Die Frankfurter Nationalversammlung 1848/49. München 1973. *Ausführliche Darstellung der Wahl, Arbeitsweise und Arbeit der Paulskirche; kritisch gegenüber der radikalen Linken.*

Kühne, Jörg-Detlef: Die Reichsverfassung der Paulskirche. Vorbild und Verwirklichung im späteren deutschen Rechtsleben. 2. Aufl. Neuwied 1998. *Wichtige Studie, die das juristische und politische Nachleben der Reichsverfassung von 1849 in Deutschland nachzeichnet.*

Obenaus, Herbert: Die Anfänge des Parlamentarismus in Preußen bis 1848. Düsseldorf 1984. *Grundlegend zur Entwicklung der preußischen Verfassungsfrage bis zur Revolution.*

Siemann, Wolfram: Die Frankfurter Nationalversammlung 1848/49 zwischen demokratischem Liberalismus und konservativer Reform. Frankfurt a. M. 1976. *Analysiert die Paulskirche anhand der Frage, welche Bedeutung der „Juristendominanz" unter den Abgeordneten zukam.*

Werner, Eva Maria: Die Märzministerien. Regierungen der Revolution von 1848/49 in den Staaten des Deutschen Bundes. Göttingen 2009. *Eine vergleichende Untersuchung des Phänomens „Märzministerium" und der Regierungsarbeit dieser Kabinette in den deutschen Staaten; zugleich eine Kollektivbiographie der Märzminister.*

Liberalismus, Radikalismus, Nationalismus (1815–1849)

Berger, Stefan: Germany. Inventing the Nation. London 2004. *Überblicksdarstellung zum Prozess der deutschen Nationsbildung.*

Carr, William: Schleswig-Holstein 1815–1848. A Study in National Conflict. Manchester 1963. *Ausführliche Untersuchung zum deutsch-dänischen Nationalitätenkonflikt.*

Dann, Otto: Nation und Nationalismus in Deutschland 1770–1990. 3. Aufl., München 1996. *Bündige Gesamtdarstellung zur Entwicklung des deutschen Nationalismus.*

Düding, Dieter: Organisierter gesellschaftlicher Nationalismus in Deutschland (1808–1847). Bedeutung und Funktion der Turner- und Sängervereine für die deutsche Nationalbewegung. München 1984. *Maßgebliche Untersuchung zur Rolle des vormärzlichen Vereinswesens.*

Echternkamp, Jörg: Der Aufstieg des deutschen Nationalismus (1770–1840) Frankfurt a. M. 1998. *Untersucht die Wechselwirkungen von Nationsbildung und der gleichzeitigen Genese des modernen Staats.*

Foerster, Cornelia: Der Preß- und Vaterlandsverein von 1832/33. Sozialstruktur und Organisationsformen der bürgerlichen Bewegung in der Zeit des Hambacher Festes. Trier 1982. *Wichtige Fallstudie zum bedeutendsten radikalen Verein des Vormärz.*

Freitag, Sabine: Friedrich Hecker. Biographie eines Republikaners. Stuttgart 1998. *Biographische Würdigung des legendaären Revolutionärs mit Einbeziehung seines Wirkens in den USA*

Gall, Lothar: Bürgertum, liberale Bewegung und Nation. Ausgewählte Aufsätze. München 1996. *Versammelt zentrale Aufsätze zum Nexus Liberalismus, Bürgertum und Nationalismus.*

Geisthövel, Alexa: Eigentümlichkeit und Macht. Deutscher Nationalismus 1830–1851. Der Fall Schleswig-Holstein. Stuttgart 2003. *Zeichnet die Entwicklung des wichtigsten nationalen Konfliktherdes und seine publizistisch-politische Verbreitung nach.*

Jansen, Christian: Einheit, Macht und Freiheit. Die Paulskirchenlinke und die deutsche Politik in der nachrevolutionären Epoche 1849–1867. Düsseldorf 2000. *Nationalpolitisch fokussierte Analyse der Rolle einer durch die Revolutionserfahrung definierten Gruppe deutscher Politiker in der Epoche zwischen Revolution und Reichsgründung.*

Jansen, Christian/Borggräfe, Hennig: Nation, Nationalität, Nationalismus. Frankfurt a.M./New York 2007. *Klare Einführung mit besonderer Berücksichtigung der deutschen Entwicklung.*

Langewiesche, Dieter: Liberalismus in Deutschland. 4. Aufl. Frankfurt a.M. 1995. *Ideen- und sozialgeschichtlich unterfütterte Überblicksdarstellung.*

Langewiesche, Dieter: Nation, Nationalismus, Nationalstaat in Deutschland und Europa. München 2000. *Aufsatzsammlung vor allem zum kulturellen und föderativen Nationalismus.*

Lerg, Charlotte: Amerika als Argument. Die deutsche Amerika-Forschung im Vormärz und ihre politische Deutung in der Revolution von 1848/49. Bielefeld 2011. *Untersucht die Amerika-Bezüge in der Verfassungsdebatte von 1848/49 mit wichtigen Hinweisen auf die Rezeption von Föderalismus und Volkssouveränität sowie auf das Bewußtsein von Alternativen zum französischen Revolutionsmodell.*

Meyer, Manfred: Freiheit und Macht. Studien zum Nationalismus süddeutscher, insbesondere badischer Liberaler, 1830–1848. Frankfurt a.M. 1994. *Betont die Rolle der Macht im Denken badischer Liberaler.*

Müller, Frank Lorenz: Der Traum von der Weltmacht. Imperialistische Ambitionen in der deutschen Nationalbewegung von der Rheinkrise bis zum Ende der Paulskirche, 1840–1849. In: Jahrbuch der Hambach-Gesellschaft 6 (1996/97), S. 99–183. *Weist auf die Virulenz imperialistischer Ideen im Vormärz und während der Revolution hin.*

Namier, Lewis: 1848. The Revolution of the Intellectuals. London 1944. *Scharfe, z. T. polemische Attacke gegen den Nationalismus der Paulskirche.*

Schulze, Hagen: Weg zum Nationalstaat. Die deutsche Nationalbewegung vom 18. Jahrhundert bis zur Reichsgründung. 2. Aufl., München 1986. *Überblicksdarstellung; mit ausgewählten Quellen.*

Sheehan, James J.: Der deutsche Liberalismus. Von den Anfängen bis zum Ersten Weltkrieg. München 1983. *Überzeugende Gesamtdarstellung.*

Sperber, Jonathan: Rhineland Radicals. The Democratic Movement and the Revolution of 1848–1849. Princeton 1991. *Wichtige Regionalstudie; zeigt die Bedeutung des rheinischen Radikalismus auf.*

Vick, Brian: Defining Germany. The 1848 Frankfurt Parliamentarians and National Identity. Cambridge, Mass./London 2002. *Rekonstruiert die politisch-kulturelle Vorstellungswelt der liberal-nationalen Elite.*

Wollstein, Günter: Das „Großdeutschland" der Paulskirche. Nationale Ziele in der bürgerlichen Revolution 1848/49. Düsseldorf 1977. *Detaillierte Abhandlung der Grenz- und Nationalitätenpolitik der Paulskirche und der daraus erwachsenden außenpolitischen Konflikte.*

Zerback, Ralf: Robert Blum. Eine Biografie. Leipzig 2007. *Zeichnet den persönlichen und politischen Werdegang Blums nuanciert nach; eher knappe Darstellung der Tätigkeit Blums während der Revolution.*

Pauperismus, Soziale Frage und „Elementare Revolution"

Back, Nikolaus: Dorf und Revolution. Die Ereignisse von 1848/49 im ländlichen Württemberg. Stuttgart 2010. *Auf einer neu erschlossenen Quellenbasis aufgebaute detaillierte Darstellung der Aktionen und Politisierungsformen der ländlichen Bevölkerung Württembergs; belegt beeindruckend den hohen Mobilisierungsgrad der Landbeölkerung bis 1849.*

Bergmann, Jürgen: Wirtschaftskrise und Revolution. Handwerker und Arbeiter 1848/49. Stuttgart 1986. *Verweist auf die durchaus flexible Verknüpfung von sozioökonomischen und politischen Zielen bei Arbeitern und Handwerkern.*

Dipper, Christof: Die Bauernbefreiung in Deutschland 1790–1850. Stuttgart 1980. *Konziser Überblick mit Bezug auf gesamteuropäische Rahmenbedingungen.*

Gailus, Manfred: Straße und Brot. Sozialer Protest in den deutschen Staaten unter besonderer Berücksichtigung Preußens, 1847–1849. Göttingen 1990. *Grundlegende, quantitativ vorgehende Studie der Entstehung, Rahmenbedingungen und Instrumentalisierung sozialen Protests.*

Gailus, Manfred: Soziale Protestbewegungen in Deutschland 1847–1849. In: Volkmann, Heinrich/ Bergmann, Jürgen (Hrsgg.): Sozialer Protest. Studien zu traditioneller Resistenz und kollektiver Gewalt in Deutschland vom Vormärz bis zur Reichsgründung. Opladen 1984, S. 76–106.

Koch, Rainer: Die Agrarrevolution in Deutschland 1848. Ursachen – Verlauf – Ergebnisse. In: Langewiesche, Dieter (Hrsg.): Die deutsche Revolution von 1848/49. Darmstadt 1983, S. 362–394. *Gute Zusammenfassung.*

Noyes, Paul: Organization and Revolution: Working-Class Associations in the German Revolutions of 1848–49. Princeton 1966. *Betont die Bedeutung der Handwerker und ihrer Organisationsformen innerhalb einer stark fragmentierten deutschen Arbeiterschaft.*

Siemann, Wolfram: Soziale Protestbewegungen in der deutschen Revolution von 1848/49. In: Reinalter, Helmut (Hrsg.): Demokratische und soziale Protestbewegungen in Mitteleuropa 1815–1848/ 49. Frankfurt a.M. 1986, S. 305–326. *Richtungsweisender Aufsatz, der das Thema als eigenes Forschungsgebiet konturiert.*

„Kommunikationsrevolution" und Fundamentalpolitisierung

Best, Heinrich: Interessenpolitik und nationale Integration 1848/49. Handelspolitische Konflikte im frühindustriellen Deutschland. Göttingen 1980. *Studie der handelspolitisch motivierten Petitions- und Mobilisierungspolitik.*

Brophy, James: Popular Culture and the Public Sphere in the Rhineland, 1800–1850. Cambridge 2007. *Rekonstruiert auf breiter Quellenbasis die Entstehung einer politischen Öffentlichkeit im Rahmen der rheinischen Volkskultur (Gesang, Karneval, Öffentlicher Raum, Religion etc.)*

Deuchert, Norbert: Vom Hambacher Fest zur badischen Revolution. Politische Presse und Anfänge deutscher Demokratie 1832–1848/49. Stuttgart 1983. *Untersucht die Entstehung der vormärzlichen politischen Öffentlichkeit in Baden als Entwicklungsbedingung für die radikale Bewegung.*

Hirschhausen, Ulrike von: Liberalismus und Nation. Die Deutsche Zeitung 1847–1850. Düsseldorf 1998. *Zur Leserschaft, politischen Ausrichtung und Unternehmensgeschichte des wichtigsten Organs des deutschen Intellektuellenliberalismus.*

Klessmann, Christoph: Zur Sozialgeschichte der Reichsverfassungskampagne. In: Historische Zeitschrift 218 (1974), S. 283–337. *Untersucht die Entstehungsbedingungen und das Sozialprofil der Reichsverfassungskampagne.*

Langewiesche, Dieter: Die Anfänge der deutschen Parteien. Partei, Fraktion und Verein in der Revolution von 1848/49. In: Geschichte und Gesellschaft 4 (1978), S. 324–361. *Wichtiger, grundlegender Aufsatz mit regionalgeschichtlichen Hinweisen.*

Lipp, Carola (Hrsg.): Schimpfende Weiber und patriotische Jungfrauen. Frauen im Vormärz und in der Revolution 1848/49. Moos/Baden Baden 1986. *Facettenreiche Sammlung von Mikrostudien; mit theorieorientiertem Einleitungsaufsatz.*

Scheidgen, Hermann-Josef: Der deutsche Katholizismus in der Revolution von 1848/49. Episkopat – Klerus – Laien – Vereine. Wien/Köln/Weimar 2008. *Verweist auf die Paradoxie, dass verschiedene Vertreter des deutschen Katholizismus durchaus unterschiedlich auf die Revolution reagierten, der Katholizismus als Gruppe aber dennoch gestärkt aus den Jahren 1848/49 hervorging.*

Sperber, Jonathan: Festivals of National Unity in the German Revolution of 1848–1849. In: Past & Present 136 (1992), S. 114–138. *Besonders zum Kölner Nationalfest vom August 1848.*

Toury, Jacob: Soziale und politische Geschichte der Juden in Deutschland, 1847–1871. Zwischen Revolution, Reaktion und Emanzipation. Düsseldorf 1977. *Auf detaillierter sozialgeschichtlicher Grundlage aufbauende Untersuchung der Fortschritte und Grenzen der jüdischen Emanzipation in Deutschland.*

Wettengel, Michael: Die Wiesbadener Bürgerwehr 1848/49 und die Revolution im Herzogtum Nassau. Taunusstein 1998. *Rekonstruiert den Revolutionsalltag anhand der konfliktreichen Gratwanderung der Bürgerwehrmänner zwischen Verteidigung der Freiheit und Aufrechterhaltung von Ruhe und Ordnung.*

Konservatismus, Monarchie und Gegenrevolution

Avraham, Doron: In der Krise der Moderne. Der preußische Konservatismus im Zeitalter gesellschaftlicher Veränderungen 1848–1876. Göttingen 2008. *Ideengeschichtliche Studie, die auf die Anpassungsfähigkeit des Konservatismus angesichts der Herausforderung durch das liberale Fortschrittsmodel hinweist.*

Barclay, David E.: Anarchie und guter Wille. Friedrich Wilhelm IV. und die preußische Monarchie. Berlin 1995. *Detaillierte Untersuchung der politischen Vorstellungswelt Friedrich Wilhelms IV.*

Canis, Konrad: Die preußische Gegenrevolution. Richtung und Hauptmerkmale der Regierungspolitik von Ende 1848 bis 1850. In: Hardtwig, Wolfgang (Hrsg.): Revolution in Deutschland und Europa 1848/49. Göttingen 1998, S. 185–206. *Kenntnisreiche Analyse der gegenrevolutionären Strategie in Preußen.*

Lippert, Stefan: Felix Fürst zu Schwarzenberg. Eine politische Biographie. Stuttgart 1998. *Ausführliche, quellengesättigte Darstellung v. a. der Deutschlandpolitik Schwarzenbergs.*

Schwentker, Wolfgang: Konservative Vereine und Revolution in Preußen 1848/49. Die Konstituierung des Konservatismus als Partei. Düsseldorf 1988. *Analysiert die Bildung und das Ausmaß des konservativen Vereinswesens in Preußen; interessante Ausführungen zum Verhältnis zwischen der Hofpartei und der Masse der konservativen Vereinsmitglieder.*

Trox, Eckart: Militärischer Konservatismus, Kriegervereine und „Militärpartei" in Preußen zwischen 1815 und 1848/49. Stuttgart 1990. *Untersucht den Einfluss militärischer Denker und Publizisten auf die Formierung konservativer Politik.*

Revolution und internationale Politik

Doering-Manteuffel, Anselm: Die deutsche Frage und das europäische Staatensystem 1815–1871. 2. Aufl., München 2001. *Überblicksdarstellung mit Diskussion zentraler Forschungsprobleme und ausführlicher Bibliographie.*

Gillessen, Günther: Lord Palmerston und die Einigung Deutschlands. Die englische Politik von der Paulskirche bis zu den Dresdener Konferenzen (1848–1851). Lübeck/Hamburg 1961. *Sachliche, überzeugende Analyse der britischen Deutschlandpolitik.*

Gruner, Wolf D.: Die europäischen Mächte und die deutsche Frage 1848–1850. In: Mai, Gunther (Hrsg.): Die Erfurter Union und das Erfurter Unionsparlament 1850. Köln/Weimar/Wien 2000, S. 271–305. *Bündiger Überblick über die internationale Dimension der versuchten Nationalstaatsgründung.*

Hahn, Hans Henning: Die Revolution von 1848 als Strukturkrise des europäischen Staatensystems. In: Krüger, Peter (Hrsg.): Das europäische Staatensystem im Wandel. München 1996, S. 131–152. *Verweist auf das Ausbleiben einer revolutionären, solidarischen Außenpolitik.*

Müller, Frank Lorenz: Britain and the German Question. Perceptions of Nationalism and Political Reform, 1830–1863. Basingstoke/New York 2002. *Rekonstruiert die britische Wahrnehmung der deutschen Revolution.*

Kittel, Manfred: Abschied vom Völkerfrühling? National- und außenpolitische Vorstellungen im konstitutionellen Liberalismus 1848/49. In: Historische Zeitschrift 275 (2002), S. 333–383. *Weist auf die machtpolitische Orientierung liberaler Außenpolitikkonzeptionen in der Revolutionszeit hin.*

Sandiford, Keith: Great Britain and the Schleswig-Holstein Question 1848–64: a study in diplomacy, politics and public opinion. Toronto/Buffalo 1975. *Analysiert die britische Politik im Schleswig-Holstein Konflikt.*

Schulz, Matthias: A Balancing Act: Domestic Pressures and International Systemic Constraints in the Foreign Policies of the Great Powers, 1848–1851. In: German History 21 (2003), S. 319–346. *Betont die Bedeutung eines systembedingten Primats des Außenpolitik für das Handeln der europäischen Großmächte während der Revolutionszeit.*

Deutungen, Erinnerungskulturen, Geschichtspolitik

Baumgart, Franzjörg: Die verdrängte Revolution. Darstellung und Bewertung der Revolution von 1848 in der deutschen Geschichtsschreibung vor dem Ersten Weltkrieg. Düsseldorf 1976. *Analysiert die Verarbeitung der Revolution im historisch-politischen Denken der Jahrzehnte zwischen 1849 und 1914.*

Dipper, Christof/Speck, Ulrich (Hrsgg.): 1848. Revolution in Deutschland. Frankfurt a. M./Leipzig 1998, S. 11–49. *Drei Aufsätze zum „Nachleben" der Revolution vom Nachmärz bis zur Bundesrepublik.*

Doering, Michael: Das sperrige Erbe. Die Revolutionen von 1848/49 im Spiegel deutscher Schulgeschichtsbücher (1890–1945). Münster 2008. *Materialreiche Auswertung von Schulbüchern; Darstellung des fachwissenschaftlichen Kenntnisstandes in verschiedenen Epochen des behandelten Zeitraums; belegt die Schwerpunktverschiebung in Einklang mit jeweils vorherrschenden politischen Interessen.*

Hettling, Manfred: Totenkult statt Revolution. 1848 und seine Opfer. Frankfurt a. M. 1998. *Analysiert die verschiedenen Erinnerungs- und Legitimierungskulturen während und nach der Revolution anhand von Totenfeiern und Denkmälern.*

Klemm, Claudia: Erinnert – umstritten – gefeiert. Die Revolution von 1848/49 in der deutschen Gedenkkultur. Göttingen 2007. *Untersucht das Revolutionsgedenken in Frankfurt a. M. und Berlin während der Jubiläumsjahre 1873, 1898, 1923, 1948 und 1998.*

Tacke, Charlotte (Hrsg.): 1848. Memory and Oblivion in Europe. Brüssel 2000. *Aufsätze über die Erinnerung an die Revolution in verschiedenen europäischen Gesellschaften.*

Winkler, Heinrich August (Hg.): Griff nach der Deutungsmacht. Zur Geschichte der Geschichtspolitik in Deutschland. Göttingen 2004. *Einzeluntersuchungen zur veränderten und z. T. instrumentalisierten Erinnerung an die Revolution im Bismarck-Reich, während der Weimarer Republick und 1948.*

Personen- und Sachregister

Die hervorgehobenen Seitenzahlen verweisen auf ein Insert zum Registerstichwort.

Zeitfracht Medien GmbH
Ferdinand-Jühlke-Straße 7
99095 Erfurt, Deutschland
produktsicherheit@kolibri360.de